KB235663

요한이 전한 복음 1

국제제자훈련원은 건강한 교회를 꿈꾸는 목회의 동반자로서 제자 삼는 사역을 중심으로
성경적 목회 모델을 제시함으로 세계 교회를 섬기는 전문 사역 기관입니다.

요한이 전한 복음 1

초판 1쇄 발행 2000년 12월 6일
개정판 10쇄(14쇄) 발행 2018년 9월 10일

지은이 옥한흠
펴낸이 오정현
펴낸곳 국제제자훈련원
등록번호 제2013-000170호(2013년 9월 25일)
주소 서울시 서초구 효령로 68길 98(서초동)
전화 02)3489-4300　**팩스** 02)3489-4329
이메일 dmipress@sarang.org

ISBN 89-88850-80-7 03230

ISBN 89-88850-79-3 (세트)

※ 책값은 뒤표지에 있습니다. 잘못된 책은 구입하신 곳에서 교환해드립니다.

요한이 전한 복음 1

john

옥한흠

차 례

서 문

　예수를 처음 믿게 된 형제들 가운데 나를 찾아와 성경 중에 어느 것을 먼저 읽는 것이 좋으냐고 묻는 분들이 종종 있는데, 그때마다 나는 주저하지 않고 요한복음을 권한다. 내가 요한복음을 사랑하는 탓도 있지만, 더 큰 이유는 요한복음을 펼 때마다 살아 계신 하나님의 아들 예수 그리스도의 생생한 음성을 들을 수 있기 때문이다. 요한복음에는 어느 복음서보다 더 풍성한 예수님 자신의 육성이 기록되어 있다. 그 음성을 듣고 그의 영광을 보게 되면 그를 믿지 아니할 자가 없다. 이것이 '믿는다' 는 말을 백여 번이나 반복하고 있는 이유가 아닌가 한다.

　오래 전부터 나는 요한복음을 체계적으로 강해해 보고 싶다는 생각을 가지고 있었다. 그러나 이상하게도 마음대로 되지 않았다. 요한복음처럼 말씀이 간결하고 단순하게 표현된 진리일수록 설교하기가 훨씬 어렵다는 것을 경험적으로 잘 알고 있었기 때문이다. 그래서 그런지 막상 강해를 시작한 다음에도, 설교자의 미련함과 무지함으로 하나님의 아들의 영광을 가리지 않을까 하는 두려움을 떨쳐 버리지 못한 것이 사실이다.

요한복음을 펴면 예수님이 개인적으로 만나 주신 몇 사람들의 이야기가 우리의 심금을 울린다. 니고데모, 수가 성의 여인, 베데스다의 병자, 간음하다 잡힌 여인 등. 이들은 모두 오늘을 사는 우리 자신들을 투영하는 거울이다. 지금도 우리 주변에는 이들처럼 예수님을 통하여 절망과 죽음에서 소망과 생명의 세계로 나아가야 할 자들이 얼마나 많은가?

요한복음은 예수님이 십자가의 죽음을 불과 일주일 남짓 앞두고 제자들과 나누신 은혜로운 말씀을 가득히 담고 있다. 세상 죄를 지고 가는 어린양으로서, 잔혹하고 수치스러운 십자가의 죽음을 예견하고 계시던 처지라 마지막이 가까워 올수록 날마다 무거운 침묵으로 일관하셨을 것 같은데, 거꾸로 예수님은 더 많은 말씀을 하셨다는 놀라운 사실을 보게 된다. 무엇을 의미하는 것일까? "세상에 있는 자기 사람들을 사랑하시되 끝까지 사랑하시니라"(13:1). 이것이 가장 확실한 답이라고 생각한다. 생명 다할 때까지 말씀하시는 하나님의 아들, 그분의 놀라운 사랑을 요한복음이 아니고 어디서 만날 수 있겠는가?

내가 요한복음을 2년 넘게 강해하면서 성도들이 은혜를 받는 반응을 여러 가지 면으로 읽을 수 있었지만, 그 가운데서 가장 기억에 남는 것은 부활하신 예수 그리스도의 인간적인 면을 부각시킨 21장의 설교였던 것 같다. 디베랴 바다에서 밤새 고기를 잡고 있던 제자들을 새벽녘에 찾으신 예수님은 이미 죽음을 이기고 승리하신 영광의 하나님이셨다. 그러나 그는 자기의 영광의 빛을 가지고 제자들을 혼비백산하게 만들지 아니하셨다. 떠오르는 햇살을 받아 빨갛게 물들고 있는 갈릴리 바닷가에서 실패와 좌절로 기가 죽어 있는 제자들을 다루시는 주님의 모습은, '너무나 인간적'이라는 말 외에는 다른 무슨 말로도 설명이 되지 않을 것 같았다. 이것은 우리 모두를 퍽 부끄럽게 만든다. 우리는 조금만 믿음이 좋아져도, 조금만 더 경건하게 보여도 마치 하나님이나 된 것처럼 행동하는 경우가 자주 있기에 예수님을 보면서 더욱더 부끄러워지는지 모른다.

나는 예수님의 제자 가운데 요한을 사랑한다. 그래서 나의 영어식 이름도 요한이라 했다. 내가 평생 섬기고 있는 교회 이름도 사랑의교회라고 했다. 요한이 시도 때도 없이 말한 하나님의 아가페 사랑에 매료되었기 때문이다.

누구든지 인생길이 험하고 마음이 지쳐 살아갈 용기를 잃어버릴 때마다 요한복음 안에서 우리를 만나 주시는 사랑의 하나님 앞으로 나가라는 말을 다시 한 번 하고 싶다.

그동안 본서를 출판하기까지 많은 수고를 해준 형제들이 여러 명 있다. 그들 가운데 누구보다 나의 설교를 인내하면서 들어 준 사랑의교회 성도들에게 감사한다. 그리고 나의 곁에서 기쁨으로 주님을 섬기고 있는 오정일 집사, 정호선, 박정은 자매에게 따뜻한 사랑을 보낸다. 이 책을 읽는 모든 분들이 하나님 되신 예수 그리스도의 영광과 사랑에 몰(沒)하고 취(醉)하는 은혜를 누릴 수 있기를 기도한다.

2000년 12월

옥한흠

1. 독생자의 영광을 보라 (1)

태초에 말씀이 계시니라 이 말씀이 하나님과 함께 계셨으니 이 말씀은 곧 하나님이시니라 그가 태초에 하나님과 함께 계셨고 만물이 그로 말미암아 지은 바 되었으니 지은 것이 하나도 그가 없이는 된 것이 없느니라 그 안에 생명이 있었으니 이 생명은 사람들의 빛이라 빛이 어두움에 비취되 어두움이 깨닫지 못하더라 … 참 빛 곧 세상에 와서 각 사람에게 비취는 빛이 있었나니 그가 세상에 계셨으며 세상은 그로 말미암아 지은 바 되었으되 세상이 그를 알지 못하였고 자기 땅에 오매 자기 백성이 영접지 아니하였으나 영접하는 자 곧 그 이름을 믿는 자들에게는 하나님의 자녀가 되는 권세를 주셨으니 이는 혈통으로나 육정으로나 사람의 뜻으로 나지 아니하고 오직 하나님께로서 난 자들이니라 말씀이 육신이 되어 우리 가운데 거하시매 우리가 그 영광을 보니 아버지의 독생자의 영광이요 은혜와 진리가 충만하더라 … 우리가 다 그의 충만한 데서 받으니 은혜 위에 은혜러라 율법은 모세로 말미암아 주신 것이요 은혜와 진리는 예수 그리스도로 말미암아 온 것이라 본래 하나님을 본 사람이 없으되 아버지 품 속에 있는 독생하신 하나님이 나타내셨느니라.

요한복음 1:1~18

얼마 전부터 제 마음속에는 한 가지 간절한 소망이 싹트고 있습니다. '주님, 제 눈을 열어 주의 영광을 보게 해주시옵소서.' 하는 소망입니다. 이상하게 들릴지 모르지만 제게는 굉장히 진지한 기도요 소망입니다.

구약 성경에도 이와 비슷한 기도를 한 사람이 있습니다. 모세입니다. 출애굽기 33장에 보면 위대한 지도자 모세는 매우 어려운 상황에 처했을 때 "원컨대 주의 영광을 내게 보이소서."(18절) 하며 하나님께 매달렸습니다. 이스라엘 백성들이 우상숭배에 빠져 하나님에게서 등을 돌리자 하나님은 이것을 보시고 노를 발하시며 다시는 이스라엘 백성과 동행하지 않겠노라고 말씀하셨습니다. 지도자 모세로서는 이러지도 저러지도 못하고 하나님 앞에 울며 매달릴 수밖에 없는 참 어려운 상황이었습니다. 그때 그는 "주여, 주의 영광을 보여 주옵소서" 하고 기도했던 것입니다.

저는 출애굽기를 읽을 때마다 모세가 왜 갑자기 주의 영광을 보여 달라고 했는지 이해하지 못했습니다. 그러나 최근 들어 영광을 보여 달라는 기도가 저의 소원이 되고 나자, 모세가 왜 이런 이상한 요구를 했는지 약간 감을 잡을 수 있게 되었습니다.

하나님은 제 기도를 들으시고 마음속에 이런 대답을 주셨습니다. '나의 영광을 보기를 원하느냐? 요한복음을 읽어라.' 저는 속으로 이렇게 되물었습니다. '주님, 요한복음은 예수 안 믿는 사람들을 위해서 기록된 것이 아닙니까? 20장 31절에서 "오직 이것을 기록함은 너희로 예수께서 하나님의 아들 그리스도이심을 믿게 하려 함이요 또 너희로 믿고 그 이름을 힘입어 생명을 얻게 하려 함이니라."고 분명히 말씀하시지 않았습니까? 영광을 보여 달라고 하는 저에게 왜 안 믿는 사람을 위해서 기록된 이 책을 읽으라고 하십니까? 저는 이미 예수님을 믿지 않습니까? 저는 이미 하나님의 자녀가 아닙니까?' 그러자 주님은 다시금 이런 깨달음을 주셨습니다. '너, 아직도 요한복음 1장 14절을 잘 모르는가 보구나. 그러니까 그런 소리나 하고 앉았지.'

그래서 저는 요한복음 1장 14절을 다시 읽어 보았습니다.

"말씀이 육신이 되어 우리 가운데 거하시매 우리가 그 영광을 보니 아버지의 독생자의 영광이요 은혜와 진리가 충만하더라"(요 1:14).

여기 보면 하나님의 영광을 보는 사람들이 등장합니다. '우리가 그 영광을 보니'의 '우리'입니다. 그때 제가 깨달았습니다. '아, 그렇구나. 요한복음에는 하나님의 영광을 본 성도들과 그들이 받은 은혜가 기록되어 있는데 내가 이제까지 요한복음을 잘못 이해했구나. 하나님의 영광을 보기 원하면 요한복음을 읽어 보라고 하시는 이유가 바로 여기에 있었구나.'

사실 성경을 너무 많이 아는 것도 탈입니다. 그렇지 않습니까? 무식해도 탈이지만 너무 똑똑해도 탈입니다. 목사가 요한복음을 오죽 잘 압니까? 그럼에도 등잔 밑이 어두운 것처럼 진짜 중요한 것은 놓치고 있었다는 것을 뒤늦게야 깨달은 것입니다.

저는 요한복음을 다시 읽기 시작했습니다. 읽다 보니 주님의 영광을 보고 환희에 차서 하나님의 이름을 높이는 성도들이 군데군데 눈에 띄었습니다. 그리고 주님의 영광을 보는 자들을 위해서 하나님이 마련해 주신 은혜가 얼마나 풍성한지도 볼 수 있었습니다. 그들의 마음에는 생수의 강이 흐르고 있었습니다. 그들은 진리가 자유케 하는 은혜를 맛보고 있었습니다. 또 예수 안에서 풍성한 과실을 맺어 하나님께 영광을 돌리는 은혜도 맛보고 있었습니다. 그들은 하나님의 영광을 보면서 기도하는 자가 누리는 축복의 풍성함을 맛보았습니다. 내가 주님 안에 거하고 주님이 내 안에 거하는 신비스러운 차원을 체험했습니다. 이와 같은 사실을 살펴보면서, 저는 주님의 영광을 보기 원하면 요한복음을 읽어야 한다는 말씀이 사실임을 다시 한 번 확인할 수 있었습니다.

이 정도 말씀드리면 왜 제가 요한복음을 들고 당신 앞에 섰는지 이해하실 것입니다. 우리가 하나님의 영광을 보아야 하기 때문입니다. 그 영광을 보기만 하면 은혜와 진리가 충만하신 주님으로부터 임하는 놀라운 축복들을 받아 누릴 수 있기 때문입니다.

독생자의 영광

먼저 14절에 나오는 '독생자의 영광' 이라는 말씀에 주목하시기 바랍니다. '영광' 하면, 정확하게 설명은 못해도 어떤 것을 말하는지 대충 짐작할 수 있지 않습니까? 대통령의 영광을 보기 원합니까? 청와대로 가야 합니다. 한 세기에 한 사람 날까 말까 한 천재적인 음악가의 영광을 보기 원합니까? 정명훈 씨라든지 장영주 양이 누리는 영광을 보기 원합니까? 연주회가 열리는 콘서트홀에 가 보면 그 영광이 얼마나 대단한지 금방 알 수 있습니다. 위대한 학자의 영광을 보기 원합니까? 대학 강의실에 가서 그 학자의 이론이나 여러 가지 자료들을 인용하면서 가르치고 배우는 그 분위기를 보십시오. 그러면 탁월한 학자의 영광이 어떤 것인가를 금방 알 수 있습니다.

그렇다면 독생자의 영광이란 무엇입니까? 14절을 다시 보세요. 그것은 '말씀이 육신이 된 영광' 입니다. 말씀을 원어로 '로고스' 라고 합니다. 사실 사도 요한이 요한복음을 기록할 당시에는 '로고스' 라는 말에 단순히 말씀이라는 의미만 담겨 있었던 것은 아닙니다. 주전 6세기부터 1세기에 이르기까지 헬라 문화권에 속한 사람들의 사상을 지배하던 철학이 있었습니다. 로고스는 바로 그 철학의 골자였습니다. 모든 사람들은 신이 로고스고, 로고스가 신이라고 믿었습니다. 그래서 그 의미를 알든 모르든 간에 로고스 하면 '아, 신을 이야기하는구나' 하고 생각할 정도로 누구나 그 개념에 익숙해 있었습니다. 심지어 플라톤 같은 위대한 철학자는 이런 말까지 했습니다. "어느 날 신으로부터 로고스가 우리를 찾아올 것이다." 그들은 로고스를 온 우주를 통제하는 하나의 능력이자 사람들의 생각을 지배하는 하나의 초월적인 존재로 믿고 있었던 것입니다.

그럼에도 그들은 그 로고스가 구체적으로 누구인지는 알지 못했습니다. 바울이 아덴에서 전도할 때 '알지 못하는 신'이라고 써 있는 팻말이 붙은 신상을 보지 않았습니까? 사람들은 그 신이 누군지도 모르면서 섬겼던 것입니다. 요한이 예수님을 가리켜 로고스라고 말한 데는 다분히 이런 의도가 숨어 있었습니다. '너희들이 날마다 로고스, 로고스 하는데 그 로고스가 누구인지 내가 구체적으로 이야기해 주마. 나사렛 예수 그리스도가 바로 너희들이 말하는 로고스다.'

따라서 요한이 로고스라는 용어를 사용한 배후에는 진리를 용이하게 전달하려는 의도가 담겨 있었다고 할 수 있습니다. 당시 사람들에게 예수님이 하나님이시라는 진리를 설명하기 위해서는 로고스라는 말을 빌리는 것만큼 유리한 방법이 없었던 것 같습니다.

저는 비교적 일본에 자주 가는 편입니다. 일본 목사님들의 설교나 기도를 듣다 보면 참 귀에 거슬리는 말이 하나 있습니다. '카미사마(神)'라는 말입니다. 저에게는 몹시 인상이 안 좋은 말입니다. 우리가 일본의 식민지였을 때 그들은 천황을 카미사마라고 불렀습니다. 일본의 신이라는 것입니다. 그리고 그들이 섬기는 수백만의 잡신들도 카미사마라고 부릅니다. 우리 믿음의 선조들이 그 카미사마 때문에 얼마나 많은 고난을 당하고 어려움을 겪었습니까? 그래서 카미사마라는 말만 들으면 진절머리가 쳐집니다. 그런데 일본 목사님들은 만나면 연신 카미사마 어쩌고 저쩌고 합니다.

우리 입장에서는 정말 듣기 싫은 말이지만 일본에서는 하나님을 카미사마라고 불러야 사람들이 이해할 수 있습니다. 어쩔 수가 없습니다. 우리가 아무리 듣기 싫다 해도 그들에게는 하나님을 카미사마라는 이름으로 불러야 의미 전달이 되는 것입니다. 요한이 예수님을 가리켜 로고스로 표현한 것도 이와 같은 맥락이라고 볼 수 있습니다. 그러면 요한이 소개하는 말씀 즉 로고스는 어떤 분이십니까?

"태초에 말씀이 계시니라 이 말씀이 하나님과 함께 계셨으니 이 말씀은 곧 하나님이시니라"(1절).

성경에서 '태초'는 두 가지 의미로 사용됩니다. "태초에 하나님이 천지를 창조하시니라."(창 1:1)는 말씀에 나와 있는 바와 같이 태초는 시간의 시작을 말합니다. 반면에 요한복음 1장 1절의 태초는 시간의 시작이 아니라 영원한 과거를 의미합니다. 시작도 없고 끝도 없는 영원한 과거, 이것이 바로 요한이 말하는 태초입니다. 로고스는 영원부터 계신 분입니다. 영원히 자존하시는 분입니다. 시작도 없고 끝도 없는 알파와 오메가이십니다. 이처럼 태초부터 계신 말씀은 하나님과 함께하신 분입니다. 하나님과 함께 계셨기 때문에 말씀은 하나님이라고 합니다. 하나님이시기 때문에 그는 태초에 천지를 창조하셨습니다.

"만물이 그로 말미암아 지은 바 되었으니 지은 것이 하나도 그가 없이는 된 것이 없느니라"(3절).

더 나아가 말씀은 천지 만물을 창조하신 분인 동시에 모든 존재를 존재케 하시는 분입니다.

"그 안에 생명이 있었으니"(4절 상).

그분은 생명의 원천이 되십니다. 그 생명 때문에 오늘 이 지구에 있는 모든 만물이 소생하고 있습니다. 우리 육신이 생명을 지탱하는 것도, 우리 영혼이 영원토록 살 수 있게 된 것도 생명의 원천이신 말씀을 통해 흘러나오는 그 생명 때문입니다.

그러나 이 생명은 우리 눈에 보이지 않습니다. 그래서 4절 하반절에는 이 생명을 우리가 볼 수 있는 말로 바꾸어 설명하고 있습니다.

"이 생명은 사람들의 빛이라"(4절 하).

생명은 눈에 안 보이지만 빛은 눈에 보입니다. 그리고 이 빛은 생명을 가능하게 하는 신비로운 힘을 가지고 있습니다. 큰 빌딩에 가려져 곰팡이가 피어 있던 음지도 햇살이 비쳐 들기만 하면 1, 2년 내로 잡초들이 우거지고 야생화가 울긋불긋 피어나는 아름다운 뜰로 바뀝니다. 벌 나비가 쉴새없이 날아드는, 생명의 환희가 넘치는 그런 동산으로 바뀌는 것입니다. 햇살이 비쳐 드는 곳에는 이와 같은 생명의 역사가 일어납니다.

이처럼 말씀은 보이지 않는 하나님의 생명을 보이도록 하시는 분입니다. 그분이 가시는 곳에는 생명이 태어납니다. 그분이 가시는 곳에는 어두움이 물러갑니다. 그분이 말씀하시는 곳에는 거짓이 거짓으로 드러나고, 참된 것이 참된 것으로 드러납니다. 이런 의미에서 말씀은 빛이 되는 것입니다.

육신이 되신 하나님

그런데 정말 놀랍고 신비로운 사실이 있습니다.

"말씀이 육신이 되어 우리 가운데 거하시매"(14절).

태초부터 계신 하나님이요, 창조자요, 생명이요, 빛이신 그 말씀이 육신이 되어 우리 가운데 거하셨다는 것입니다. 여기서 '육신이 되어'라는 말은 어떤 면에서 '사람이 되어'라는 말보다 더 강한 표현이라 할 수 있습니다. 육신은 하찮은 흙으로 빚어진 것입니다. 에덴 동산에서 아담과 하와를 유혹하여 온 인류를 하나님으로부터 영원히 버림 받게 만들어 버린 뱀을 향해 하나님은 이렇게 저주하셨습니다. "… 종신토록 흙을 먹을지니라"(창 3:14). 흙은 저주받은 뱀에게 먹을 것으로 줄 정도로 천한 것입니다. 욥도 자식이 하루아침에 다 죽고, 재산이 날아가고, 아내가 도망가고, 몸마저 무서운 병에 걸리자 자신의 비참함을 이야기하면서 스무 번 이상이나 자신을 흙에 비유했습니다. 흙은 그만큼 천한 것입니다.

그럼에도 불구하고 태초부터 계신 하나님이 흙으로 빚어진 육신을 입고 세상에 오셨습니다. 그분은 육신을 입고 우리 가운데 거하셨습니다. 여기서 '거한다'는 말은 헬라어로 '스케노오(skenoo)'인데, '장막을 친다, 텐트를 친다'는 뜻입니다. 예수님이 우리와 같은 죄인들이 살고 있는 곳에 함께 텐트를 치고 사셨다는 말입니다. 버림 받은 창녀와 같은 인간들의 틈바구니에 오셔서 그곳에 천막을 치고 함께 유숙하셨다는 말입니다. 이 얼마나 놀라운 이야기입니까?

그러면 이 말씀, 로고스는 누구를 가리키는 것입니까? 우리는 이미 그 답을 알고 있습니다. 예수 그리스도입니다. 그분 외에 하나님으로서 육신을 입고 세상에 오신 분이 없기 때문입니다. 18절은 이 사실을 좀더 명확하게 설명합니다.

"본래 하나님을 본 사람이 없으되 아버지 품속에 있는 독생하신 하나님이 나타내셨느니라"(18절).

아버지 품속에 있는 독생하신 하나님, 그는 곧 이 세상에 오신 예수님이십니다. 그러나 나사렛 목수의 모습을 가지고 세상에 오신 예수님을 사람들이 영원부터 자존하신 하나님으로 믿기란 결코 쉬운 일이 아니었습니다. 나사렛이라는 시골에 묻혀 날마다 목수 일만 하시던 예수님은 권세 있는 가르침과 여러 가지 이적 기사로 인해 하루아침에 온 이스라엘 사람들의 입에 오르내리는 유명 인사가 되었지만, 하나님이라고 인정하기에는 너무나 비천해 보였습니다.

어느 날 예수님은 회당에서 말씀을 가르치시는 가운데 유대인들이 말꼬리를 물고늘어질 소지가 다분히 있는 말씀을 한마디 하셨습니다. "너희 조상 아브라함은 나의 때 볼 것을 즐거워하다가 보고 기뻐하였느니라"(요 8:56). 쉽게 말해 아브라함이 자기를 보려고 무척 애쓰고 사모하다가 드디어 자기를 보고 기뻐했다는 것입니다. 참 이해하기 힘든 말씀입니다. 아브라함은 예수님보다 2,600여 년 전에 세상을 살다 간 사람이 아닙니까? 그런 그가 어떻게 예수님을 볼 수 있었다는 말입니까? 유대인들로서는 도무지 이해할 수 없었습니다.

그들은 이렇게 따지고 들었습니다. "네가 아직 오십도 못 되었는데 아브라함을 보았느냐"(요 8:57). 그러자 예수님은 기가 막힌 대답을 하셨습니다. "진실로 진실로 너희에게 이르노니 아브라함이 나기 전부터 내가 있느니라"(요 8:58). 그러자 유대인들은 격분해서 돌을 들어 치려고 달려들었습니다. 그들의 눈이 감겨져, 흙으로 된 육신을 입고 그들 가운데 거하시는 하나님을 보지 못하였던 것입니다.

그 당시 상황에서 자기를 하나님의 아들로 주장하는 것은 사형감이었습니다. 유대 나라에서 자기를 하나님의 아들이라고 말하거나 하나님을 감히 아버지라고 부르는 행위는 신성모독죄로 간주되었습니다. 자기가 하나님과 똑같다고 말하는 것이나 다름없는 말이기 때문입니다. 그래서 유대인들은 자주 그를 돌로 치려고 했습니다. 요한복음을 주의해서 읽으면 죽인다는 말이 얼마나 자주 나오는지 모릅니다. 그만큼 육신을 입고 오신 하나님과 유대인들 사이에는 살벌한 긴장이 팽배해 있었던 것입니다. 그럼에도 주님은 끝까지 자신이 하나님의 아들이요, 하나님은 자기의 아버지라는 주장을 양보하지 않으셨습니다. 만일 그가 조금이라도 양보를 했더라면 십자가에서 죽지 않으셨을 것입니다.

이제 우리는 둘 중의 하나를 선택해야 합니다. 예수님을 진짜 하나님의 아들로, 하나님으로 받아들이든지, 아니면 과대망상증에 걸린 정신병자나 사기꾼으로 취급하든지 해야 합니다. 중간은 없습니다.

케임브리지대학교의 교수였던 C. S. 루이스가 한 유명한 말이 있습니다. "이제 당신 스스로 선택해야 합니다. 예수님이 과거와 현재에 하나님의 아들이라고 믿든지, 아니면 미친 사람이나 그보다 더 상태가 나쁜 어떤 존재로 보든지 둘 중의 하나입니다. 여러분은 그를 바보라고 몰아칠 수도 있습니다. 귀신들렸다고 하면서 그에게 침을 뱉을 수도 있고 돌을 던질 수도 있습니다. 그러나 그렇게 못하겠다면 그의 발 앞에 엎드려 '주님, 주님이야말로 나의 하나님입니다.' 하고 고백해야 합니다. 위대한 스승이니, 성자니 하는 허튼 생각에 빠져서 그분에게 어울리지도 않는 말을 붙여서는 안 된다는 말입니다."

예수님은 육신을 입고 오셔서 죄인들 가운데 거하셨지만 그분은 하나님이십니다. 태초부터 계신 하나님이요, 천지를 창조하신 하나님이요, 생명의 근원이신 하나님이십니다. 그러므로 누구든지 그분의 영광을 보기를 원한다면 그분이 하나님이신 것을 고백해야 합니다. 중간은 있을 수가 없습니다.

하나님께로서 난 자라야

그렇다면 누가 예수님에게서 하나님의 영광을 볼 수 있습니까? 14절은 '우리' 가 보았다고 말합니다. '우리' 는 일차적으로는 사도 요한을 비롯하여 예수님을 목격하고 직접 예수님과 동행했던 제자들을 가리킵니다. 그러나 제자들만 우리 속에 들어가는 것은 아닙니다.

"영접하는 자 곧 그 이름을 믿는 자들에게는 하나님의 자녀가 되는 권세를 주셨으니 이는 혈통으로나 육정으로나 사람의 뜻으로 나지 아니하고 오직 하나님께로서 난 자들이니라"(12, 13절).

누구든지 믿기만 하면 '우리' 라고 하는 그룹에 포함될 수 있습니다. 그러므로 믿는 자는 그가 하나님이신 것을 알 수 있습니다. 하나님께

로서 난 그의 자녀들이기 때문입니다. 자식은 부모를 압니다. 그 부모
가 낳았기 때문입니다. 아들은 군중 속에서 자기 아버지가 어디 있는
지 금방 알아냅니다. 본능적으로 아버지를 아는 것입니다. 마찬가지로
하나님께로서 난 자, 곧 중생을 얻은 자는 예수님이 하나님이신 것을
금방 압니다. 그에게서 하나님의 영광을 발견합니다.

　요한복음을 읽어 보면 등장하는 사람들이 두 부류로 나뉘는 것을 볼
수 있습니다. 삼 년을 따라다니면서 보았음에도 불구하고 예수님을 초
라한 목수 이상으로 보지 못하는 자들이 있습니다. 그들은 얼마 동안은
예수님이 이적 기사를 행하니까 흥분해서 큰 관심을 가지고 따라다녔
습니다. 그러나 나중에 예수님의 말씀이 마음에 들지 않자 불평하고 미
워하기 시작했습니다. 그 미움이 점점 도를 더해 가면서 예수님을 배척
하게 되었고, 결국에는 "저 놈을 십자가에 못 박아 죽여라. 자기를 하나
님이라고 하는 자는 없애 버려야 한다."고 소리치는 무서운 사탄의 무
리들로 바뀌었습니다. 왜 이 지경에까지 이르게 되었습니까? 육신을
입고 오신 예수님한테서 하나님의 영광을 보지 못했기 때문입니다.

　한편 어떤 자들은 비록 소수이기는 했지만 예수님을 보자마자 그분
에게서 하나님을 보았습니다. "우리가 그의 영광을 보니 독생자의 영
광이요." 마른 땅에서 나온 줄기처럼 초라해 보이는 그의 모습 뒤에
감추어져 있는 하나님의 영광을 그들은 보았던 것입니다. 그들은 그
앞에 엎드렸습니다. "주는 나의 하나님이십니다." 그들이 이렇게 경배
할 수 있었던 이유가 어디에 있을까요? 그들이 하나님께로서 난 자들
이었기 때문입니다.

　영국의 『브리태니커백과사전』에 '유니우스'라는 사람이 나옵니다.
우리에게는 생소하지만, 세계적인 백과사전에서 상당한 지면을 할애

하며 다루고 있는 것을 보면 대단한 인물이었던 것 같습니다. 그는 17세기에 살았던 사람인데, 목사이자 탁월한 고전학자로서 옥스퍼드대학교 교수를 지냈던 사람입니다. 그의 아버지 역시 목사였습니다. 『브리태니커백과사전』에는 나오지 않지만 『기독교백과사전』에서는 그 이름을 찾을 수 있을 정도로 탁월한 인물이었습니다.

우리는 이렇게 훌륭한 목사 아버지 밑에서 자란 자녀라면 어려서부터 그 믿음이 탁월했을 것이라고 생각합니다. 그러나 유니우스는 그렇지 못했습니다. 어릴 때는 아버지 밑에서 신앙생활을 했지만, 머리가 커지고 학교에 가서 고등 학문을 배우면서 점점 믿음에서 떠났습니다. 결국 나중에는 신앙생활마저 포기해 버리는 지경에까지 이르고 말았습니다.

그의 아버지는 그 아들을 놓고 늘 마음속으로 기도했습니다. 그러나 절대 강압적으로 신앙생활을 잘하라고 말한 적은 없다고 합니다. 목사 집에서 자녀를 신앙으로 양육하기가 더 어려울 수 있습니다. 목사인 아버지가 예수 잘 믿으라고 자녀들을 너무 윽박지르면 오히려 빗나갈 확률이 높습니다. 장로 집안도 비슷할 것입니다. 유니우스의 아버지는 상당히 총명한 사람이었던 것 같습니다. 아들이 신앙에서 멀어지는 것을 보고 속이 탔지만, 강요하기보다 인내하면서 꾸준히 기도하고 있었습니다.

어느 날 기도하던 중에 한 가지 묘안을 생각해 냈습니다. 아들이 가끔 자기 서재에 들를 때면 늘 찾아가는 곳이 있었는데, 그곳에 신약 성경을 가져다 놓기로 한 것입니다. '언젠가 하나님께서 내 아들의 눈을 열어 주시면 이 아들이 성경책을 보게 되는 날이 있을 것이다' 라는 믿음을 가지고 꾸준히 기다렸습니다.

어느 날 아버지가 없을 때 유니우스가 서재에 들어왔습니다. 어떤 생각에 골몰하면서 늘 하던 대로 자기가 잘 가는 그 자리로 갔습니다. 그런데 그곳에 책이 한 권 놓여져 있는 것을 보았습니다. 무심코 그 책을 펴 보았습니다. 요한복음 1장이 나왔습니다.

"태초에 말씀이 계시니라 이 말씀이 하나님과 함께 계셨으니 이 말씀은 곧 하나님이시니라"(요 1:1).

이 구절을 슬쩍 보는데 뭔가 가슴을 치는 것이 있었습니다. 그는 이미 대학에서 철학과 논리학을 배웠기 때문에 논증의 구조를 보는 예리한 눈이 있었습니다. 그의 눈에는 요한복음 1장 1절의 논증 구조가 매력적으로 보였습니다. '야, 이거 대단한데. 간결하면서도 힘이 있고, 군더더기도 없이 핵심을 때리는 3단계 논증을 하고 있구나. 정말로 대단한데.' 라고 생각하며 자기도 모르게 감탄을 하게 되었습니다.

내친김에 그는 1장을 내리 읽어 내려갔습니다. 읽어 갈수록 마음이 자꾸 이상해지는 느낌을 강하게 받았습니다. '뭐? 태초에 말씀이 계셨는데, 이 말씀이 하나님과 함께 계셨다고? 이 말씀이 하나님이라고?' 마음이 자꾸 이상해지자 이내 성경을 덮어 버렸습니다. 그리고는 황급히 서재를 나왔는데, 이상하게 진정이 되지를 않는 것이었습니다. 흥분했다고 할까요, 충격을 받았다고 할까요, 아니면 불안했다고 할까요, 무엇인가에 쫓긴다고 할까요. 말로 표현하기 힘든 어떤 감정에 붙들려서 헤어나지를 못했습니다. 하루 종일 시간을 보내도, 심지어 밤을 새도 마음이 진정되지 않는 것이었습니다.

그러다가 너무 견딜 수 없어 그는 자기도 모르는 사이에 무릎을 꿇었습니다. "예수님, 예수님이 하나님 되심을 제가 이제 믿겠습니다. 예수님이 하나님이신 것을 제가 이제 고백합니다"라고 기도를 했습니다. 그랬더니 그 순간, 형용할 수 없는 평안이 그의 마음을 지배하기 시작했습니다. 그 불안하고 초조하던 마음이 폭풍 후의 바다와 같이 잔잔해진 것입니다.

이 체험이 계기가 되어 유니우스는 신학 공부를 시작하여 목사가 되었고, 옥스퍼드대학에서 가르치는 교수가 되었습니다. 그가 역사에 이름을 남긴 사람이 된 것은 성경의 원문을 전문적으로 연구하는 학자들만 아는 대단한 업적을 남겼기 때문입니다. 성경 원문을 필사한 사본들이 참 많은데 그 가운데 어느 것이 하나님으로부터 영감을 받은 계시인지 가려내는 것은 고도의 전문 지식을 요하는 어려운 작업입니다. 그런데 유니우스가 이 일에 큰 역할을 담당한 것입니다. 우리가 성경을 손에 들고 읽을 때마다 우리에게 알려지지 않은 수많은 학자들의 은혜를 입고 있다는 사실을 잊어서는 안 될 것입니다.

하나님께로서 난 사람은 예수님의 초라한 모습에서도 하나님을 봅니다. 나사렛 예수 안에 하나님의 영광이 있는 것을 봅니다.

다시 한 번 이렇게 기도합시다. "주여, 주님의 영광을 보여 주옵소서. 내 눈을 열어 하나님의 영광을 다시 보여 주옵소서." 그 영광을 보기만 하면 당신 영혼의 질병은 모두 사라질 것입니다. 그 영광을 볼 때마다 세상의 헛된 영광에 취해 있던 당신 마음이 하늘의 영광의 빛으로 가득하게 될 것입니다. 예수 그리스도가 하나님이신 것을 보는 눈만 열리면 당신 마음을 짓누르고 있던 모든 근심과 걱정이 사라질 것입니다. 주의 영광을 보는 사람은 그분 앞에 무릎 꿇고 생을 주님 앞에 기쁨으로 드릴 것입니다. 주님의 영광을 보는 사람은 자신의 직업이나

가정도 주님의 것이라고 고백할 것입니다. 주님의 영광을 보는 사람은
세상의 어떤 기쁨이나 행복에 마음을 쉽게 빼앗기지 않을 것입니다.
　다시 묻습니다. 당신은 주님의 영광을 보고 있습니까?

2. 독생자의 영광을 보라 (2)

말씀이 육신이 되어 우리 가운데 거하시매 우리가 그 영광을 보니 아버지의 독생자의 영광이요 은혜와 진리가 충만하더라 요한이 그에 대하여 증거하여 외쳐 가로되 내가 전에 말하기를 내 뒤에 오시는 이가 나보다 앞선 것은 나보다 먼저 계심이니라 한 것이 이 사람을 가리킴이라 하니라 우리가 다 그의 충만한 데서 받으니 은혜 위에 은혜러라 율법은 모세로 말미암아 주신 것이요 은혜와 진리는 예수 그리스도로 말미암아 온 것이라 본래 하나님을 본 사람이 없으되 아버지 품속에 있는 독생하신 하나님이 나타내셨느니라.

요한복음 1:14~18

겉으로 보기에는 초라한 목수에 지나지 않았지만 예수님은 하나님의 아들로서의 영광을 지니고 계셨다는 사실을 우리는 앞 장에서 배웠습니다. 하나님께로서 난 자는, 다시 말해 예수님을 구주로 영접하는 자는 이 영광을 볼 수 있다고 했습니다.

데아오마이(theaomai)의 의미

그러면 '하나님의 영광을 본다'고 할 때 이 '본다'는 말은 무엇을 의미하는 것일까요? 흔히 '본다'고 하면 '두 눈을 가지고 살피는 것'을 먼저 떠올립니다. 보통 시공의 세계에서 눈으로 확인되는 어떤 형상이나 차원을 놓고 '본다'고 표현하고, 우리 눈에 아무것도 들어오지 않는 것을 '못 본다'라고 말합니다. 이런 의미에서 하나님의 영광을 본다는 말도 우리 눈에 들어오는 무엇으로 이해하기 쉽습니다.

어떤 사람은 이렇게 말하기도 합니다. "예수님의 제자들이야 그 당시에 하나님의 아들이 육신의 몸을 입고 눈앞에 나타났으니까 분명히 보았지만, 우리는 그분을 눈으로 보지 못하지 않는가? 그런데 왜 자꾸 보라고 하는가?" 자칫하면 성경에서 말하는 '본다'는 말을 이와 같이 육신의 눈으로 보는 것으로 이해하는 함정에 빠지기 쉽습니다.

우리의 눈은 육신 뒤에 감추어진 하나님의 영광을 보는 데 아무 도움이 안될 뿐 아니라 오히려 치명적인 방해가 될 수 있습니다. 우리 생각에는, 눈에 보이면 금방 믿고 무릎을 꿇을 것 같지만 사실은 그렇지 않습니다.

본다는 말은 아주 독특한 단어입니다. 요한복음에는 '보다'라는 말에 해당하는 단어가 헬라 원어로 다섯 가지 정도 나옵니다. 우리 한글 개역 성경에는 전부 '보다'로 번역되어 있습니다. 14절의 '보다'는 데아오마이(theaomai)인데, 32절과 연관시켜 생각해 보면 그 의미를 조금이나마 이해할 수 있습니다.

세례 요한은 요단 강에서 예수님을 만났습니다. 예수님을 처음 만났을 때 그는 예수님이 하나님의 아들이신 것을 미처 알지 못했던 것 같습니다. 단지 안면이 있는 청년이 나와서 세례를 받으려고 한다는 정도로만 알고 있었는지 모릅니다. 물론 다른 복음서를 보면 예수님이 자기한테 오시는 것을 보고 요한은 이미 그분이 누구시라는 것을 알고 있었던 것처럼 기록되어 있기도 합니다. 그러나 정말 그분이 하나님의 아들이시라는 확실한 증거는 아직 잡지 못하고 있었던 것이 사실입니다.

아무튼 예수님께서 물에 들어가시자 요한은 그에게 세례를 베풀었습니다. 그 순간 성령이 비둘기같이 예수님의 머리 위에 내려앉는 것을 보았습니다.

"내가 보매 성령이 비둘기같이 하늘로서 내려와서 그의 위에 머물렀더라"(32절).

우리가 주목할 것은 이 구절에 사용된 '보다'가 14절의 '보다'와 같다는 사실입니다. 요한은 성령이 예수님의 머리 위에 비둘기처럼 임하는 것을 보았습니다. 그러나 그곳에 수많은 사람들이 있었음에도 요한 외에 그것을 본 사람은 아무도 없었습니다. 왜냐하면 그것은 육신의 눈으로 볼 수 있는 현상이 아니었기 때문입니다. 요한은 성령이 열어 주시는 영의 눈으로 본 것입니다. 동시에 예수님이 하나님의 아들이신 줄 분명히 알게 되었습니다. 그러므로 이 '본다'는 말을 평범한 단어로 생각하면 안 됩니다. 육신의 눈을 가지고 확인하는 것을 의미하는 게 아니라는 말입니다.

또 한 가지 우리가 분명히 알 것은, 육신의 눈은 하나님의 영광을 볼 수 없을 뿐 아니라 도리어 장애가 된다는 사실입니다. 예수님은 세상에서 삼 년 가까이 자기가 하나님이신 것을 드러내셨습니다. 권세 있는 말씀을 통해, 그 누구도 행할 수 없는 이적 기사를 통해 하나님으로서의 영광을 드러내셨습니다. 그러나 요한복음 7장 5절에 보면 예수님의 형제들조차도 그분이 하나님이신 것을 알지 못하고 있었습니다. 그 이유가 무엇일까요? 그들은 예수님을 가장 가까이서 보며 자란 사람들 아닙니까? 한 이부자리에서 자고, 같은 상에서 먹고, 눈만 뜨면 쳐다보며 살았을 텐데 왜 예수님한테서 하나님의 영광을 보지 못했을까요? 참 희한하지 않습니까? 그러나 우리는 그 이유를 충분히 알 수 있습니다. 육신의 눈으로 예수님을 보는 것은 그가 지닌 하나님으로서의 영광을 보는 것과 별로 관계가 없기 때문입니다.

안 믿기는 예수님의 고향 사람들 역시 마찬가지였습니다. 그들은 예수님의 성장 과정을 가까이서 지켜보았을 만큼 예수님을 너무나 잘 아는 사람들입니다. 그러나 그들은 마지막까지 예수님에게서 하나님의 영광을 보지 못했습니다. 누가복음 10장 13~15절에 보면, 예수님은 크게 섭섭해하시며 이런 말씀을 하셨습니다.

"화 있을진저 고라신아, 화 있을진저 벳새다야, 너희에게서 행한 모든 권능을 두로와 시돈에서 행하였더면 저희가 벌써 베옷을 입고 재에 앉아 회개하였으리라 심판 때에 두로와 시돈이 너희보다 견디기 쉬우리라 가버나움아 네가 하늘에까지 높아지겠느냐 음부에까지 낮아지리라"(눅 10:13~15).

고라신이나 가버나움은 예수님이 어린 시절부터 살았던 고향 주변 동네들이었습니다. 그런데 놀랍게도 이 동네 사람들은 예수님을 하나님의 아들로 믿는 데 가장 큰 어려움을 겪었습니다. 육신의 눈으로 너무 익히 보아 왔기 때문에 예수님을 하나님으로 인정하기가 그만큼 힘들었던 것입니다.

더욱 놀라운 것은 예수님을 하나님의 아들이라고 고백하면서 가족도 내버리고, 직업도 내버리고 삼 년 동안 예수님과 함께 동거했던 제자들마저 십자가의 죽음을 앞에 두고 계신 예수님께 너무나 어처구니없는 말을 하고 있다는 사실입니다. 요한복음 14장 8절에 나오는 빌립의 말을 들어 보십시오. "주여 아버지를 우리에게 보여 주옵소서 그리하면 족하겠나이다." 예수님을 삼 년 동안 그렇게 가까이 모셨음에도 불구하고 아직도 예수님에게서 하나님의 영광을 보지 못하였다니 이 얼마나 한심한 일입니까?

예수님은 빌립을 향해 책망 섞인 말씀을 하셨습니다. 14장 9절을 보십시오. "빌립아 내가 이렇게 오래 너희와 함께 있으되 네가 나를 알지 못하느냐 나를 본 자는 아버지를 보았거늘 어찌하여 아버지를 보이라 하느냐."

우리가 하나님의 영광을 본다고 하는 것은 눈으로 보는 것을 말하는 것이 아닙니다. 그러므로 무엇을 놓고 본다고 하는 것인지 바로 이해하지 않으면 안 됩니다.

믿는 것이 보는 것이다

그렇다면 하나님의 영광을 본다는 것은 구체적으로 무엇을 말합니까? 세 가지로 말씀드리겠습니다. 그러나 사실은 하나입니다. 하나의 주제를 가지고 각도를 바꿔 가면서 살피는 것입니다.

첫째로, 믿는 것이 보는 것입니다. '아니, 이거 너무 시시하잖아! 굉장한 말이 나올 줄 알았는데 겨우 믿는 것이 보는 것이라고?' 이렇게 생각할지 모르지만 진리는 원래가 단순한 것입니다. 히브리서 11장 1절에서는 "믿음은 바라는 것들의 실상이요 보지 못하는 것들의 증거니"라고 했습니다. 보이지 않는 것을 믿을 때 우리는 그것을 영으로 본다고 말합니다. 빌립이 예수님께 아버지를 보여 달라고 했을 때 예수님께서 똑같은 대답을 하셨습니다. "나는 아버지 안에 있고 아버지는 내 안에 계신 것을 네가 믿지 아니하느냐 … 내가 아버지 안에 있고 아버지께서 내 안에 계심을 믿으라"(요 14:10, 11). 보여 달라는 사람에게 믿으라고 말씀하시는 것입니다. 믿으면 그것이 하나님을 보는 것입니다.

믿음은 하나님에 대한 인격적인 반응입니다. 단순히 머리로 예수님이 하나님이시라는 것을 인정하는 그런 것이 아닙니다. 나의 전인격이 담긴 반응으로 나타나야 합니다.

만일 우리 집 대문 앞에 아주 지위가 높은 사람이 초인종을 누르고 서 있다고 생각해 보십시오. 어떤 반응을 보이겠습니까? 모든 정성과 예의를 다 갖추려고 할 것입니다. 믿음이 바로 이와 같다는 말입니다. 믿음은 문을 두드리시는 하나님 자신을 맞는 우리의 인격적인 반응입니다.

이런 의미에서 저는 우리 모두가 보는 자들임을 분명히 믿습니다. 예수님을 나의 구주로 영접하고 주님을 하나님으로 믿기 때문에, 우리가 모여 하나님께 예배를 드리는 것입니다. 그러나 혹시라도 우리 중에 아직 예수님이 하나님이신 것을 믿지 못하는 분이 계시다면 즉시 마음을 열고 '주님은 나의 하나님이십니다'라고 고백하시기 바랍니다. 이렇게 고백하고 믿으면 틀림없이 예수님이 하나님이신 것을 보는 자가 될 것입니다. 이것은 매우 중요합니다. 가장 기본적인 이 단계를 거치지 않으면 누구도 하나님의 영광 앞에 나갈 수가 없습니다. 더 이상 머뭇거리지 마십시오. 더 이상 씨름하지 마십시오. 믿으십시오. 믿으면 하나님의 영광을 보게 됩니다. 믿는 그 자체가 보는 것이기 때문입니다.

아는 것이 보는 것이다

둘째로, 아는 것이 보는 것입니다. 무엇을 아는 것입니까? 은혜와 진리를 아는 것입니다. 예수 안에 있는 충만한 은혜와 진리를 아는 것을 놓고 본다고 말합니다. 14절을 다시 봅시다.

"말씀이 육신이 되어 우리 가운데 거하시매 우리가 그 영광을 보니 아버지의 독생자의 영광이요 은혜와 진리가 충만하더라"(14절).

진리가 무엇입니까? 예수님에 대해서 아는 것이 진리입니다. 예수님에 대해 하나하나 알고 들어가는 사람은 진리로 접근하는 사람입니다. 은혜가 무엇입니까? 예수님을 알면 알수록 나에게 임하는 하나님의 선물을 말합니다. 그러므로 진리를 압니까? 은혜가 선물로 따라오게 되어 있습니다. 알면 알수록 하나님의 선물인 은혜는 더욱 넘치게 되어 있는 것입니다.

진리와 은혜는 오직 예수님을 통해 알 수 있고 체험할 수 있습니다. 예수 외에 다른 길을 하나님이 주신 일이 없습니다. 그러므로 하나님의 영광을 보기를 원하면 예수님을 알아야 합니다. 예수님에 대해서 더 깊이 알고 들어가야 합니다. 예수님에 대한 이 진리는 너무나 그 차원이 높고, 깊고, 넓어서 우리 지성으로 다 헤아릴 수 없습니다. 우리 좁은 마음에 다 담을 수 없습니다.

예수 안에 있는 은혜와 진리의 충만은 지식에 넘치는 충만입니다. 이것은 저울로 달 수 있는 양이 아닙니다. 무한한 충만입니다. 그러므로 예수님에 대해서 안다는 것은 끝이 없습니다. 예수님을 아는 진리가 쌓이면 쌓일수록, 진리에서 솟는 은혜의 샘은 강을 이루며 흐르게 되는 것입니다.

예수님을 아는 데는 끝이 없습니다. 예수님 안에 있는 은혜와 진리의 충만은 하나님 자신의 무한함과 광대하심을 가리키는 충만입니다. 이런 이유로 우리가 예수님을 알면 알수록 더 알기를 바라고 사모하게 되는 것입니다. 그 진리와 은혜는 다함이 없기 때문에 절대로 질리거나 권태를 느끼지 않습니다. 언제나 새롭습니다. 언제나 보배롭습니다.

은혜와 진리의 충만을 설명할 수 있는 가장 좋은 예는 사죄의 은총에서 찾을 수 있습니다. 바울은 자기를 죄인 중에 괴수(딤전 1:15)라고 말했습니다. 이것은 어떤 수사학적인 표현이 아닙니다. 그는 자기가 과거에 지은 죄를 생각하면서 가장 큰 죄인일 수밖에 없다고 생각했던 것 같습니다. 우리가 잘 아는 대로 그는 스데반을 죽인 죄인이었습니다. 교회를 핍박하는 데 앞장선 죄인이었습니다. 예수님을 향해 주먹을 휘둘렀던 죄인이었습니다. 이런 이유로 바울은 자신을 세상에서 구원받을 가능성이 가장 희박한 사람으로 보았습니다. 그러나 하나님은 이런 죄인의 괴수를 불러 용서하실 뿐 아니라 영광스러운 복음의 사도로 삼으시고 세상을 구원하게 하셨습니다. 얼마나 넘치는 은혜입니까? 얼마나 신비한 진리입니까?

바울은 이런 죄인 의식과 감격을 가지고 살았기 때문에 로마서 5장 20절에 나오는 말씀대로 '죄가 많은 곳에 은혜가 넘친다'는 진리를 날마다 체험할 수 있었습니다. 예수님을 만난 지 거의 30년이 되어 가던 때에도 그는 자기 과거를 떠올리며 여전히 이런 말을 했습니다. "우리 주의 은혜가 그리스도 예수 안에 있는 믿음과 사랑과 함께 넘치도록 풍성하였도다"(딤전 1:14). 하나님이 그에게 얼마나 많은 은혜를 부어 주셨는지 구원의 감격과 기쁨이 끝이 없었다는 것입니다. 주의 은혜가 주체할 수 없을 만큼 넘쳤다는 것입니다.

더 알고 싶은 갈증

그러므로 당신이 예수님한테서 하나님의 영광을 보기를 원하면 이 충만한 진리와 은혜를 알고자 하는 간절함을 가져야 합니다. 예수님은 죽은 지식의 대상이 아닙니다. 화석이 된 과거의 인물이 아닙니다. 그는 살아 계신 하나님 자신의 인격이요 형상입니다.

우리는 사회생활을 하면서 많은 사람들을 만납니다. 사람을 알고 만난다는 것은 돼지나 소를 알고 보는 것과는 차원이 다릅니다. 돼지나 소는 겉으로 보면 됩니다. 자를 가지고 머리부터 꼬리까지 몇 미터 몇 센티미터인지 재어 보고, 무게를 달아 보면 그것으로 끝입니다. 그 이상 알 필요가 없습니다. 돼지는 인격이 아니기 때문입니다. 그러나 사람과 사람의 만남은 인격적인 것이기 때문에 한 번 만나 아는 것으로는 진정으로 안다고 말할 수가 없습니다. 사기꾼이라면 어쩌다 공석에서 만난 고위층 인사를 들먹이며 잘 안다는 소리를 할지 모르지만, 정말로 인격으로 교제하기 원하는 자라면 그런 엉터리 같은 소리는 절대로 하지 못합니다.

사람과 사람은 자주 만날수록 서로를 아는 깊이가 깊어집니다. 그러다가 어느 날부터인가 속에 든 생각을 나누는 관계가 되지 않습니까? 나중에는 너나 나나 똑같다고 할 정도로 서로가 일체감을 느끼는 정도까지 발전합니다. 이 정도는 되어야 누구를 조금 안다고 말할 수 있는 것입니다. 이것이 바로 인격적 앎이요, 교제라 할 수 있습니다.

하나님은 사람의 모습으로 오신 예수님을 통해 자기를 보여 주셨습니다. 그러므로 누구든지 예수님을 알기를 원한다면 인격적으로 알아야 합니다. 인격적 지식은 조금 아는 것으로 머물면 안 됩니다. 인간끼리도 진지한 교제는 더 알고 싶어하는 갈증을 일으킵니다. 하물며 은혜와 진리가 충만하신 독생자 예수님을 알고 교제하는 것이라면 말해 무엇하겠습니까? 이런 찬송가 가사를 기억하십니까? "내 평생의 소원 내 평생의 소원 대속해 주신 은혜를 간절히 알기 원하네." 이와 같은 갈증이 있습니까? 만약 그렇다면 당신은 예수님을 인격적으로 알고 교제하는 사람입니다.

어린 자녀를 키우고 계신 분들은 잘 알 것입니다. 아이의 강한 본능이 무엇입니까? 가급적이면 엄마와 같이 있는 것입니다. 사랑하면 할수록 아빠 엄마한테 더 찰싹 달라붙습니다. 돌보아 주면 돌보아 줄수록, 위해 주면 위해 줄수록 아이는 엄마한테서 안 떨어지려고 합니다. 그것이 바로 아이의 본능입니다.

우리가 하나님께로서 난 자입니까? 중생을 받았습니까? 그렇다면 예수님을 통해서 하나님 아버지를 더 알고 싶은 마음이 불 일듯 일어나게 되어 있습니다. 누구든지 자기 눈에 커 보이는 사람에게는 지대한 관심을 기울입니다. 그리고 어떻게든지 그와 가까이서 사귀고 싶어 합니다. 한 번 만나는 것으로는 너무 아쉬워합니다. 그만큼 관심이 있고 매력을 느끼기 때문에 그런 것입니다.

얼마 전에 제가 시무하는 교회 교역자들이 수련회를 가졌습니다. 일 년에 한두 번 갖는 이 수련회가 우리 교역자들에게는 참 중요합니다. 모든 교역자들이 저를 가까이서 만날 수 있는 절호의 기회가 되기 때문입니다. 사실 교역자가 팔십 명을 넘게 되니까 저를 개인적으로 만나는 것이 쉬운 일이 아닙니다. 제 사무실 문을 함부로 두드리고 들어올 수 있는 사람은 몇 사람에 불과하고, 그렇다고 전화를 함부로 걸 수 있는 것도 아닙니다. 제가 너무 바쁘기 때문입니다.

우리가 한자리에 앉아 여러 가지 대화를 나누는데 별별 자질구레한 질문이 다 나오더군요. "목사님, 어떻게 결혼하게 되셨어요? 연애입니까 중매입니까?" "목사님은 어떻게 처음에 목사가 되려고 생각했나요?" "목사님은 성경을 어떻게 공부하고 계세요?" 심지어는 이런 질문도 있었습니다. "목사님, 아이디어가 번쩍번쩍 떠오를 때는 언제입니까, 어디에서 아이디어가 제일 많이 떠오릅니까?" 사실 가만히 보면 안 해도 될 질문 같은데 왜 이런 질문들을 할까요? 저에 대해 관심이 많기 때문입니다. 그래서 뭔가 자꾸 알고 싶어하는 것입니다.

만일 제가 우리 교역자들을 특별히 배려한다고 "날마다 저하고 한 번씩 만납시다." "오전 9시에 사무실에서 기다릴 테니 꼭 찾아오십시오. 우리 30분만 같이 이야기합시다."라고 말하면 아마 한 반년은 들떠서 정신을 못 차릴지도 모릅니다. 알면 알수록 좋으니까 그런 것입니다. 이것이 인격끼리의 만남입니다. 그러므로 은혜와 진리가 충만하신 하나님의 독생자 예수님에 대해서 알고자 하는 훨씬 강하고 진한 욕구가 살아 있어야 할 것입니다.

종착역이 없는 거룩한 여행

"우리가 그 영광을 보니." 여기서 본다는 말은 원어로 현재 완료형입니다. 헬라어에서 현재 완료는 한 번 보아서 끝나는 어떤 행동을 의미하지 않습니다. 반복해서 이어지는 일련의 행동을 가리키는 동사형입니다. 그러므로 그리스도를 아는 것이 보는 것이라면 그것은 계속적으로 발전되는 경험이 되어야 합니다. 제자훈련 한 번 받았다고 끝나는 것이 아닙니다. 예수님을 아는 이 진리는 너무나 충만해서 그 정도 가지고 졸업할 수 있는 것이 아닙니다. 30년을 예수 믿으며, 매주 설교를 들었다고 해서 예수님을 다 아는 것이 아니라는 말입니다. 우리가 예수님을 더욱 알기 원하고, 그 은혜를 더욱 풍성히 받기를 원하여 시작한 이 여행은 종착역이 없습니다. 예수님은 하나님이시기 때문입니다.

안타깝게도 우리 주변에는 예수를 믿는다고 하면서 예수님에 대해 별로 흥미가 없는 사람들이 너무 많습니다. 이신득의(以信得義)가 무엇입니까? 믿음으로 의롭다 함을 받는다는 말입니다. 그런데 요즈음 현대 교인들 가운데는 이 말을 오해하는 이들이 적지 않습니다. 믿으면 의롭다 함을 받고 구원 얻는다고 하니까 한마디의 신앙 고백이면 만사가 다 된 것처럼 생각합니다. 얼마나 예수님을 모르는 사람입니까?

다시 말합니다. 진정한 믿음은 하나님에 대한 인격적인 반응입니다. 그 반응이란 예수님을 더 알고 싶어하고, 은혜를 더 받고 싶어하는 욕구를 가지고 주님 앞으로 달려가는 것을 말합니다. 믿음으로 구원 얻는 것은 사실입니다. 그러나 진정 우리가 예수님을 하나님으로 믿는다면 이제부터는 허리띠를 매고, 등불을 들고 예수님을 알기 위한 새로운 여행을 시작해야 합니다.

그렇다면 어디로 여행을 떠날 것입니까? 성경 말씀으로 돌아가야 합니다. 주님께서 친히 이렇게 말씀하시지 않으셨습니까? "이 성경이 곧 내게 대하여 증거하는 것이로다"(요 5:39). 우리는 예수님이 누구신지를 알고, 또 그분에게서 하나님의 영광을 보기를 간절히 갈망하는 마음으로 성경을 부지런히 읽고, 공부하고, 묵상해야 합니다.

이 시간 저는 진지하게 도전하고 싶습니다. 당신은 예수님을 얼마나 깊이 알고 있습니까? 예수님을 아는 일에 얼마나 관심을 두고 있습니까? 당신이 진정 예수님을 아는 사람이라면 왜 그분에 대해 그 정도의 매력밖에 느끼지 못합니까? 예수님이 그 정도로 하찮은 존재입니까? 성경을 진열장을 채우기 위한 양서 정도로 취급하는 이유가 무엇입니까? 진정 예수님에 대해서 알고 싶고, 은혜와 진리가 충만하신 그분과 더 가까이 사귀기를 원한다면 성경에 대해 그런 태도를 취할 수 없습니다.

우리는 관심이 있는 사람과 만날 때면 시간이 없다는 말을 절대 하지 않습니다. 가령 제가 당신의 집을 잠시 방문했다고 합시다. 제가 이렇게 말합니다. "아니, 벌써 10분이나 지났네요. 너무 바쁘신 것 같은데 이제 그만 가 보겠습니다." 그러면 당신은 이렇게 대답하지 않겠습니까? "목사님, 무슨 말씀이세요? 좀더 계세요. 괜찮아요. 사실 약속이 있긴 하지만 괜찮습니다." 관심이 가고, 마음이 끌리는 사람과는 시간을 재면서 만나지 않습니다.

그런데 예수를 믿는다고 하는 사람들 중에는 성경을 펴놓고 주님의 영광을 보는 시간을 너무 재는 사람들이 많습니다. 너무 바쁘다는 핑계로 하나님의 말씀 앞에 앉는 시간을 인색하게 할당하고 있는 것 같습니다. 그러나 솔직하게 이야기해 봅시다. 진짜 바쁘십니까? 얼마나 바쁘십니까? 한 가지 속일 수 없는 사실이 있습니다. 마음이 가는 일에는 아무도 시간을 재지 않는다는 것입니다. 골프에 미친 사람을 보면 골프 칠 시간이 없다는 말은 절대로 하지 않습니다. 쇼핑하기 좋아하는 부인들은 백화점 한번 들어갔다 하면 시간을 잊어버립니다. 1층에서부터 2층, 3층으로 오르내리다 보면 세 시간 정도는 금방 지나가 버립니다.

당신이 성경을 펴놓고, 공부하고, 묵상하는 데도 이와 같은 자세가 필요합니다. 이 일을 가지고 자꾸 시간을 재다 보면 결국은 우리 영혼이 병 들기 마련입니다. 어린아이들은 사흘만 엄마 얼굴을 안 보면 병이 납니다. 그 어머니의 아들이요, 딸이기 때문입니다. 하나님의 자녀 된 우리 역시 마찬가지입니다. 말씀을 듣고 하나님의 얼굴을 사흘만 보지 않으면 우리 영혼은 금방 병들고 죽게 됩니다. 세상에 짓밟힙니다. 그렇게 사는데도 병 들지 않는다면 그 사람은 하나님의 자녀가 아닐지도 모릅니다.

라오디게아 교인들이 왜 주님으로부터 책망을 받았습니까? 그들은 예수를 오래 믿었고, 그것도 잘 믿었던 사람들이었습니다. 그런데 그들은 나중에 예수님을 문밖에 세우고 있었습니다. 예수님을 믿기는 하지만 예수님에 대한 매력을 잃어버렸던 것입니다. 그 결과 그들은 믿음의 눈을 가지고 있으면서도 하나님의 영광을 보지 못하는 소경들이 되어 버렸습니다.

주님은 그들을 향해 이렇게 권고하셨습니다. "무릇 내가 사랑하는 자를 책망하여 징계하노니 그러므로 네가 열심을 내라 회개하라"(계 3:19). 무엇을 회개하라는 것입니까? 예수님을 모르면서 아는 체한 모든 죄를 회개하라는 말입니다. 이 경고를 우리도 받아야 하지 않을까요? 몇 년 믿었다고 해서 벌써 예수님에 대한 흥미를 잃어버리고 있지 않습니까? 장로가 되고 안수 집사가 되고 순장이 된 것이 마치 예수님을 다 알아 버린 사람이 되기나 한 것처럼 거드름을 피우고 있지 않은 지요. 우리의 주님은 지금 문 안에 계십니까? 문밖에 계십니까?

교회 안을 한번 살펴보십시오. 평신도성경대학이나 다락방, 제자훈련, 새가족 모임, 교사훈련원 등 우리가 마음만 먹으면 하나님의 말씀을 배울 수 있는 기회들이 얼마나 많습니까? 많은 사람들이 조금이라도 예수님을 더 알고 싶은 마음에서 열심히 참가하고 있습니다. 그러나 일각에서는 배우는 일에 전혀 관심을 기울이지 않는 사람들도 적지 않습니다. 자기 딴에는 오래 믿어서 많이 안다는 식으로 그러는 것 같은데, 다 안다는 생각에 벌써 그 마음 문이 닫혀 있는 것입니다. 주님은 관심의 대상에서 밀려나 문밖에 서 계시는데 말입니다. 만일 당신이 그런 사람이라면 주님의 경고를 진지하게 받아야 합니다. "열심을 내라. 회개하라."

받는 것이 보는 것이다

셋째는, 받는 것이 보는 것입니다. 16절을 주목하시기 바랍니다.

"우리가 다 그의 충만한 데서 받으니 은혜 위에 은혜러라"(16절).

여기서 '받는다' 는 말은 쉽게 말해 체험을 의미한다고 볼 수 있습니다. 우리는 손에 뭔가를 들고 있어야 얻었다고 말합니다. 손이 비었는데 가졌노라고 말한다면 그는 정신나간 사람일 것입니다. 마찬가지로 예수님의 영광을 보는 자는 위로부터 임하는 은혜의 체험을 가져야 합니다.

　체험이라는 말은 '성령의 터치' 라는 말로 바꾸어 말할 수 있습니다. 성령이 강하게 감동시킬 때 우리에게 체험이 일어나기 때문입니다. 우리가 성경을 펴놓고 조용히 읽을 때 성령께서 우리 마음을 터치하시면 벌써 성경을 읽는 자세가 달라집니다. 자기도 모르게 하나님의 말씀 속으로 빨려 들어가는 느낌을 가집니다. 말씀에 감동되어 무릎 꿇고 기도하는 사람이 됩니다. 불안하던 마음에 평안이 찾아옵니다. '그래 맞아. 예수님이 오늘도 나와 함께 계시는구나. 그분이 나의 하나님이시구나' 라고 중얼거리면서 감격에 겨워 찬송을 부르게 됩니다. 이와 같은 성령의 터치를 경험할 때 우리는 은혜를 받는다고 말합니다. 다시 말해 충만한 데서 받은 자가 됩니다.

　기도를 하다 보면 입이 열리지 않아 답답하게 씨름만 하다가 자리에서 일어나는 날도 있지만 정반대의 날도 많이 있습니다. 그런 날이면 우리는 주님이 바로 내 앞에 서서 나의 음성을 하나하나 듣고 계심을 직감적으로 느낍니다. 이럴 때는 많은 말이 필요 없습니다. 주님과 깊이 하나 되는 황홀감과 만족, 평안을 맛보기 때문에 시간마저 잊어버립니다. 5분을 기도하든 1시간을 기도하든 시간에 구애받지 않고 주님과의 깊은 교제를 체험하게 됩니다. 이처럼 깨닫고, 느끼고, 충만함을 체험하는 자리는 은혜를 받는 자리요, 동시에 하나님의 영광을 보는 자리가 되는 것입니다.

　얼마 전부터 미국의 기독교 대학에서 부흥 운동이 일어나고 있습니다. 휘튼대학과 에모대학을 비롯한 몇몇 유수한 기독교 대학의 학생들 사이에서 회개 운동이 일어나고 있는 것입니다.

　기독교 대학에는 매일 30분 정도 예배를 드리는 채플 시간이 있습니다. 학생들 중에는 출석을 부르니까 억지 춘향 격으로 할 수 없이 나와 앉아 있는 자들이 참 많습니다. 그런데 제가 얼마 전에 참석했던 어떤 모임에서 휘튼대학의 총장이 나와 자기 학교에서 일어나고 있는 부흥에 대해 간증을 한 일이 있었습니다. 어느 날 채플 시간에 예배를 드리고 있는데 갑자기 한 학생에게 성령의 역사가 강하게 임했다고 합니다. 성령께서 터치하신 것입니다. 순간 자기의 죄를 깨닫기 시작했습니다. 건방지고, 하나님을 다 아는 것처럼 거드름을 피우고, 기독교 대학에 다니면서 기독교를 비판하고, 성경을 불신하던 그 모든 죄를 생각하니 감정이 왈칵 솟구쳐 견딜 수가 없었던 것입니다. 자기도 모르게 그는 앞으로 나와 학생들 앞에서 자기가 얼마나 나쁜 사람인가를 고백하였습니다.

그가 눈물을 흘리며 고백하고 들어가자 이번에는 한 여학생이 나와서 자기의 죄를 고백했습니다. 이렇게 시작된 회개의 역사는 장장 7시간이나 계속되었습니다. 그럼에도 밖으로 뛰쳐나가는 학생이나 왜 빨리 안 마치느냐고 항의하는 학생이 없었습니다. 모두가 거룩하신 예수 그리스도와 하나님의 영광이 임재하고 계시는 것을 느끼는 경외감에 사로잡혀 있었기 때문입니다. 그 거룩하신 영광 앞에 자신의 추악함을 숨길 수 있는 사람이 어디 있겠습니까?

본다는 말이 무슨 뜻입니까? 믿는 것입니다. 믿음은 사람이 되어 나를 찾아오신 하나님에 대한 인격적인 반응입니다. 그리고 아는 것입니다. 예수님 안에 있는 은혜와 진리를 알기 원하는 것입니다. 하나님의 말씀을 통해 인격적인 예수님을 더 많이 만나면 그것이 바로 보는 것입니다.

끝으로, 받는 것입니다. 은혜를 체험하는 경지를 말합니다. 16절의

'은혜 위에 은혜러라' 하는 말에 주목하시기 바랍니다. 한 가지 은혜를 받으면 그것이 평생 있을 것처럼 생각해서는 안 됩니다. 우리가 받은 은혜는 얼마든지 소모될 수 있습니다. 그래서 하나의 은혜가 지나가면 그 다음 은혜가 찾아오고, 그것이 지나가면 또 다른 은혜가 찾아오는 것입니다. 이것이 바로 은혜 위에 은혜라는 말의 의미입니다.

마음속에 주님으로부터 오는 평안이 넘치고 있습니까? 주님으로부터 오는 자유함을 누리고 계십니까? 주님이 주시는 놀라운 만족과 담대함이 있습니까? 예수님을 통해 하나님의 영광을 보는 사람만이 이와 같은 은혜를 누리면서 이 세상을 살 수 있습니다. 하나님은 우리가 이런 사람이 되기를 원하십니다. 우리 모두 주의 영광을 바라봅시다. 은혜 위에 은혜를 받아 누리는 자들이 됩시다.

3. 충성된 증인 세례 요한

유대인들이 예루살렘에서 제사장들과 레위인들을 요한에게 보내어 네가 누구냐 물을 때에 요한의 증거가 이러하니라 … 가로되 나는 선지자 이사야의 말과 같이 주의 길을 곧게 하라고 광야에서 외치는 자의 소리로라 하니라 … 요한이 대답하되 나는 물로 세례를 주거니와 너희 가운데 너희가 알지 못하는 한 사람이 섰으니 곧 내 뒤에 오시는 그이라 나는 그의 신들메 풀기도 감당치 못하겠노라 하더라 … 이튿날 요한이 예수께서 자기에게 나아오심을 보고 가로되 보라 세상 죄를 지고 가는 하나님의 어린양이로다 내가 전에 말하기를 내 뒤에 오는 사람이 있는데 나보다 앞선 것은 그가 나보다 먼저 계심이라 한 것이 이 사람을 가리킴이라 나도 그를 알지 못하였으나 내가 와서 물로 세례를 주는 것은 그를 이스라엘에게 나타내려 함이라 하니라 요한이 또 증거하여 가로되 내가 보매 성령이 비둘기같이 하늘로서 내려와서 그의 위에 머물렀더라 나도 그를 알지 못하였으나 나를 보내어 물로 세례를 주라 하신 그이가 나에게 말씀하시되 성령이 내려서 누구 위에든지 머무는 것을 보거든 그가 곧 성령으로 세례를 주는 이인 줄 알라 하셨기에 내가 보고 그가 하나님의 아들이심을 증거하였노라 하니라.

요한복음 1:19~34

세례 요한 하면, 헤로디아의 철없는 십대 어린 딸의 손에 들린 소반 위에 그 머리가 얹혀 나와 연회에 모인 수많은 사람들의 구경거리가 된 비극적인 선지자의 모습이 가장 먼저 떠오릅니다. 이 사건이 얼마나 충격적이었던지 어떤 작가는 「살로메」라는 이름의 희곡을 쓰기도 했습니다. 예수님은 세례 요한을 '여자가 낳은 자 중에서 가장 큰 자'(마 11:11)라고 극찬하셨지만, 그는 예수님의 등장 직후에 그 모든 인기를 송두리째 예수님에게 뺏겨 버리고 삼십 대의 젊은 나이로 감옥에 갇힌 뒤 비참하게 죽었습니다. 세례 요한은 그야말로 비운의 선지자였습니다.

만일 세례 요한이 한 100년만 더 일찍 태어나서 활동할 수 있었더라면 구약에 등장하는 몇몇 선지자들처럼 그의 후광은 오랫동안 사그라지지 아니하고 사람들에게 비췄을지 모릅니다. 그러나 그가 세상에 등장한 때는 하나님의 아들 예수 그리스도가 사역을 시작하시기 바로 직전이었습니다. 예수님은 세례 요한을 작은 등불에 비유하셨습니다. 우리가 잘 알다시피 등불은 비록 작은 것이라도 초저녁이나 한밤중에는 오랜 시간 사람들의 사랑을 받을 수 있습니다. 그러나 찬란한 태양이 떠오르기 시작하는 이른 아침이면 그 등불의 운명은 단명할 수밖에 없습니다. 태양이 떠오르는데 그 등불이 무슨 소용이 있습니까? 이와 같이 세례 요한은 해가 떠오르기 바로 직전의 등불과도 같았습니다.

따라서 인간적인 눈으로 보면 매우 동정이 가는 사람이라 할 수 있습니다. 그러나 하나님의 눈에는 예수님이 말씀하신 것처럼 역사에 등장한 누구보다 위대한 인물이었습니다. 하나님이 위대하다고 하시면 정말 위대한 인물이지 않겠습니까? 그러므로 이 시간 우리는 세례 요한을 통해 그 위대함이 어떤 것인지를 배울 수 있도록 성령의 인도를 위해 간구해야 할 것입니다.

나는 그리스도가 아니라

세례 요한은 하나님의 말씀을 능력 있게 전하는 은사와 권세는 받았지만, 표적과 기사를 행하는 능력은 받지 못한 사람이었습니다. 어떻게 생각하면 사람들에게 인기를 얻을 만한 구석이 별로 없어 보이는 것이 사실입니다. 그럼에도 그의 외침이 워낙 능력이 있어서 그의 주변에는 이스라엘 사방에서 경건한 사람들이 참 많이 몰려들었습니다. 그의 인기는 하루가 다르게 치솟고 있었습니다. 그러자 사람들은 마음속으로 '저분이 우리가 지금까지 기다리던 메시아가 아닐까' 하는 생각을 하기 시작했습니다.

유대 지도자들은 사람들을 보내어 메시아가 아니냐고 떠보았습니다. 그러나 그는 주저하지 않고 아니라고 대답했습니다. 누구나 인기가 절정에 오르고 사람들의 기대가 높아지면 자신도 모르는 사이에 자기 분수를 벗어나기 쉽습니다. 모두가 메시아로 보면 마치 그런 것처럼 행동할 수 있는 것입니다. 그러나 세례 요한은 대중적인 유혹에 넘어가지 않고 자기 분수를 지키고 있었습니다. 어떻게 그럴 수 있었을까요? 대답은 하나뿐입니다. 예수 그리스도에게서 하나님의 영광을 보았기 때문입니다. 이것 말고는 달리 그의 태도를 설명할 길이 없습니다.

"요한이 또 증거하여 가로되 내가 보매 성령이 비둘기같이 하늘로서 내려와서 그의 위에 머물더라 나도 그를 알지 못하였으나 나를 보내어 물로 세례를 주라 하신 그이가 나에게 말씀하시되 성령이 내려서 누구 위에든지 머무는 것을 보거든 그가 곧 성령으로 세례를 주는 이인 줄 알라 하셨기에 내가 보고 그가 하나님의 아들이심을 증거하였노라 하니라"(32~34절).

이와 같이 그는 예수님에게서 하나님의 영광을 보았던 것입니다. 그러니 어떻게 그를 높이지 않겠습니까? 어떻게 감히 자기를 자랑할 수 있겠습니까?

여기서 우리는 대단히 소중한 진리를 배우게 됩니다. 예수님한테서 하나님으로서의 영광을 본 사람은 절대로 자기를 자랑하거나 높이지 않는다는 것입니다. 세례 요한의 언동을 통해 우리는 이 진리를 주의 깊게 살펴보아야 합니다. 우리 주변에는 예수 이름을 팔아 자기를 추켜세우는 자들이 하도 많기 때문입니다.

사람들이 요한을 향해 "네가 누구냐? 네가 그리스도냐?" 하고 물었을 때 그는 주저하지 않고 대답했습니다.

"나는 그리스도가 아니라"(20절).

'나는 … 아니라' 하는 말은 강조하는 표현입니다. 헬라어에서는 주어로 사용되는 인칭 대명사를 생략할 때가 많은데 의도적으로 '나는(ego)' 이라는 주어를 쓰면 그 내용을 강조하는 데 목적이 있습니다. '나는 절대 그리스도가 아니다' 라는 말과 같습니다.

그들은 또 질문을 했습니다.

"그러면 무엇, 네가 엘리야냐"(21절).

이 질문은 성경적인 근거를 가지고 있었습니다. 말라기 4장 5절을 보십시오. "보라 여호와의 크고 두려운 날이 이르기 전에 내가 선지 엘리야를 너희에게 보내리니." 하나님은 자기 아들 예수 그리스도를 세상에 보내시기 전에 선지자 엘리야를 보낸다는 약속을 하셨습니다. 그러므로 메시아가 오시려면 반드시 선지자 엘리야가 그 앞에 와야 합니다. 이스라엘 사람들은 메시아를 기다림과 동시에 엘리야를 간절히 사모하고 있었습니다. 그래서 세례 요한이 자기는 그리스도가 아니라고 하자 "그러면 엘리야냐"라고 재차 질문했던 것입니다. 그러나 세례 요한은 이번에도 아니라고 딱 잘라 말했습니다.

그러나 사실은 세례 요한이 거짓말을 하고 있었습니다. 사실은 그가 말라기 선지자가 예언한 엘리야였기 때문입니다. 이 사실을 예수님이 확인해 주셨습니다. 마태복음 11장 14절을 보십시오. "만일 너희가 즐겨 받을진대 오리라 한 엘리야가 바로 이 사람(세례 요한)이니라."

그러면 왜 자신이 엘리야가 아니라고 대답했을까요? 이에 대해 학자들은 여러 가지로 추측을 합니다. 어떤 사람은 세례 요한이 자기 자신을 엘리야처럼 그렇게 대단한 인물로 생각하지 않고 있었기 때문이라고 설명합니다.

또 어떤 사람은 그 당시 이스라엘 백성들이 기다리던 엘리야는 일종의 환상적인 존재였다고 해석합니다. 우리가 알다시피 구약에서 죽지 않고 승천한 사람이 둘 있는데, 하나는 에녹이고 다른 하나는 엘리야입니다. 그래서 사람들이 이런 기대를 품고 있었다는 것입니다. '엘리야는 죽음을 보지 않고 하나님 나라로 올라간 사람이니까 그가 세상에 올 때는 틀림없이 하늘에서 재림하듯이 찬란하게 임할 것이다. 그는 와서 메시아를 맞이할 백성들을 준비시키고, 메시아가 오시면 그에게 기름을 부을 것이다.' 이처럼 유대 나라 사람들이 기다리는 엘리야는 환상적인 인물이었다는 것입니다. 이 사실을 잘 알고 있었던 세례 요한은 자기처럼 약대 털옷을 입고 메뚜기를 먹으며 사는 초라한 존재는 그들이 기다리는 환상적인 엘리야가 아니라는 식으로 대답했다는 것입니다.

저는 개인적으로 후자의 해석에 동의합니다. 하나님의 종이 함부로 거짓말을 할 수 없지 않습니까? 한 가지 분명한 사실은 세례 요한이 지닌 엘리야로서의 영광이 사람들의 눈에 가려져 있었다는 것입니다. 마치 예수님 안에 있는 메시아로서의 영광이 베일에 가려 있듯이 말입니다. 세례 요한을 잉태하기 전에 천사가 그 아버지 사가랴에게 찾아와서 이런 예언을 했습니다. "저가 또 엘리야의 심령과 능력으로 주 앞에 앞서 가서 아비의 마음을 자식에게, 거스르는 자를 의인의 슬기에 돌아오게 하고 주를 위하여 세운 백성을 예비하리라"(눅 1:17). 이 말씀대로 그는 엘리야 선지자가 가졌던 그 뜨거운 심정과 그가 행사했던 그 막강한 능력을 가지고 있었습니다. 그럼에도 그는 마치 엘리야가 아닌 것처럼 말하면서 시종일관 사람들로 하여금 예수님만을 주목하게 만들었습니다.

그러자 그들은 또 다시 질문했습니다.

"네가 그 선지자냐"(21절).

이것 역시 성경적인 근거가 있는 질문입니다. '그 선지자' 하면 유대인들은 누구를 말하는지 잘 알고 있었습니다. 신명기 18장 15절을 보십시오. "네 하나님 여호와께서 너의 중 네 형제 중에서 나와 같은 선지자 하나를 너를 위하여 일으키시리니 너희는 그를 들을지니라." 이 예언에 의하면 장차 세상에 모세와 같은 선지자 한 분이 출현하실 텐데 그분이야말로 메시아라는 것입니다. 이 사실을 염두에 둔 사람들은 행여 요한이 그 선지자가 아닌가 하고 물어 본 것입니다.

자기들이 듣고자 했던 대답을 듣지 못하자 사람들은 본색을 드러내면서 세례 요한을 비난하기 시작했습니다.

"네가 만일 그리스도도 아니요 엘리야도 아니요 그 선지자도 아닐진대 어찌하여 세례를 주느냐"(25절).

이 말은 그의 영적 권위에 도전하는 무례한 질문이었습니다. 그러나 세례 요한은 얼굴 표정 하나 바꾸지 않고 이렇게 대답합니다.

"나도 그(예수님)를 알지 못하였으나 내가 와서 물로 세례를 주는 것은 그를 이스라엘에게 나타내려 함이라"(31절).

예수님이 세상에 오셨다는 것을 모든 사람들에게 선포하기 위해서 자신이 물로 세례를 준다는 것입니다. 이번에도 그는 철저하게 사람들로 하여금 예수님만 바라보게 만들었습니다.

오직 예수만을 증거한 선지자

이와 같은 세례 요한의 말과 자세를 보면 그의 중심이 어디에 있는가를 알 수 있습니다. 그는 오직 하나님 되신 예수님을 모든 사람들에게 보여 주고 알려 주기를 원했습니다. 그리고 자신은 어떻게 하든지 작아져서 사람들 앞에 아무것도 아닌 존재로 비치기를 원했습니다.

세례 요한이 자신을 예수님과 비교하며 한 말을 보면 이러한 그의 소원을 가늠해 볼 수 있습니다. 15절에서 그는 예수님을 자기보다 앞선 분, 자기보다 먼저 계신 분으로 묘사했습니다. 30절에서도 똑같은 말을 했습니다.

"내가 전에 말하기를 내 뒤에 오는 사람이 있는데 나보다 앞선 것은 그가 나보다 먼저 계심이라 한 것이 이 사람을 가리킴이라"(30절).

　인간적으로 볼 때 예수님이 세례 요한보다 앞섰다는 말은 좀 이상하게 들릴 수 있습니다. 생일을 따져 보면 세례 요한이 예수님보다 6개월 먼저 태어났습니다. 사역을 시작한 것도 세례 요한이 먼저였습니다. 그는 이미 인기 절정에 있는 사람이었습니다. 어느 모로 보나 그는 예수님보다 선배요 앞선 자입니다. 그럼에도 불구하고 예수님을 가리켜 자기보다 앞선 분이라고 합니다. 자기보다 먼저 계신 분이라는 뜻입니다. 그는 예수님한테서 하나님의 영광을 보았기 때문에 하나님이면 태초부터 계시는 분임에 틀림없다고 믿었던 것입니다.

　그래서 그는 심지어 자신을 이렇게까지 묘사했습니다.

“나는 그의 신들메 풀기도 감당치 못하겠노라”(27절).

　당시 유대 나라에서는 주인의 신발을 묶고 풀고 하는 것은 천한 노예가 하는 일이었습니다. 유대 나라의 랍비들은 스승과 제자 관계에 대해 이런 말을 했습니다. “아무리 제자가 스승을 존경한다고 할지라도 다른 일은 몰라도 선생의 신발을 묶어 주고 풀어 주는 일만큼은 해서는 안 된다.” 왜냐하면 그것은 천한 종이나 하는 일이었기 때문입니다. 그러므로 세례 요한이 자신을 가리켜 예수님의 신발 끈을 풀어 줄 만한 자격도 없는 사람이라고 말할 때는 종보다 못하다는 자기 비하의 의미가 들어 있는 것입니다.

　23절에 보면 세례 요한은 더욱 기가 막힌 말을 했습니다.

“나는 선지자 이사야의 말과 같이 주의 길을 곧게 하라고 광야에서 외치는 자의 소리로라”(23절).

우리가 잘 알다시피 소리는 잠깐 들리다가 없어지고 마는 바람과 같은 것입니다. 나팔이 울리면서 왕이 나타나면 아무도 나팔을 부는 신하를 주목하지 않습니다. 모두들 왕만을 환영하면서 무릎을 꿇습니다. 이처럼 세례 요한은 하나님 되신 예수님 앞에서 자신을 한 번 울리고 사라지는 나팔 소리처럼 보았던 것입니다. 예수님 앞에서 자신은 될 수 있으면 보이지 않아야 하고, 될 수 있으면 작아져서 나중에는 기억조차 나지 말아야 한다고 생각했던 것입니다.

세례 요한이 어떻게 이토록 겸손할 수 있었을까요? 예수님에게서 하나님의 영광을 보았기 때문입니다. 어떻게 감히 인간이 하나님과 자기를 비교할 수 있겠습니까? 세례 요한은 철저하게 인간이었습니다. 창조자와 피조물을 어떻게 서로 비교할 수 있겠습니까? 세례 요한은 철저하게 피조물이었습니다. 거룩한 자와 죄인을 어떻게 나란히 놓고 말할 수 있겠습니까? 세례 요한은 철저하게 죄인이었습니다. 그야말로 한줌의 흙에 지나지 않는 존재였습니다. 자기와 나이가 같은 청년 예수를 아무것도 모르고 보았을 때는 막연히 같은 입장이라고 생각했지만, 그에게서 하나님의 아들 되는 영광을 보자 그는 무릎을 꿇고 아무것도 아닌 존재로 돌아간 것입니다. 그가 자기를 종보다 못한 존재로 여길 만큼 겸손할 수 있었던 이유가 바로 여기에 있었습니다.

더 나아가 세례 요한은 주님을 위해서 생명을 걸고 마지막까지 충성하는 사람이 되었습니다. 주님을 위해서라면 자기 머리가 소반에 담기는 모욕과 수치를 당할지라도 그는 조금도 부끄러워하거나 주저하지 않았습니다. 예수님에게서 하나님의 영광을 보았고, 자기는 그 영광 앞에 한줌의 흙에 지나지 아니하는 죄인이라는 것을 알았기 때문에 서슴없이 그렇게 할 수 있었던 것입니다.

철저히 낮아질 수 있으려면

당신은 어떻습니까? 세례 요한처럼 예수님에게서 하나님의 영광을 봅니까? 그렇다면 당신도 세례 요한처럼 작아질 것입니다. 예수님만 크신 분이 되기를 원할 것입니다. 당신 자신을 통해 사람들이 예수님의 크심을 보게 하려고 애쓸 것입니다. 당신 자신은 철저하게 낮아지고 겸손해질 것입니다. 주님을 위해 죽도록 충성하기를 원하는 사람이 될 것입니다.

언더우드 박사는 한국 교회사에서 빼놓을 수 없는 위대한 분입니다. 만일 1885년 4월 7일, 언더우드 박사가 한국에 발을 들여놓지 않았더라면 우리는 지금과 같은 풍성한 하나님의 은혜를 맛보는 행복을 누리지 못했을지도 모릅니다. 그는 20대의 젊은 나이에 전혀 개화되지 않은 우리나라에 발을 들여놓았습니다. 그 당시는 한미수호조약이 조인되었고, 김옥균 씨가 일으켰던 갑신정변이 실패로 끝나면서 나라의 운명이 풍전등화와 같이 몹시 위태로웠습니다. 그런 위기의 때에 언더우드 박사가 한국에 첫발을 들여놓았던 것입니다.

그는 열심히 한국말을 공부했습니다. 그리고 어느 정도 의사 소통이 가능해지자 한국 사람처럼 입고 한국 사람처럼 먹고 마시면서 벽촌 이곳 저곳을 다니며 복음을 전했습니다. 때로는 나귀를 타기도 했지만 하루에 수십 리를 걸어야 하는 경우도 있었습니다. 그 냄새 나는 된장찌개나 김치를 먹어 가면서 열심히 복음을 전했습니다. 지금처럼 문명이 개화된 때에도 중동에 가서 양고기를 먹으라면 얼른 먹을 수가 없어서 한참을 주저하고 멕시코에 가면 매운 음식 때문에 쩔쩔매는데, 그 냄새 나는 시골 오두막에서 함께 음식을 먹고 자고 한다는 것은 그야말로 순교적 정신이 없으면 못하는 일이었을 것입니다. 그러나 언더우드는 그러한 어려움을 극복하면서 복음을 전했습니다.

어느 날 그가 어떤 시골 주막에서 저녁을 먹고 있었습니다. 이상하게 생긴 서양 사람이 밥을 먹고 있으니까 얼마나 신기한 구경거리였겠습니까? 마을 사람들이 거의 다 몰려들어 구경을 하고 있었습니다. 마침 어떤 버릇없는 청년이 옆 사람을 보고 이렇게 말했다고 합니다. "하, 그것이 밥을 다 먹을 줄 아네." 그 말을 들은 언더우드 박사가 밥을 먹다가 웃으면서 이렇게 대꾸를 했습니다. "예, 국도 먹을 줄 압니다." 그러자 그 청년이 놀란 표정을 지으면서 "야, 이것 봐라. 그것이 말도 할줄 아네." 언더우드 박사는 여전히 미소를 잃지 않고 "예, 글도 쓸 줄 압니다"라며 그 말을 받았다고 합니다.

그때나 지금이나 사람을 가리켜 '그것' 하면 얼마나 모욕적인 말입니까? 짐승이나 물건을 가리켜 그것이라고 하지 사람을 가리켜 누가 그런 말을 씁니까? 그럼에도 언더우드 선교사는 모욕을 달게 받으면서 복음을 위하여 낮아지기를 마다하지 않았던 것입니다. 나중에 그의 이런 겸손한 모습에 감동을 받은 그 청년은 예수를 믿게 되었다고 합니다. 어떻게 언더우드가 이와 같이 낮아지고 겸손해질 수 있었을까요? 예수님한테서 하나님의 아들의 영광을 보았기 때문입니다.

이제 우리 자신을 한번 돌아봅시다. 이상하게 예수를 오래 믿은 사람들 가운데는 교만한 자들이 많습니다. 자기를 너무 추켜세워 사람들이 크신 예수님을 볼 수 없도록 그 앞을 가리고 있는 것 같습니다. 이것은 그들이 예수님한테서 하나님의 영광을 희미하게 보고 있든지, 아니면 전혀 보지 못하고 있다는 증거가 아닐 수 없습니다. 예수님을 하나님으로 고백하는 자가 어떻게 그럴 수 있습니까?

세상에서 가장 위대한 발견이 무엇입니까? 우리가 죽도록 충성해도 좋을 어떤 대상을 발견하는 것입니다. 이 이상 더 위대한 발견이 어디 있습니까? 많은 사람들이 이 위대한 발견을 하지 못한 것같이 보입니다. 짧은 한 생을 돼지처럼 먹고 마시다가 가는 것을 보면 그렇습니다. 만일 누구든지 세례 요한처럼 하나님이신 예수님을 발견했더라면 오직 예수만을 높이고 자랑하는 일에 자기 인생을 걸려고 했을 것입니다.

당신은 어떻습니까? 예수님이 진정 하나님의 아들이심을 믿습니까? 그렇다면 언더우드 박사처럼 주님을 증거하고 높이는 일에 최선을 다하고 있을 것입니다. 그러나 실상 우리의 모습을 보면 그렇지 않은 것 같습니다. 많은 성도들이 예수님을 자기 신발 끈을 풀어 주고 매주는 사람으로 착각하고 있습니다. 그러면서도 그것이 얼마나 잘못된 것인지도 모르고 있습니다. 참 한심한 일이 아닐 수 없습니다.

만일 당신이 이런 사람이라면 땅을 치고 주님 앞에 엎드리시기를 바랍니다. 주님의 영광을 보게 해달라고 간절히 매달리시기 바랍니다.

성령으로 세례를 주시는 예수

세례 요한은 예수님이 우리에게 주시는 은혜가 얼마나 놀라운 것인가를 계속 증거합니다. 그 은혜를 두 가지로 요약합니다. 29절에 첫 번째 은혜가 나옵니다.

"이튿날 요한이 예수께서 자기에게 나아오심을 보고 가로되 보라 세상 죄를 지고 가는 하나님의 어린양이로다"(29절).

말을 바꾸면 이런 뜻이라 할 수 있습니다. "보라! 세상의 모든 사람들아. 하나님이 너희들의 죄를 짊어지기 위해서 저기 와 계신다! 저분을 보라!" 예수님이 우리에게 주시는 은혜 중에 가장 큰 은혜는 우리의 죄를 속해 주셨다는 것입니다. 자신의 피로 우리의 죄와 허물을 덮어 주셨다는 것입니다. 이 은혜를 주시려고 하나님이 육신을 입고 이세상에 오셨습니다. 세례 요한은 바로 이 놀라운 은혜를 증거하고 있는 것입니다.

한번 곰곰이 생각하면서 자문해 보십시오. 내가 무엇이길래 하나님이신 예수님이 내 죄를 짊어져야 되는가? 나는 과연 이 사실 앞에 얼마나 황송함을 느끼는가? 이 놀라운 은혜에 얼마나 감격하고 있는가? 요한은 바로 우리에게 그러한 은혜를 주시는 예수님을 보라고 말합니다. 주님께서 주시는 그 대속의 은혜에 주목하라고 소리치고 있습니다.

또 요한은 예수님을 성령으로 세례를 주시는 분으로 증거합니다. 33절을 보십시오.

"성령이 내려서 누구 위에든지 머무는 것을 보거든 그가 곧 성령으로 세례를 주는 이인 줄 알라 하셨기에"(33절).

마가복음은 예수님이 특별히 우리에게 성령으로 세례를 주시는 분이라고 증거합니다(막 1:8). 성령은 예수님이 주시는 선물입니다. 요한복음 14장 16절을 보십시오. "내가 아버지께 구하겠으니 그가 또 다른 보혜사를 너희에게 주사 영원토록 너희와 함께 있게 하시리니." 성령은 예수님의 요청에 따라 하나님이 보내시는 영이십니다. 이런 의미에서 성부, 성자께서 성령을 우리에게 보내 주셨다고 말할 수 있습니다.

성령의 선물이 얼마나 대단한지요!

"그러하나 내가 너희에게 실상을 말하노니 내가 떠나가는 것이 너희에게 유익이라 내가 떠나가지 아니하면 보혜사가 너희에게로 오시지 아니할 것이요 가면 내가 그를 너희에게로 보내리니"(요 16:7).

쉽게 말해 이런 뜻입니다. "내가 차라리 죽어서 너희들을 떠나는 것이 낫다. 내가 너희들과 함께 있는 것보다 내가 없어지는 것이 훨씬 너희들에게 유익하다. 내가 가지 않고 있으면 성령이 너희에게 오실 수가 없다. 그러나 내가 죽어서 떠나면 성령을 너희에게 보낼 것이다. 그 성령이 오시면 내가 너희와 함께 있을 때보다 훨씬 더 좋다. 그러므로 슬퍼하지 말아라." 주님은 이 놀라운 선물을 우리에게 주셨습니다. 그래서 우리 모두가 성령으로 기름 부음을 받게 된 것입니다.

요즈음 성령 세례를 둘러싼 토론이 과열 양상을 보이고 있습니다. 그것 때문에 교파가 갈리고 교회도 갈리는 가슴 아픈 일이 종종 일어납니다. 그러나 우리가 분명히 알 것은 성령 세례는 주님이 모든 믿는 자들에게 주시는 선물이라는 사실입니다. 특정한 몇 사람에게 주시는 선물이 아니라는 말입니다. 사도행전 2장 17절에 있는 말씀대로 주님이 말세에 모든 육체에게 부어 주시는 선물입니다. 그러므로 예수를 믿는 사람은 한 사람도 예외 없이 그 선물을 받음으로 하나님의 백성이 되는 것입니다. 만일 어떤 특정한 사람들만 받는 것이라면 세례 요한이 예수님을 가리켜 "보라. 저분이 바로 우리에게 성령으로 세례를 주시는 분이시다"라고 외친 말은 거짓말이 되고 말 것입니다.

그러면 성령 세례가 무엇입니까? 예수 그리스도를 믿을 때 받는 성령의 은혜가 바로 성령 세례입니다. 이것은 체험적일 수도 있고 그렇지 않을 수도 있습니다. 고린도전서 12장 13절을 보십시오. "우리가 유대인이나 헬라인이나 종이나 자유자나 다 한 성령으로 세례를 받아 한 몸이 되었고 또 다 한 성령을 마시게 하셨느니라." 주님이 우리에게 성령을 주시는 이유가 무엇입니까? 우리로 자신과 하나 되게 하기 위해서입니다. 여자와 남자가 결혼하면 한 몸이 된다고 말하지 않습니까? 마찬가지로 성령을 받으면 우리가 예수님과 한 몸이 됩니다. 그래서 우리에게 성령을 주시는 것입니다.

주님이 우리에게 성령을 주시는 또 한 가지 이유가 있습니다. 우리가 그분의 소유임을 분명히 하기 위해서입니다. 에베소서 4장 30절을 보십시오. "그 안에서 너희가 구속의 날까지 인치심을 받았느니라." 우리는 이미 하나님의 소유가 된 자들입니다. 하나님은 성령으로 우리 위에 도장을 찍어서 아무도 손대지 못하게 했습니다.

만일 성령 세례가 무슨 특별한 체험을 가리키는 것이라면 이것은 대단히 심각한 문제가 아닐 수 없습니다. 우리 중에 방언을 한다거나, 가슴에 불이 떨어진다거나, 이상한 환상을 본다거나, 자꾸 웃는다거나, 입신을 한다거나, 병을 고친다거나 하는 그런 특별한 체험을 한 사람이 과연 얼마나 될까요? 아마 열의 하나도 안될지 모릅니다. 그렇다면 나머지 대다수는 무엇입니까? 아직 성령 세례를 받지 못한 자요, 예수님과 아직 한 몸이 되지 못한 자라는 이야기가 됩니다. 그리고 하나님의 것으로 아직 인침을 받지 못해 사탄이 언제든지 끌고 갈 수 있는 사람들이 될 것입니다. 누가 감히 이런 끔찍한 일을 상상이나 할 수 있습니까? 우리는 체험이 있든 없든 성령으로 세례를 받은 하나님의 소유임을 믿으시기 바랍니다.

체험은 어디까지나 체험입니다. 충만은 어디까지나 충만입니다. 능력은 어디까지나 능력입니다. 우리는 성령 충만이나 성령의 능력은 열 번이고 백 번이고 체험할 수 있습니다. 그와 같은 은혜는 필요하면 얼마든지 사모할 수 있고 또 얻을 수 있습니다.

만일 예수님이 우리에게 성령을 주시지 않았다면 우리 중에 예수님을 믿을 자가 한 사람도 없었을 것입니다. 주님이 십자가에서 닦아 놓으신 천국 가는 고속도로는 텅텅 비어 있을 것입니다. 아무리 예수님이 십자가에서 죽으시고 사흘 만에 부활하셨다고 해도 성령이 우리에게 임하시지 않았다면 우리는 그 구속 사건과 아무런 관련이 없는 사람들이 되고 말았을 것입니다.

얼마 전에 북한을 다녀온 어느 목사님이 저에게 이런 이야기를 들려주었습니다. 황해도인지 어딘지, 고속도로라고 닦아 놓은 도로를 승용차로 달리는데 1시간을 달려도 차 한 대 보이지 않더랍니다. 하도 신기해서 중간에 차를 멈추고 내려서 카메라로 그 텅텅 빈 고속도로를 찍었다고 합니다. 세상에 그런 곳이 다 있다니 믿어지지 않습니다. 만일 예수님께서 우리에게 성령을 주시지 않았다면 천국 가는 길도 이와 같이 텅텅 비어 있을 것입니다.

세상을 살다 보면 마음으로 죄를 범하기도 하고 어떤 때는 본의 아니게 잘못을 범할 수도 있습니다. 그러면 마귀가 금방 쫓아와서 우리를 낚아채서 아예 예수를 못 믿게 만들 것 같은데, 그런 끔찍한 일이 일어나지 않는 이유가 무엇일까요? 성령으로 인침을 받았기 때문입니다. 마귀는 우리를 유혹하고 괴롭힐 수는 있지만 성령을 모신 우리를 함부로 끌고 가지 못합니다.

이제 세례 요한처럼 다시 한 번 주의 영광을 바라봅시다. 그분이 얼

마나 크신가를 봅시다. 그 대신 나는 작아집시다. 다른 사람들이 나를
볼 때 오직 크신 주님만 볼 수 있도록 합시다. 그리고 주님이 주시는
성령으로 만족합시다. 이 세상의 영광을 거들떠보지 않는 배짱을 가집
시다. 예수님이 이 세상에 오셔서 내게 베풀어 주신 구속의 은혜와 성
령의 선물만 가지고 있으면 돈을 많이 벌지 못해도, 명예가 없어도, 멸
시를 당해도 우리는 기뻐하고 찬송할 수 있을 것입니다. 다시 기도합
시다. "주여, 세례 요한처럼 주의 영광을 보게 하옵소서."

4. 와 보라

또 이튿날 요한이 자기 제자 중 두 사람과 함께 섰다가 예수의 다니심을 보고 말하되 보라 하나님의 어린양이로다 두 제자가 그의 말을 듣고 예수를 좇거늘 예수께서 돌이켜 그 좇는 것을 보시고 물어 가라사대 무엇을 구하느냐 가로되 랍비여 어디 계시오니이까 하니(랍비는 번역하면 선생이라) 예수께서 가라사대 와 보라 그러므로 저희가 가서 계신 데를 보고 그날 함께 거하니 때가 제십 시쯤 되었더라.

요한복음 1:35~39

사람의 됨됨이를 보려면 그가 물러나는 때를 보라는 말이 있습니다. 참 일리가 있는 말이라고 생각합니다. 우리 주변에서 영웅처럼 나타났다가 졸장부처럼 사라지는 자들을 왕왕 봅니다. 그들 대부분은 물러가야 할 때를 정확히 읽지 못하고 머뭇거린다거나 사리사욕에 빠져 추태를 부리다가 만인에게 손가락질을 받으면서 무대 뒤로 사라집니다. 보기에 얼마나 민망한지 모릅니다.

이런 면에서 볼 때 세례 요한은 정말 훌륭한 인격자라고 할 수 있습니다. 그는 예수 그리스도를 위해서 자기 자신의 명예를 완전히 주님께 드렸습니다. 오늘 본문을 보면 그는 그것으로도 부족해서 자기가 사랑하는 제자들까지 전부 예수님에게 양보했습니다. 그리고 자신은 사람들의 주목을 받지 않는 조용한 곳으로 물러났습니다. 심지어 그는 사람들에게 이런 말을 하기도 했습니다. "그(예수)는 흥하여야 하겠고 나는 쇠하여야 하리라"(요 3:30). 복음서에 나타난 요한의 짧은 생을 관심을 가지고 연구하면, 그의 말이 절대 빈말이 아니었음을 분명히 알 수 있습니다. 그는 자신이 물러날 때를 분명히 알았을 뿐만 아니라 물러나면서도 철저하게 예수님 중심으로 행동했습니다. 이런 의미에서 세례 요한은 탁월한 인격자라고 할 수 있습니다.

젊은이들에게 특별히 부탁합니다. 앞으로 인생을 살면서 발을 들여놓을 때와 물러날 때를 정확하게 분별하여, 사리사욕에 연연하지 말고 때가 되었다고 판단되면 미련 없이 깨끗하게 물러나는 사람이 되기 바랍니다. 이 말을 들으면서 속으로 이렇게 생각하는 분이 계실지 모르겠습니다. '옥 목사는 나중에 물러날 때 어떻게 하나 어디 두고 보자.' 지금 같아서는 잘 물러날 것 같지만 나이가 들면 또 무슨 짓을 할지 모를 일입니다. 그래서 자주 이런 다짐을 하곤 합니다. '그래, 나도 세례 요한처럼 해야 된다. 물러날 때는 깨끗하게 물러나자.'

세례 요한의 제자들과 당시의 갈릴리

세례 요한에게 제자들이 몇 명이나 있었는지 우리는 잘 모릅니다. 성경에는 오늘 본문 말고는 세례 요한의 제자들의 이름이 구체적으로 나와 있는 데가 없습니다.

"요한의 말을 듣고 예수를 좇는 두 사람 중에 하나는 시몬 베드로의 형제 안드레라"(40절).

안드레와 익명을 요구한 한 사람만 구체적으로 언급되고 있을 따름입니다. 익명을 요구한 사람은 다름 아닌 요한복음의 저자인 요한입니다. 따라서 우리가 알 수 있는 세례 요한의 제자는 안드레와 요한뿐입니다.

저는 안드레와 요한을 위시하여 그 수를 알지 못하는 세례 요한의 제자들은 평범한 젊은이들이 아니었다고 봅니다. 한참 꿈 많고 혈기 왕성하고 의분에 불타는 나이에 세례 요한에게 달려가서 세례를 받고, 그와 함께 이스라엘 백성을 향하여 회개를 외쳐 댄 그들이 어떻게 평범한 젊은이들일 수 있겠습니까? 더욱이 그들은 다혈질적인 갈릴리 출신이었습니다. 그들이 어떻게 해서 세례 요한에게 마음이 끌리게 되었는지는 갈릴리의 정치적, 경제적 상황이나 사회적인 여건들을 살펴보면 어느 정도 이해할 수 있습니다.

가나안 곧 팔레스타인 땅에 살던 유대인들은 예수님이 오시기까지 거의 600여 년 동안이나 외세의 억압과 지배를 받아 왔습니다. 앗수르를 비롯하여 바빌로니아, 페르시아, 마케도니아, 이집트, 시리아, 로마로 이어지는 강대국들의 계속된 지배 아래서 그들은 신음하고 있었습니다. 특별히 북부에 위치한 갈릴리 지방은 비옥한 옥토가 펼쳐져 있는 농경 지대였습니다. 풍부한 농산물에다 육로와 수로가 잘 갖추어진 교통의 요지였습니다. 그래서 가나안 땅을 정복한 모든 강대국들은 갈릴리에 눈독을 들였습니다. 그러다 보니 이 지방에 사는 사람들이 다른 어느 지역 사람들보다 더 많은 고통과 착취를 당했습니다.

이스라엘의 유명한 역사학자인 요세푸스에 따르면 세례 요한이 활동하던 그 당시 갈릴리 지역에는 204개의 촌락이 있었으며, 각 촌락에는 약 15,000명 정도의 주민들이 살고 있었다고 합니다. 이 수치가 얼마나 정확한지 모르겠지만 적어도 300만 명이 넘는 주민들이 그 지역에 살고 있었던 것 같습니다. 게다가 많은 잡족들이 그곳으로 모여들었습니다. 그러니 갈릴리의 사회 구조가 얼마나 복잡했겠습니까? 비록 사마리아 사람들처럼 이방인과 피를 섞는 그런 최악의 상태까지 간 것은 아니지만 사방에서 유입된 온갖 잡된 문화들로 인해 순수한 혈통과 전통을 지키기가 극히 어려웠습니다.

무엇보다 그들의 삶을 가장 고달프게 했던 것은 무거운 세금이었습니다. 그들은 두 가지 세금을 내야 했는데, 종교세와 조세가 바로 그것입니다. 종교세가 예루살렘 성전에 있는 대제사장이나 부패한 집권자들이 맘대로 부과한 세금이라면, 조세는 로마 정부가 부과하는 세금입니다. 불행한 일은 두 가지 세금이 제각기 부과되고 있었다는 것입니다. 종교세를 부과하는 쪽도 제 맘대로요, 조세를 부과하는 쪽도 삭개오와 같은 세리들을 앞세워 제 맘대로 세금을 무겁게 매겼습니다. 그러니 사람들이 얼마나 불만을 안고 살았을까 충분히 짐작할 수 있습니다.

아무리 비옥한 땅이라지만 이러한 상황에서 별로 넓지 않은 농토를 경작하며 빠듯하게 살아가는 농민들의 입장을 한번 생각해 보십시오. 갈릴리 바다에서 고기 몇 마리 잡아서 생계를 유지하는 어부들의 입장을 한번 생각해 보십시오. 100만 원의 수입 중에 60만 원 이상이 세금으로 나간다고 한번 상상해 보라는 말입니다. 어쩌다 세금을 내지 못하고 밀리기 시작하면 땅도 배도 모조리 빼앗기고 말았습니다.

농사짓던 사람이 땅을 빼앗기면 절대 빈곤으로 떨어집니다. 절대 빈곤으로 떨어진 사람들은 일당 품팔이 노동자로 전락해 버리고 맙니다. 그리고 한번 이렇게 추락하면 다시는 원상 복구가 잘 안되는 것이 그 당시 세상이었습니다. 이렇게 코너에 몰리면 가는 데가 뻔하지 않습니까? 사방에 우글거리는 도적 떼에 가담하거나 무력으로 세상을 뒤집어 놓고 싶어하는 저항 세력에 몸을 던지게 됩니다.

더욱이 갈릴리 사람들은 기질상 환상적인 민족주의자들이었습니다. 그들은 돈보다 명예를 더 중요하게 여겼습니다. 옳은 일에는 앞뒤 가리지 않고 덤벼드는 다혈질적인 기질이 매우 강했습니다. 따라서 착취를 당하면 당할수록 그들은 자생적인 저항 세력들이 되어 가고 있었습니다.

당시의 저항 세력은 크게 두 부류로 나누어져 있었습니다. 하나는 에세네파(The Essene)였습니다. 이 사람들은 현실 도피주의자들입니다. 정치가 너무 부패하고, 종교마저 악취가 진동할 정도로 썩어 버리자, 세상에 대한 매력과 기대를 완전히 잃어버린 자들이라 할 수 있습니다. 그래서 그들은 세상을 등지고 사해 바다 주변에 공동체를 만들어 놓고 은둔 생활을 했습니다. 그들은 아침부터 밤까지 말씀과 기도 생활을 하고 노동을 했습니다. 그리고 메시아가 오시는 날에는 세상이 완전히 새로워질 것이라는 종말론적 신앙을 가지고 있었습니다. 무력을 가지고 저항하지 않고 은둔 생활을 택한 것 역시 일종의 비폭력 저항이라고 믿었기 때문입니다. 이 단체에 빠지는 젊은이들이 많았습니다.

또 하나는 열심당(The Zealot)이었습니다. 이것은 가롯 유다가 소속되어 있었던 단체입니다. 여기에 모인 사람들은 거의가 무력 혁명을 통해서 세상을 뒤집어엎자는 과격분자들이었습니다. 혈기 왕성한 젊은이들이 많이 찾는 곳이었습니다.

이와 같이 어수선하고 숨막히는 현실을 앞에 놓고 의협심이 강한 젊은이들이 얼마나 속이 탔겠습니까? 오죽 고통하며 탄식했겠습니까?

세상이 악할 때 사람들은 흔히 세 가지 반응을 보입니다. 에세네파처럼 아예 도망가서 세상을 등지고 살든지, 아니면 열심당처럼 생명을 걸고 싸우든지, 아니면 나 몰라라 하며 먹고 마시고 즐기는 데만 탐닉하는 것입니다. 그러나 이 세 가지 선택 모두 옳은 길이 아닙니다. 무력에 호소하는 것은 잘못하면 또 하나의 악을 저지르게 됩니다. 도망가서 산속에 숨는 것은 비겁한 행동입니다. 밤낮없이 먹고 마시며 즐기는 것은 가장 저질의 행동입니다. 그러므로 당시 갈릴리 젊은이들 가운데 의식을 가진 자들은 이 세 가지 중 어떤 길도 마음대로 택할 수 없었습니다.

세례 요한이 등장한 것은 바로 이처럼 어려운 때였습니다. 그는 회개를 외쳤습니다. "회개하라, 천국이 가까웠느니라." 이러지도 저러지도 못해 답답해하던 사람들은 세례 요한에게서 새로운 희망을 보았습니다. 많은 젊은이들이 그의 메시지에 매료되어 그의 제자가 되었습니다. 안드레와 요한 역시 그러한 젊은이들 중 하나였습니다.

무엇을 구하느냐?

어느 안식일 아침이었습니다. 본문에는 그날이 안식일인지 정확히 밝히지 않고 있지만 요한복음 2장에 나오는 가나 혼인 잔치 이야기와 연관시켜 보면 이날이 안식일임을 알 수 있습니다. 유대인들은 주로 수요일에 혼인 잔치를 합니다. 이 사실을 염두에 두고 계산하면 35절의 '이튿날'은 안식일이 됩니다. 안식일에 세례 요한이 자기 두 제자와 함께 조용히 하루를 보내고 있었던 것 같습니다.

마침 그때, 이틀 전에 자기에게 세례를 받았던 예수님이 걸어가시는 모습이 보였습니다. 그는 두 제자에게 이런 말을 했습니다.

"보라 하나님의 어린양이로다"(36절).

쉽게 말해 "요한아, 안드레야, 너희들이 찾고 있는 해답은 내가 아니고 저분이시다. 빨리 좇아가 봐라." 하는 이야기입니다. 그 말을 들은 두 제자는 미련 없이 세례 요한을 떠났습니다. 인정에 끌려 머뭇거릴 틈이 없었습니다. 너무나 중대한 결단을 요구하는 순간이었기에 그들은 뒤도 돌아보지 않고 예수님을 좇아갔습니다. 예수님은 자기를 좇아온 두 제자를 보고 말씀하셨습니다.

"무엇을 구하느냐"(38절).

이것은 안부를 묻는 말이 아닙니다. "무슨 일이냐? 왜 날 찾아왔느냐?" 하고 묻고 계신 것입니다.

이 질문은 큰 의미를 갖습니다. 예수님은 요한과 안드레를 잘 알고 계셨고, 그들이 왜 자기를 좇아오는지도 다 알고 계셨습니다. 그럼에도 왜 물으셨을까요? 그들에게 다시 한 번 자기를 좇아오는 목적을 상기시킬 필요가 있었기 때문입니다. "너희가 왜 나를 찾느냐? 로마 정부를 전복하고 이 사회를 한번 개혁하고 싶으냐? 그래서 날 좇느냐? 만약 그렇다면 너희들은 돌아가야 한다. 난 혁명가가 아니다. 너희가 왜 나를 좇느냐? 밤낮없이 기도하고 밤낮없이 성경 묵상하면서 세상을 등지고 경건 생활하는 수도승으로 알고 좇느냐? 그렇다면 너희들은 돌아가야 한다. 나는 수도승이 아니다. 아니면 빵을 위해서 너희가 나를 찾느냐? 권력을 위해서 나를 찾느냐? 나는 그런 것을 너희에게 주는 사람이 아니다. 그러므로 잘 생각하고 나를 좇으라." 이것이 바로 "무엇을 구하느냐"라는 질문에 담긴 의미입니다.

저는 이 질문이 주님을 찾는 모든 사람에게 해당된다고 생각합니다. 왜 예수를 믿습니까? 왜 교회에 다닙니까? 많은 사람들이 떡을 위해 예수님을 찾다가 나중에는 전부 돌아서고 말았습니다. 표적과 기사를 좋아해서 좇다가 흥미가 없어지자 모두들 떠나 버리고 말았습니다. 잘못된 목적을 가지고 주님을 좇는 사람은 결국은 떠나게 마련입니다. 그러므로 우리는 자주 물어야 합니다. 나는 왜 예수를 좇고 있는가?

와 보라!

예수님의 질문을 받고 요한과 안드레는 매우 당황했던 것 같습니다. 예수님께서 처음부터 그런 질문을 던지시리라고는 차마 예상을 못했던 것 같습니다. 엉겁결에 그들은 이렇게 대답했습니다.

"랍비여 어디 계시오니이까"(38절).

무엇을 구하느냐는 질문에 어디 사느냐 하고 묻고 있으니 이게 무슨 말 같지 않은 대답입니까? 아마 그들의 말에는 이런 의미가 담겨 있었을 것입니다. "주님, 지금 어디에 기거하고 계시는지 알려 주십시오. 그러면 우리가 시간을 내어 조용할 때 찾아가서 뵙겠습니다."

그러나 예수님은 거하시는 데가 있기는 있었겠지만 고정적인 주거지를 가지고 계셨던 것은 아니었습니다. 공생애를 시작하실 때부터 주님은 자기 집이 없었습니다. 그러니 어디 있노라고 일러 줄 수도 없는 노릇이었습니다. 그래서 주님은 그들의 마음을 읽으시고 이렇게 말씀하셨습니다.

"와 보라"(39절).

굉장히 중요한 말씀입니다. 이것을 좀더 원문에 가깝게 번역한다면 "오라, 그리하면 알 것이니라." 하는 말입니다. 두 제자는 이 말에 가벼운 마음으로 예수님을 따라갔습니다.

이때 시간이 제십 시쯤 되었던 모양입니다(39절). 유대 나라의 십 시는 우리나라 시간으로 오후 4시에 해당됩니다. 해가 뉘엿뉘엿 지고 있는 무렵이었지만 두 제자는 예수님을 따라갔습니다. 그리고 밤이 깊도록 예수님과 함께 시간을 보내었던 것 같습니다.

그날 그들은 주님의 말씀을 들으면서 드디어 눈이 열렸습니다. 자기들과 마주하신 예수님한테서 하나님의 영광을 볼 수 있었기 때문입니다. 그분이 바로 그들이 그토록 대망하던 메시아요, 하나님의 아들임을 확신하게 된 것입니다. 얼마나 황홀했을까요? 아마 누가복음 24장에 등장하는 엠마오로 가던 두 제자가 체험했던 것과 비슷한 감동이 있었을 것입니다. "우리에게 말씀하시고 우리에게 성경을 풀어 주실 때에 우리 속에서 마음이 뜨겁지 아니하더냐." 그날의 감동이 너무나 벅차고 뜨거운 것이어서 그랬는지 몰라도 요한은 그 시간이 십 시쯤 되었다는 것까지 기억하고 있었습니다. 70년 이상의 세월이 흘렀음에도 불구하고 말입니다. 누구든지 예수 그리스도를 만나고 그를 마음에 영접한 사람은 그날의 시간까지 잊지 못하는 것입니다.

요한과 안드레를 보십시오. 얼마나 흥분했으면 날이 새자마자 자기 형제 베드로에게 달려가서 "우리가 메시아를 만났다"(41절)라고 소리를 질렀겠습니까? 그날 두 제자가 엄청난 감동을 받았다는 것은 의심의 여지가 없는 일입니다.

그런 의미에서 "오라. 그리하면 너희가 알게 될 것이다."라는 예수님의 말씀은 사실이었습니다. 두 제자는 예수님을 따라갔고, 예수님을 만나 말씀을 들으면서 눈이 열리기 시작하였고, 그 열린 눈으로 하나님의 영광의 빛이 들어오는 것을 체험할 수 있었던 것입니다.

내세적 현실주의

안드레나 요한이 예수님을 따라가서 만날 당시만 해도 그들의 메시아 관(觀)은 세속적이고 현실적인 것이었습니다. 다시 말해 '아, 이분은 칼을 가지고 로마 정부를 뒤엎을 사람은 아니지만 굉장한 초자연적인 능력을 가지고 이 세상에 군림하실 것이다. 그 능력을 통해 로마를 굴복시킬 수 있을 것이다. 그리고 이 나라는 독립하여 이사야의 예언처럼 지상의 낙원이 될 것이다.' 라는 생각에 매달려 있던 젊은이들이었습니다.

어떤 면에서 그들이 이 사회에서 모든 악을 제거하고 좀더 의롭고 살기 좋은 세상을 만들고 싶어한 것은 잘못된 생각이라 할 수 없습니다. 그들이 당시 사회의 모순을 보고 얼마나 의분에 떨었겠습니까? 얼마나 한이 맺혀 있었겠습니까? 그런 의미에서 그들이 저 보이지 않는 내세적 하나님 나라보다 악인이 심판받고 의인이 보상받는 현실적인 하나님 나라에 마음이 더 쏠리고 있었던 것은 이해할 만합니다.

우리가 기독교를 내세 지향적인 종교로만 이해하면 안 됩니다. 기독교는 내세 지향적인 종교인 동시에 현실적인 종교입니다. 이 두 가지가 균형을 잘 이룰 때 기독교의 생명이 건강하게 유지될 수 있습니다. 자칫 잘못되어 에세네파 사람들처럼 세상을 등지고 "오 주여, 어서 오시옵소서."라고 하며 하늘만 쳐다보고 있으면 안 됩니다.

우리 사회의 현실을 보십시오. 분통이 터지는 일들이 얼마나 많습니까? 우리는 이러한 일들에 둔감해서는 안 됩니다. 소리칠 때는 소리쳐야 하고, 탄식할 때는 탄식해야 합니다.

이토오 히로부미가 한반도를 집어삼키기 위해서 총독으로 부임을 했습니다. 그 당시만 해도 수많은 선교사들이 이 땅에 들어와 열심히 복음을 전하고 있었습니다. 똑똑하다는 사람들은 거의가 교회에 다니고 있었습니다. 어느 날 이토오 히로부미가 선교사들을 불러 모아 놓고 이렇게 회유했다고 합니다. "여러분, 여러분도 잘 아시다시피 정치와 종교는 분리되어야 합니다. 정교 분리의 원칙을 잘 아시지요? 그러니 우리 이렇게 합시다. 교회는 천국 일에만 전념하십시오. 일본은 땅의 일만 전념하겠습니다. 서로 간섭하지 맙시다."

그 말을 들은 선교사들은 '천국 일만 전념하라니 복음 전하는 일은 계속해도 된다는 말이구나' 하는 순진한 생각에 그렇게 하기로 타협을 하고 말았습니다. 그들은 교회로 돌아와 이렇게 가르치기 시작했습니다. "여러분, 우리는 하나님 나라만 생각하고, 하나님 나라만 위해서 일합시다." 평양에 있는 장대현교회에서는 이런 일도 있었다고 합니다. 예배 중에 교인들이 눈물을 뿌리면서 "주여, 일본 사람을 미워한 죄를 용서해 주시옵소서. 주여, 독립 운동한 죄를 용서하여 주시옵소서." 하고 회개하느라 법석을 떨었다는 것입니다. 참 어처구니없는 일이 아닐 수 없습니다.

도산 안창호 선생은 이런 꼴을 보고 나라가 망했다고 통곡을 했다고 합니다. 현실에 무관심하는 것은 진정한 기독교 정신이 아닙니다. 우리는 현실에 대한 의로운 관심을 가져야 합니다. 현실을 보는 예민하고 날카로운 눈을 가지고 직시해야 합니다.

십자가만이 진정한 해결이다

그럼에도 불구하고 우리가 한시도 잊어서는 안 될 진리가 있습니다. 예수 그리스도는 세상 나라를 위해 오신 메시아가 아니라는 사실입니다. 그는 세상을 비참하게 만든 근본적인 문제를 해결하고 우리를 그 비참함에서 구원하시기 위해 오신 메시아입니다.

이 세상의 모든 문제의 뿌리가 어디에 있습니까? 사회 구조입니까? 문화입니까? 교육입니까? 아닙니다. 세상의 모든 문제의 뿌리는 죄에 있습니다. 죄로 부패된 인간의 본성 때문에 이 세상이 미움과 증오와 탐욕과 음란이 판치는 세상이 된 것입니다. 예수님은 이 죄를 처리하기 위해 오셨고 또 십자가에서 죽으셨습니다. 그러므로 십자가는 인생의 근본적인 문제를 푸는 유일한 열쇠가 됩니다.

요한과 안드레는 주님께서 십자가에 못 박히시고 부활하시는 것을 보고, 또 성령을 받아 영의 눈을 뜨고 나서, 십자가만이 그들의 가슴에 남아 있는 모든 문제의 진정한 해결책이 된다는 것을 깨달았습니다.

오미란이라는 자매가 있습니다. 그는 여고 시절 1980년도에 있었던 광주 민주화 운동의 참혹한 현장을 목격한 자매입니다. 그는 언론도 믿을 수 없고, 정부도 믿을 수 없고, 기성세대가 하는 말 전부가 거짓투성이라는 것을 몸서리치게 깨달은 사람입니다. 너무나도 비참한 현실 앞에서 그는 마음이 완전히 비뚤어져 버렸습니다. 연세대학교에 입학하자마자 그는 운동권으로 뛰어들었습니다. 이 사회를 한번 뒤집어 엎자, 여자의 몸이지만 짓밟히고 착취당하는 사람 편에 서서 뭔가 좀 보람된 일을 해보자는 순수한 열정을 가지고 운동권에 뛰어든 것입니다.

결국 그는 보안당국에 체포되어 얼마 동안 감옥에서 살아야 했습니다. 그는 풀려나자마자 이번에는 구로공단에 가서 위장 취업을 했습니다. 한 6개월 동안 근로자들과 함께 노동을 했습니다. 그러다가 위장 취업 사실이 발각되어 또 다시 감옥에 갇히는 신세가 되었습니다. 들어가서 모진 고문을 당했습니다. 그는 그때의 일을 이렇게 썼습니다. "고문을 당하기는 했지만 나는 내가 옳다고 생각하는 이 길을 절대 양보할 수 없었다. 심지어 혈연의 관계도 깨끗이 씻고 나는 내 나름대로 옳다고 하는 길을 가기로 결심했다." 절대 꺾이지 않으리라고 독하게 마음을 먹은 것입니다.

1987년 그는 감옥에서 풀려 나왔습니다. 그의 어머니는 딸이 그렇게 변해 버린 것을 보고 밤마다 땅을 치면서 하나님 앞에 울부짖었습니다. 하나님께서는 그 어머니의 기도를 들으셨습니다. 강요에 못 이겨서 참석했는지 아니면 마음이 끌려서 그렇게 했는지 잘 모르겠지만, 출옥한 지 얼마 안된 어느 날 그는 부활절 철야 예배에 참석하게 되었습니다. 그 집회에서 그에게 놀라운 일이 일어났습니다. 자기 입으로 자기가 죄인이라고 고백하게 된 것입니다. 문제의 뿌리를 본 것입니다. 자기의 죄 때문에 십자가에서 피 흘리며 죽어간 어린양을 본 것입니다.

자신이 죄인이라는 사실을 발견하자마자 그의 눈을 겹겹이 뒤덮고 있던 비늘이 하나 둘 벗겨지기 시작했습니다. 그는 그때 이런 깨달음을 얻었다고 합니다. "인간의 구원 없이는 사회의 구원은 절대 불가능하다."

이 사회의 모든 모순은 한사람 한사람이 죄의 종이 되어 욕심에 끌려 악을 범하기 때문에 일어납니다. 그러므로 우리가 제일 우선으로 삼아야 할 것은, 우리 각자가 어린양 되신 주님 앞에 나와서 자기가 죄인임을 깨닫고 회개하여 하나님의 용서를 받고 새사람이 되는 것입니다. 이렇게 마음속에 주님께서 다스리시는 하나님 나라가 이루어진 사람들이 하나 둘씩 자꾸 늘어날 때 사회가 정화될 수 있고, 사회의 모순이 최소화될 수 있다는 것을 비로소 깨달은 것입니다. 사람은 바뀌지 않으면서 제도나 사회의 모든 관계를 다시 재건한다는 말은 대단한 것처럼 보여도 아무런 효과가 없다는 것을 우리는 역사를 통해 이미 잘 알고 있습니다. 이 세상의 문제를 해결하는 길은 십자가를 통해 사람을 바꾸는 길밖에 없는 것입니다.

우리는 도피주의자나 내세 지향주의자가 아닙니다. 그렇다고 현실 지향주의자도 아닙니다. 우리는 내세적 현실주의자입니다. 우리는 이 세상에 발을 딛고 살면서 동시에 저 하늘의 삶을 살아야 하는 사람들입니다. 그렇기 때문에 우리는 현실에 무관심하지 않으면서 더 높은 이상을 추구하는 것입니다. 십자가의 보혈로 의롭다 함을 받은 성도들이 살게 될 하나님 나라만이 우리의 유일한 소망이요 현실의 모든 문제와 모순에 대한 유일한 해답이라는 확신을 버리지 않는 것입니다.

이 세상은 하나님의 자녀들의 수가 아무리 많아진다 해도 여전히 세상에 불과합니다. 헌 집은 아무리 수리를 해도 헌 집인 것과 같은 이치입니다. 그러므로 궁극적인 해답은 세상 안에서 올 수가 없습니다. 영광스러운 주님이 다스리시는 새 하늘과 새 땅이 이 땅 위에 그 모습을 드러낼 때 우리는 지금까지 씨름하던 모든 문제들로부터 해방됩니다.

그날이 올 때까지 우리는 예수 그리스도의 십자가를 들고 이 어두운 세상을 밝혀야 합니다. 어둠 속에서 방황하는 사람들을 주님 앞으로 인도해야 합니다. 그러기 위해 요한과 안드레처럼 우리도 예수님한테서 하나님의 영광을 보아야 할 것입니다. 그리고 만나는 사람들에게 이렇게 도전해야 할 것입니다. "와 보라."

5. 첫 선교사들

요한의 말을 듣고 예수를 좇는 두 사람 중에 하나는 시몬 베드로의 형제 안드레라 그가 먼저 자기의 형제 시몬을 찾아 말하되 우리가 메시아를 만났다 하고(메시아는 번역하면 그리스도라) 데리고 예수께로 오니 예수께서 보시고 가라사대 네가 요한의 아들 시몬이니 장차 게바라 하리라 하시니라(게바는 번역하면 베드로라) 이튿날 예수께서 갈릴리로 나가려 하시다가 빌립을 만나 이르시되 나를 좇으라 하시니 빌립은 안드레와 베드로와 한 동네 벳새다 사람이라 빌립이 나다나엘을 찾아 이르되 모세가 율법에 기록하였고 여러 선지자가 기록한 그이를 우리가 만났으니 요셉의 아들 나사렛 예수니라 나다나엘이 가로되 나사렛에서 무슨 선한 것이 날 수 있느냐 빌립이 가로되 와 보라 하니라.

요한복음 1:40~46

하나님은 자신이 구원하시기로 작정한 사람은 반드시 구원하십니
다. 그 사람이 창녀든지, 세리든지, 심지어 사람을 죽인 살인자라 할지
라도 불쌍히 여겨 구원하시겠다고 작정한 사람은 반드시 구원하십니
다. 그러나 부르시는 방법은 참으로 다양합니다.

안드레와 요한은 세례 요한의 소개로 주님을 만났습니다. 한편 시
몬과 나다나엘은 먼저 믿게 된 형제의 전도를 받고 주님을 만났습니
다. 빌립은 누구의 도움도 받지 않고 직접 주님을 만났습니다.

주님께서 사람들을 구원하시는 방법이 이처럼 다양하다는 사실에
우리는 감사하지 않을 수 없습니다. 만일 하나님께서 한 가지 방법만
가지고 우리를 부르신다면 그 방법이 통하지 않는 사람은 어떻게 되겠
습니까? 교회에 나와서 일 년이 넘도록 설교를 들어도 마음을 열지 않
던 사람이 아내의 권유에 못 이겨 나간 다락방에서 은혜를 받고 믿음

을 고백하는 경우가 얼마나 많은지 모릅니다.

또 빌립처럼 하나님의 직접적인 손길을 통해 예수를 믿는 사람들도 적지 않습니다. 어떤 형제의 경우입니다. 아침까지 건강하던 사람이 갑자기 교통사고를 당해 중상을 입고 병원 신세를 지게 되었습니다. 고달픈 투병 생활을 몇 달 동안 하면서 마음이 자연스럽게 주님께로 열리는 일이 일어났습니다. 하나님의 손이 직접 그를 끌어당기지 않았다면 어떻게 이런 기적이 일어날 수 있었겠습니까?

그러므로 우리는 복음을 받고 그 자리에서 즉시 믿지 않는다고 해서 "고약한 놈, 지옥에나 가라."고 저주하면 안 됩니다. 내 방법으로는 통하지 않지만 하나님께서는 다른 방법으로 얼마든지 그를 구원하실 수 있다는 것을 믿어야 합니다. 남편이 아직 예수 믿지 않습니까? 아무리 애를 써도 요지부동인가요? 낙심하지 마십시오. 하나님은 낙타가 바늘귀를 통과할 수 있게 하신다는 것을 기억하셔야 합니다.

"아버지께서 내게 주시는 자는 다 내게로 올 것이요 내게 오는 자는 내가 결코 내어쫓지 아니하리라"(요 6:37).

예수님에게서 배우는 전도 방법, '와 보라'

안드레와 빌립은 예수님을 만나자 그가 자신들이 그토록 찾던 메시아임을 알게 되었습니다. 그들은 가만히 앉아 있을 수가 없었습니다. 누구에게든지 이 사실을 말하지 않고는 견딜 수 없는 뜨거운 감격이 그들의 마음을 사로잡았기 때문입니다.

우리 자신이 정말 예수님의 영광을 보았는지, 그분을 나의 구주로 영접하였는지를 확인하는 방법은 간단합니다. 내가 만난 예수님을 주위 사람들에게 얼마나 간절히 말하고 싶어하는가를 따져 보면 됩니다. 좋은 일은 입을 꾹 다물고 숨겨 놓을 수 없습니다. 만일 하나님이신 예수님을 만난 것이 너무 좋아서 사람들을 붙들고 이 사실을 말하고 싶어한다면 당신의 신앙 고백은 진짜입니다. 그러나 자꾸 숨기려하고 예수 믿는 티를 내지 않으려고 한다면 당신의 신앙에는 문제가 있습니다.

안드레는 자기 형제 시몬을 찾아갔습니다. 그는 흥분해서 이렇게 말했습니다.

"우리가 메시아를 만났다"(41절).

하지만 시몬은 이 말에 상당히 냉담했던 것 같습니다. 시몬의 눈에는 어디에서 누군가를 만나고 와서 느닷없이 자기가 메시아를 보았노라고 흥분하여 떠드는 안드레가 좀 이상하게 보였을지도 모릅니다. 그러나 안드레는 따지려고 드는 시몬과 논쟁을 벌이지 않았습니다. 그는 예수님에게서 배운 방법을 그대로 썼습니다. "와 보라."

전도에 있어서 논쟁은 백해무익합니다. 사람을 설득하려고 애를 쓰는 것은 그렇게 좋은 전도 방법이 아닙니다. 전도할 때 우리의 역할은 듣는 자가 예수님께 나아오도록 돕는 데 있습니다. 엄격히 말해서 전도의 본질은 '와 보라'에 있다고 할 수 있습니다.

예수님은 시몬이 안드레와 함께 오는 것을 보시고 그에게 놀라운 축복을 약속합니다.

"네가 요한의 아들 시몬이니 장차 게바라 하리라"(42절).

게바는 예수님 당시에 통용되고 있던 아람어인데, 이것을 헬라어로 바꾸면 베드로가 됩니다. 베드로는 반석이라는 뜻을 가지고 있습니다. 주님께서는 그의 이름을 베드로라고 바꾸어 주신 것입니다. 마태복음 16장 16절을 보면 베드로가 "주는 그리스도시요 살아 계신 하나님의 아들이시니이다."라고 신앙 고백을 하자, 예수님은 "바요나 시몬아 네가 복이 있도다 … 너는 베드로라 내가 이 반석 위에 내 교회를 세우리니 음부의 권세가 이기지 못하리라"(마 16:17, 18)고 축복하시는 장면이 나옵니다. 그래서 베드로는 이 세상에 나타날 하나님의 교회의 기초석이 되었던 것입니다.

베드로! 얼마나 놀랍고 영광스러운 이름입니까! 이름은 한 사람의 인격을 대변하는 것입니다. 예수님을 만나는 사람은 이름이 바뀌고 인격이 바뀝니다. 간사한 야곱이 하나님을 만난 후 이스라엘이 되었습니다. 예수를 핍박하던 사울은 예수를 위해 목숨을 내던지는 바울이 되었습니다. 누구든지 예수님을 믿고 새사람이 되면 세상에서 부르는 이름은 그대로 있겠지만 영적으로는 새 이름을 얻게 됩니다. 가톨릭 신자처럼 성경의 인물이나 성자의 이름을 갖다 붙이지 않는다 할지라도 성령이 부르시는 새 이름이 있다고 저는 믿고 있습니다. 새사람은 새 이름으로 불려야 하지 않겠습니까?

제 이름도 예수 믿고 바뀌었습니다. 어려서부터 교회는 다녔지만 예수님을 인격적으로 만나지 못하고 있었을 때, 저의 이름은 '한이 없이 흠이 많은 옥'이라는 의미의 '옥한흠'이었습니다. 그러나 예수님의 뜨거운 보혈의 피가 저를 깨끗이 씻어 주신 은혜를 알고 나서는 '한 개도 흠이 없는 옥’ 인 ‘옥한흠’ 으로 바뀌었습니다. 주님께서는 우리 모두의 이름을 이렇게 바꾸어 주셨습니다. 이 사실을 믿으십니까?

아름다운 인격자 안드레

안드레는 베드로보다 신앙생활에서 선배입니다. 예수님을 먼저 만났으니까요. 그리고 베드로를 예수님께로 인도한 영적 아버지입니다. 그렇지만 그는 베드로처럼 예수님으로부터 무슨 축복을 받은 것이 없었습니다. 예수님이 시몬을 만나 그 이름을 베드로라고 바꾸어 주시는 것을 보고 그는 아무리 형제지간이지만 질투를 느낄 수 있었을 것입니다. 더구나 베드로에 대한 예수님의 배려는 여기에서 그치지 않았습니다. 예수 믿은 순서로는 안드레가 먼저인데 주님께서는 베드로를 열두 제자 중 수제자로 세우십니다. 그리고 야고보, 요한과 함께 핵심 그룹의 한 사람으로 지명하시고 자기를 그림자처럼 따라다니게 하십니다. 반면 안드레는 그다지 주목을 받지 못한 이진 그룹에 묻혀 있어야 했습니다.

성경이나 기독교 역사를 보아도 안드레는 별로 두드러진 일을 하지 못한 것 같습니다. 베드로의 행적에 대해서는 성경이 자세하게 기록하고 있지만 안드레는 이름조차 희미합니다. 사도행전을 보면 베드로가 복음을 들고 외쳤을 때 하루에 삼천 명이 회개하고 돌아오고, 오천 명이 회심하는 놀라운 기적이 일어납니다. 그러나 안드레는 고작 열두 제자들의 이름을 언급할 때 한 번 나올 뿐입니다(행 1:13). 복음서에 어쩌다 안드레라는 이름이 나올 때에는 베드로의 형제 안드레라고 하는 꼬리표가 달려 있는 것을 자주 볼 수 있습니다. 이런 사례들을 보면서 우리는, 안드레가 베드로에 비해 상대적으로 퍽 초라하게 보이는 자신을 놓고 얼마나 마음이 상했을까 하는 엉뚱한 공상을 할 때가 있습니다.

그러나 놀라운 것은, 우리가 안드레를 직접 만나 보지 못했기 때문에 분명하게 말할 수는 없지만, 성경을 통해 비쳐지는 그의 사람 됨에 머리를 숙일 수밖에 없다는 사실입니다. 안드레에게서는 자기보다 앞서가는 베드로를 질투했다는 흔적을 전혀 찾을 수 없습니다. 오히려 그는 예수님과 삼 년을 같이 보내면서 잘 드러나지 않는 일에 열심히 뛰는 그런 스타일의 인물이었습니다. 만여 명에 가까운 청중들이 빈들에서 삼 일 동안 예수님과 함께 지내다가 먹지 못해 허기진 채 집으로 돌아가야 할 형편이 되었을 때, 안드레는 조금이라도 도움이 될까 해서 먹을 것을 찾아 사방을 뛰어다녔습니다. 안드레는 두리번거리다가 떡 다섯 덩이와 물고기 두 마리를 가지고 있는 소년을 발견하고는 그를 예수님 앞으로 인도했습니다. 또 헬라 사람들이 예수님을 면회하고 싶어 찾아왔을 때 안드레는 그들을 주님 앞으로 조용히 인도하는 안내자가 되었습니다.

안드레가 했던 일은 이처럼 사람들에게 드러나지 않는 일이었습니다. 그럼에도 그는 행복한 제자처럼 보입니다. 예수님 곁에서 섬길 수 있다는 것만으로 행복할 줄 알았던 사람 같습니다. 어떤 면에서는 영적으로나 인격적인 성숙도에서 안드레가 베드로보다 한 수 위였다고 말할 수 있습니다. 그는 오천 명을 전도한 일이 없습니다. 그러나 오천 명을 구원한 베드로를 전도한 사람이었습니다. 안드레는 한 마리를 낚아도 대어를 낚았던 사람입니다.

빌리 그레이엄 하면 우리는 그의 화려한 이름에 감탄도 하고 찬사도 보냅니다. 그러나 그 사람을 예수님께로 인도한 무명의 부흥사의 이름은 누군지 잘 모릅니다. 그러나 하나님 앞에 가면 세상이 잘 알아 주지 못한 그 부흥사가 빌리 그레이엄보다 더 큰 사람일 수 있는 것입니다. 누가 더 큰일을 하였는지는 하나님만이 판단하실 것입니다.

하나님의 일에는 작은 일이 없다

한국 기독교 백년사를 보면 초창기에 화려한 인물이 한 명 등장합니다. 길선주 목사님입니다. 선교사로부터 복음을 받은 한국인 중에 제일 먼저 목사가 된 여섯 명 가운데 한 사람입니다. 그리고 한국 목사로서는 최초로 세례식을 집례한 목사님입니다. 그분은 시력이 좋지 않아 거의 맹인이나 다름이 없었음에도 불구하고 요한계시록을 만 번이나 읽었다고 합니다. 그는 1907년 우리 한국 교회에서 일어난 대 부흥 운동을 주도한 장본인이기도 합니다.

그 당시 우리나라는 일본의 야욕 앞에서 풍전등화와 같이 흔들리고 있었습니다. 길선주 목사님은 전국 방방곡곡을 다니면서 요한계시록으로 부흥회를 인도하여 수많은 사람들에게 소망을 안겨 주었습니다. 그의 감화력 때문에 많은 신앙인들이 그리스도인으로서의 자존심을 꺾지 않고 감옥에 들어가든지 순교를 하든지 끝까지 믿음을 지킬 수 있었다고 합니다. 이처럼 길선주 목사님은 한국 기독교 역사에 혜성처럼 나타난 인물이었습니다. 나중에 그는 독립 선언서에 서명한 삼십삼인 중 한 사람으로서 독립 운동에 큰 기여를 한 분이기도 합니다. 그는 복음을 전하다가 67세에 강단에서 뇌일혈로 쓰러져 하나님의 부름을 받았습니다. 얼마나 대단한 인물입니까?

그런데 우리 중 누구도 길선주 목사님을 처음으로 예수님께 인도한 사람에 대해서는 잘 알지 못하고 있습니다. 길선주 목사님을 전도하여 이처럼 위대한 복음의 일꾼으로 헌신하게 만든 사람은 스물아홉 살 먹은 김종섭이라는 젊은이였습니다. 우리는 김종섭 씨를 잘 모르지만 하나님은 알고 계십니다. 그는 베드로를 전도한 안드레와 같은 역할을 한 사람이었습니다.

하나님의 일에는 작은 일이 따로 없습니다. 사소하게 보이는 일이라도 큰일이 될 수 있습니다. 우리가 가르치는 주일 학교 학생이 장차 어떤 인물이 될지 아무도 모릅니다. 우리가 전도하는 평범한 사람이 하나님 보시기에 얼마나 큰 인물인지 잘 모릅니다. 그럼에도 경우에 따라서는 우리가 베드로를 주님 앞에 인도한 안드레가 될 수 있다는 것을 우리는 믿어야 합니다. 주님의 일을 하는 데 있어서는 작은 일 큰일이 따로 없습니다. 아무리 사소하고 보잘것없는 일처럼 보여도 큰일을 하고 있다는 자부심을 가지고 안드레처럼 마땅히 기쁘게 주님을 섬겨야 할 것입니다.

인격 전도

다음으로, 눈을 돌려 빌립을 보도록 합시다. 빌립은 성격이 그다지 적극적이지 못했던 것 같습니다. 안드레나 요한처럼 세례 요한을 직접 찾아가서 제자가 된 것도 아니고, 그 당시의 어두운 밤을 밝힐 등불이 어디 있는가를 애타게 찾아 헤매던 의식 있는 젊은이도 아니었습니다. 그러나 그는 행동으로 옮기지는 못했지만 마음으로는 준비된 사람이었습니다. 우리는 빌립이 "나를 좇으라"는 주님의 음성을 듣자마자 모든 것을 포기하고 좇았다는 사실에서 빌립의 준비된 마음을 잘 알 수 있습니다. 준비가 안되었다면 어떻게 즉각적인 반응을 보일 수 있었겠습니까?

빌립은 예수님을 만난 후 그토록 기다렸던 메시아를 찾았다는 감격에 가슴이 벅차올랐습니다. 그래서 그는 그의 뜨거운 마음을 함께 나눌 사람을 생각하다가 가장 가까운 나다나엘을 찾아갔습니다. 나다나엘은 열두 제자 중 한 명인 바돌로매와 동일한 인물로 알려져 있습니다.

성경을 보면 나다나엘은 이지적이고 합리적인 인물이었던 것 같습니다. 웬만한 말에는 쉽게 넘어가지 않고 쉽게 감동을 받지 않는 까다로운 인상을 풍깁니다. 빌립은 이러한 나다나엘의 성격을 잘 알고 있었습니다. 그래서 미리 나름대로 준비를 한 것 같습니다. 그가 나다나엘을 찾아가서 던지는 말을 주목하여 보십시오.

"모세가 율법에 기록하였고 여러 선지자가 기록한 그이를 우리가 만났으니 요셉의 아들 나사렛 예수니라"(45절).

우리는 빌립의 말을 들으면서 그가 나다나엘을 예수님께로 인도하기 위해서 상당한 준비를 하지 않았나 하는 생각을 하게 됩니다. 요즘 말로 하면 성경 공부를 단단히 한 것 같습니다. 구약의 모세 오경에서는 예수님에 대해서 어떻게 예언하였는지, 선지서에서는 무엇이라고 말씀하였는지, 지금처럼 손에 든 성경이 없었음에도 불구하고 나름대로 정리하고 있었던 모양입니다. 까다로운 나다나엘을 만나면 성경 지식으로 일단 그를 제압해 보려는 생각을 했던 것 같습니다.

그러나 나다나엘은 성경적인 지식에서 빌립보다 한 수 위였습니다. 그는 빌립이 하는 말을 듣고 틀린 것을 금방 찾아낼 수 있었습니다. 빌립이 나사렛 예수를 만났다고 하자 그 말이 성경과는 거리가 멀다는 사실을 알았습니다.

"나다나엘이 가로되 나사렛에서 무슨 선한 것이 날 수 있느냐"(46절).

조금 쉽게 풀면 이런 말입니다. "네가 모세 율법이다 선지자다 하고 거창하게 들고 나오는데, 말을 하려면 좀 제대로 알고 말해. 성경 어디에 나사렛에서 메시아가 나온다는 말이 있어?" 본래, 메시아는 어디에서 나오게 되어 있습니까? 이사야는 베들레헴에서 출생할 것이라고 예언하고 있습니다. 결국 빌립이 한 방 얻어맞은 꼴이 되어 버렸습니다.

나사렛에서 무슨 선한 것이 날 수 있느냐는 나다나엘의 말에는 성경이 예언한 메시아는 절대로 나사렛 출신이 될 수 없다는 의미가 담겨 있습니다. 물론 당시 사람들이 별 볼일 없는 동네로 여기던 나사렛을 깎아내리는 뉘앙스도 들어 있습니다. 빌립은 나다나엘의 대답에 기가 꺾이고 말문이 막혀 버렸습니다. 얼떨결에 그는 예수님한테 배운 방법을 쓰기로 했습니다. 그것이 무엇입니까? "와 보라" 하는 것이었습니다.

우리는 여기서 전도의 본질을 엿볼 수 있습니다. 전도는 성경을 완벽하게 알아야 할 수 있는 것이 아닙니다. 빌립처럼 엉성하게 알아도 전도는 해야 합니다. 이것이 중요합니다. 중매를 잘하는 사람이 처녀 총각을 연결시킬 때 잘 써먹는 말이 있습니다. 만나 보면 알 텐데 뭘 그렇게 따지느냐는 것입니다. 일리가 있는 말입니다. 서로 만나 보고 당사자들끼리 눈이 맞으면 됩니다. 여타 다른 것은 부차적인 문제일 뿐입니다.

전도도 마찬가지입니다. 우리가 성경에 대해 제대로 잘 알지 못한다 하더라도 사람들을 예수님 앞으로 데려오기 위해서는 빌립처럼 전도해야 합니다. 분명히 성경 실력으로는 나다나엘이 빌립을 이겼습니다. 그런데 어떻게 그가 빌립을 따라왔을까요? 틀린 소리를 하는 사람 말을 더 들을 필요가 없는데 말입니다. 엉터리 같은 소리를 하는데 어떻게 믿습니까?

그러나 나다나엘은 빌립을 따라왔습니다. 무엇이 나다나엘을 그렇게 만들었습니까? 그는 빌립이 비록 말은 틀리게 했지만 그에게 이전과는 무언가 다른 것이 있다는 것을 발견했던 것 같습니다. 자기를 대하는 그의 눈빛, 그의 표정, 그의 진지한 말 속에서 '아니, 어제 보던 빌립이 아니구나. 분명히 다른 뭔가가 있다.' 라는 감동을 받은 것입니다.

전도는 지식만 가지고 하는 것이 아닙니다. 말만 가지고 하는 것이 아닙니다. 그리스도를 만나 변화된 인격을 함께 보여 주면서 해야 합니다.

변화된 인격이 강력한 흡입력이다

많은 사람들은 지금 한국 교회가 위기에 처해 있다고 말합니다. 젊은이들이 교회에서 한꺼번에 빠져 나가는 썰물 현상이 일어나고 있다고 경고하고 있습니다. 영국의 선교사 데니스 레인 같은 분은 50년 전 영국에서 일어났던 현상이 지금 한국에서 시작되었다는 우려 섞인 충고를 했습니다.

왜 이런 현상이 일어날까요? 그것은 우리들이 예수님에 대해 다 아는 것처럼 떠들 줄만 알았지, 정작 예수님을 만난 우리 자신의 인격과 삶으로 우리 자녀들은 물론이고 세상 사람들을 감동시키지 못하고 있기 때문입니다. 이것이 오늘날 한국 기독교의 근본적인 문제 중의 하나입니다. 성경 공부는 많이 해서 입을 열었다 하면 몇 시간 동안 떠들 수는 있지만 말하는 것만큼 인격과 삶이 따라가지 못하는 것입니다.

차라리 빌립처럼 지식에는 한 수 떨어져도 인격에는 강력한 흡입력을 갖는 편이 훨씬 낫습니다. 그 흡입력이 무엇입니까? 예수님을 만나서 변화된 내 모습입니다. 나의 말, 나의 생각, 나의 생활, 이 모든 것들이 세상 사람에게 다르게 보일 때 비로소 그들은 우리에게 끌려오게 되어 있습니다.

저는 한국 교회가 이 부분에서 큰 결점을 갖고 있지 않나 하는 생각을 합니다. 예수 믿은 지 10년이 지났는데도 왜 내 남편은 예수 믿을 마음을 갖지 않을까? 나의 형제들이 10년 동안 예수 믿는 나를 지켜보고 있는데 왜 감동을 받지 못할까? 왜 직장에 있는 동료들이 예수 믿으라는 말만 하면 언짢아할까? 문제는 바로 우리 자신에게 있습니다.

예수님이 우리 안에 거하십니다. 우리 안에 거하시는 주님은 우리의 인격으로 반사됩니다. 이것이 성령의 열매입니다. 그러므로 우리에게는 분명히 세상 사람들의 눈길을 끌 수 있는 매력이 있습니다. 말로 전하는 복음과 함께 이 매력을 가지고 사람들을 주님 앞으로 인도해야 합니다. 당신의 모나고 거친 성격 때문에 다른 사람에게 감동을 주지 못하고 있습니까? 예수님께 무릎을 꿇고 기도하십시오. 성령께서 당신의 모난 성격을 반드시 고쳐 주실 것입니다. 예수 믿으면 성격도 고칩니다. 대인 관계가 까다롭고 차가운 사람이라고 고민하지 마십시오. 이것도 얼마든지 고칠 수 있습니다. 왜 그렇습니까? 예수님이 내 안에 계시기 때문입니다.

한국에서는 호주머니에 담뱃갑을 넣고 다니면서 전도할 수 없습니다. 나일론 신자라는 오해를 받을 것이기 때문입니다. 술 냄새를 풍기면서는 절대 전도하지 못합니다. 어쩌다가 일 때문에 예수 믿지 않는 사람들과 술자리를 같이할 수는 있습니다. 그러나 술을 마시지 않고도 그들과 어울리며 좋은 인상을 줄 수 있어야 합니다. 이 좋은 인상이 훗날 전도의 접촉점이 되는 것입니다. 그들을 피할 이유가 없습니다. 우리는 그들을 감동시킬 수 있는 그 무엇을 가지고 있습니다. 우리가 발견한 예수님 때문입니다. "와 보라"고 자신 있게 초청할 수 있는 이유를 우리는 가지고 있습니다.

우리 모두 빌립처럼 다시 한 번 주의 영광을 봅시다. 그러면 나다나엘처럼 까다로운 사람들을 주님 앞으로 인도할 수 있을 것입니다. 안드레가 자기 형제 시몬을 전도하였습니다. 빌립이 가장 가까운 친구 나다나엘을 전도하였습니다. 우리도 가까운 사람부터 먼저 전도해야 합니다. 그들에게 "와 보라"고 자신 있게 초청할 수 있어야 합니다. 주님의 영광을 보고 변화된 사람이라면 우리도 안드레가 될 수 있고 빌립이 될 수 있습니다. 이와 같은 은혜가 우리 모두에게 있기를 바랍니다.

6. 간사함이 없는 사람

예수께서 나다나엘이 자기에게 오는 것을 보시고 그를 가리켜 가라사대 보라 이는 참 이스라엘 사람이라 그 속에 간사한 것이 없도다 나다나엘이 가로되 어떻게 나를 아시나이까 예수께서 대답하여 가라사대 빌립이 너를 부르기 전에 네가 무화과나무 아래 있을 때에 보았노라 나다나엘이 대답하되 랍비여 당신은 하나님의 아들이시요 당신은 이스라엘의 임금이로소이다 예수께서 대답하여 가라사대 내가 너를 무화과나무 아래서 보았다 하므로 믿느냐 이보다 더 큰일을 보리라 또 가라사대 진실로 진실로 너희에게 이르노니 하늘이 열리고 하나님의 사자들이 인자 위에 오르락내리락하는 것을 보리라 하시니라.

요한복음 1:47~51

　성경은 하나님께서는 모든 것을 다 아시는 전지하신 분이라는 사실을 창세기부터 요한계시록에 이르기까지 수없이 반복하여 말씀하고 있습니다. 과연 하나님은 모르시는 것이 없을까요? 저는 예레미야 1장 5절 말씀을 가끔 생각합니다. "내가 너를 복중에 짓기 전에 너를 알았고." 다시 말하면 "네 어머니가 임신하기 전부터 내가 너를 알았다"는 것입니다. 이 말씀이 믿어지십니까? 하나님이 모든 것을 아신다는 것은 그 차원이 얼마나 깊고 높고 신비한지 우리의 지성을 가지고 아무리 추적하려 해도 그 끝을 볼 수가 없는 전지(全知)입니다.

　그러면 세상에 오신 예수님은 어떠할까요? 그분은 하나님처럼 전지하실까요? 두말할 필요 없이 예수님은 전지하십니다. 하나님이시기 때문입니다. 요한복음 2장 24, 25절의 말씀이 이 사실을 잘 보여 주고 있습니다.

"예수는 그 몸을 저희에게 의탁지 아니하셨으니 이는 친히 모든 사람을 아심이요 또 친히 사람의 속에 있는 것을 아시므로 사람에 대하여 아무의 증거도 받으실 필요가 없음이니라"(요 2:24, 25).

예수님은 하나님으로서 우리를 다 알고 계십니다. 우리 속에 있는 모든 것을 아십니다. 다 알고 계십니다. 그의 아심은 초경험적입니다. 우리는 보고 듣고 사귀어야 서로를 알게 됩니다. 예수님의 전지는 그런 조건적인 것이 아닙니다. 하나님으로서 그의 전지하심은 독특한 성격을 가지고 있습니다.

그러나 솔직히 말해 하나님의 전지를 사람이 설명하는 것은 불가능합니다. 이것은 지구 한 모퉁이에 앉아 광대한 우주를 이야기하는 것처럼 어색해 보입니다. 인간의 무지가 하나님의 전지를 어떻게 설명할 수 있겠습니까? 하나님이 큰 것을 아신다고 하면 큰 것이니까 그렇다고 생각할 수 있습니다. 유명한 사람을 아신다고 하면 유명하니까 아시겠지 하고 넘어갈 수 있습니다. 그러나 우리를 놀라게 하는 하나님의 전지하심의 신비는 크신 하나님이 너무 하찮은 것을 완전히 아신다는 데 있습니다.

저는 하나님이 저를 잘 아신다고 믿고 있습니다. 그러나 한번 생각해 보십시다. 우리 각자는 어떤 존재입니까? 세계 인구가 60억이라고 하면 60억 분의 1에 불과합니다. 여기에 60억 개의 동전이 쌓여 있다고 가정해 봅시다. 그 가운데 동전 한 개는 실제적으로는 없는 존재와 마찬가지입니다. 그럼에도 불구하고 하나님이 저를 세밀히 아신다고 말씀하시니 신비 중의 신비가 아닐 수 없습니다. 헤버걸이라는 믿음 좋은 사람은 하나님의 전지하심에 대해서 이렇게 말하였습니다. "주님은 내가 알 수 없는 것을 아십니다. 작은 자도 면밀히 살피십니다.
주님의 마음이 우주를 파악하는 것은 모래 하나를 파악하는 데 불과합
니다.”

네가 무화과나무 아래 있을 때에 보았노라

하나님은 작은 자를 면밀히 살피시는 것에 전지하십니다. 이것을
설명하는 좋은 소재가 바로 오늘 우리가 읽은 본문입니다. 빌립이라는
친구의 전도를 받고 유식한 나다나엘이 예수님을 찾아왔습니다. 예수
님이 그가 오는 것을 보시고 이해하기 어려운 말씀을 하셨습니다.

“보라 이는 참 이스라엘 사람이라 그 속에 간사한 것이 없도다”(47절).

여기서 ‘보라’ 는 일종의 감탄을 나타내는 표현입니다. ‘야, 저 젊은
이!’ 하는 것과 같습니다. 주님께서 왜 그렇게 감탄하셨을까요? 나다
나엘의 깊은 내면을 꿰뚫어 보시고 그 마음에 간사함이 없는 진실한
사람임을 아셨기 때문입니다. 나다나엘은 깜짝 놀랐습니다. 그래서
“어떻게 나를 아십니까?”라고 물었습니다. 예수님의 대답은 나다나엘
을 더 놀라게 하였습니다.

“빌립이 너를 부르기 전에 네가 무화과나무 아래 있을 때에 보았노
라”(48절).

이 한마디에 나다나엘은 그만 폭삭 거꾸러졌습니다. 빌립에게 이끌려 예수님을 찾아올 때만 해도 속으로 '예수가 뭐 그리 대단한 인물이겠느냐'는 생각을 했는지도 모릅니다. 그러나 막상 만나 보니 예수님은 자기 내면을 훤히 꿰뚫어 보실 뿐만 아니라 자기가 무화과나무 아래 혼자 앉아 있었던 사실까지 다 알고 계시는 것입니다. 나다나엘은 주저하지 않고 무릎을 꿇고 이렇게 고백합니다.

"랍비여 당신은 하나님의 아들이시요 당신은 이스라엘의 임금이로소이다"(49절).

우리는 예수님과 나다나엘의 만남을 통해서, 비록 이것이 짧은 에피소드임에도 불구하고 예수님의 전지하심이 어느 정도인지를 파악하게 됩니다.

간사함이 없는 참 이스라엘 사람

예수님은 나다나엘에게 간사함이 없다고 말씀하셨습니다. 간사함이란 무엇을 뜻합니까? 우리가 가끔 듣는 이 말은 결코 좋은 인상을 주는 말이 아닙니다. 사전에서는 '간교하고 사악하여 발라맞추며 남을 속이는 재주가 있는 것'으로 풀이하고 있습니다. 절대 기분 좋은 말이 아닙니다.

또 이 말은 고기를 낚는 낚시꾼의 행동을 표현하기도 합니다. 고기의 입장에서 한번 생각해 보십시오. 낚시꾼의 짓거리가 얼마나 간사합니까? 낚시꾼은 고기가 미끼를 물도록 온갖 재주를 다 부립니다. 미끼가 마치 살아 있는 먹이처럼 보이게 하려고 별의별 요령을 다 피웁니다. 그리고 끈질기게 지키고 앉아 있습니다. 고기 입장에서 보면 얼마나 간사한지 모릅니다.

예수님은 나다나엘을 보시자마자 간사함이 없는 진실한 사람임을 알아보셨습니다. "이는 참 이스라엘 사람이라 그 속에 간사한 것이 없도다." 여기서 '간사하다' 는 말과 '참 이스라엘' 이라는 말을 대비시키고 있다는 것을 주목하시기 바랍니다. 이스라엘은 누구의 이름입니까? 야곱의 이름입니다. 야곱이 하나님을 만나고 나서 얻은 새 이름입니다. 따라서 예수님이 나다나엘을 만나 하신 말씀의 의미가 선명해집니다. 나다나엘은 야곱 형의 인간이 아니라 이스라엘 형의 인간이라는 말씀을 하시는 것입니다.

야곱은 천성이 간사한 인간이었습니다. 처음에 누구를 속였습니까? 형 에서를 속였습니다. 그 다음에는 누가 야곱에게 속았습니까? 아버지 이삭입니다. 그리고 또 누가 속았나요? 외삼촌 라반입니다. 라반도 오륙 년이 지나고 나서야 자신이 속은 줄 알았습니다. 이처럼 야곱은 사람을 속이는 데에는 타고난 재능을 가진 사람이었습니다. 얼마나 간교하게 사람을 마음대로 주물렀는지 야곱을 만난 사람들은 다 속아넘어갔습니다. 그런데 잘 속이는 사람은 결국 자기도 속게 됩니다. 야곱은 누구에게 속습니까? 장인 될 사람에게 속고 나중에는 아들들에게도 속게 됩니다.

야곱은 간사한 사람의 대명사입니다. 그러나 이와 같이 간사한 야곱이지만 나중에 하나님을 만나고 나서는 이스라엘로 바뀝니다. 간사한 사람이 진실한 사람으로 바뀐 것입니다.

멀리서도 사람의 생각을 통촉하시는 하나님이신 예수님은 나다나엘의 마음에 간사함이 없다는 것을 미리 알아보시고 참 이스라엘이라고 하셨습니다. 주님이 우리 마음을 보시면 무엇이라고 하실까요?

인간은 누구나 정도의 차이는 있지만 다 간사한 데가 있습니다. 어떤 목적을 달성하기 위해서는 옳지 않은 수단인 줄 알면서도 눈 하나 깜짝 하지 않고 사람을 간사하게 속이는 구석이 있습니다. 러시아의 문호인 도스토예프스키는 『악령』이라는 소설에서 이런 말을 했습니다. "인생에 있어서 무엇보다 어려운 것은 거짓말하지 않고 사는 것이다." 인간에게는 누구나 야곱처럼 간사한 기질이 있기 때문에 거짓말하지 않고 사는 것이 대단히 어렵다는 말입니다.

우리가 어떤 사람을 두고 간사하다는 말을 하려면 적어도 몇 년은 사귀어 보아야 합니다. 경험적인 지식을 필요로 한다는 말입니다. 그러나 예수님은 그렇지 않습니다. 예수님의 지식은 선험적인 것입니다. 우리가 아무리 마음속 깊은 곳에 있는 금고에 숨겨 놓은 비밀이라도 하나님은 꿰뚫어 보시듯 정확하게 아십니다. 그분은 우리의 앉고 일어섬을 아시며 멀리서도 우리의 생각을 아시고 우리의 모든 행위를 익히 아시는 분이십니다(시 139:2, 3). 하나님이신 예수님께서 우리를 아시는 것은 어떤 거리나 시간이나 경험과는 관계가 없습니다. 우리의 마음을 있는 그대로 아십니다. 이것이 하나님의 전지하심의 속성입니다.

거룩한 두려움

우리가 이와 같이 하나님의 전지하심을 인식하게 되면 두려움이 생깁니다. 불꽃 같은 눈동자로 우리 마음에 있는 모든 생각과 감정까지, 심지어 무의식 속에 감추어져 있는 어떤 잠재의식의 토막까지 전부 알고 계시는 그분을 생각할 때마다 경외심이 생기지 않을 자가 어디 있겠습니까? 이 두려움은 거룩한 두려움입니다. 현대인의 특징 중의 하나는 하나님에 대한 두려움이 없다는 것입니다. 그 속에 이 두려움이 없기 때문에 사람도 속이고 하나님도 속이는 것입니다. 사람을 속이는데 성공하면 하나님까지 속아넘어간 것으로 착각하는 것이 현대인입니다.

하나님은 우리의 생각뿐만 아니라 무의식까지 통찰하십니다. 우리가 거룩함을 이루기 위해서는 이 두려움을 가져야 합니다(고후 7:1). 내 마음 깊은 곳을 꿰뚫어 보시는 하나님에 대한 거룩한 두려움이 없으면 우리는 우리의 마음을 진실하게 하려는 노력을 할 수 없게 됩니다. 당신 자신을 한번 돌아보세요. 하나님이 두려워서 마음에 거짓을 품다가도 포기해버리고, 남을 속이려다가도 멈칫하고, 악한 생각에 끌리다가도 돌아서는 사람입니까? 그렇다면 당신은 나다나엘의 마음을 가진 자라 할 수 있습니다.

하나님이 우리 마음속을 아신다는 사실은 우리에게 두려움만 주는 것이 아니라 큰 위안과 용기도 줍니다. 나다나엘은 예수님이 자기를 알아주신다는 사실에 얼마나 큰 위로를 받았겠습니까?

가끔 보면 정직하고 진실하게 살려고 하는 사람들이 왕따를 당하는 경우가 있습니다. 실제로 정직하기 때문에 손해를 보는 사람들이 많이 있습니다. 어떻게 보면 이 사회에 참 이스라엘 사람이 설 땅은 없어 보입니다. 야곱만이 살아남을 수 있을 것 같습니다. 그러나 우리에게 큰 위안이 있습니다. 사람들은 나를 몰라주어도 예수님은 알아주신다는 사실입니다. 그러므로 때로 간사한 사람들에게 손해를 당해도 우리를 아시는 주님께서 대신 보상해 주신다는 믿음을 갖는 것입니다. 이 믿음이 우리에게 얼마나 큰 위로가 되는지요.

정직한 영을 새롭게 하소서

시편 32편 2절에서는 "마음에 간사가 없고 여호와께 정죄를 당치 않은 자는 복이 있도다."라고 했습니다. 왜 마음에 간사가 없는 사람이 복이 있나요? 하나님께서 알아주시기 때문입니다. "마음이 청결한 자는 복이 있나니 저희가 하나님을 볼 것임이요."(마 5:8)라고 했습니다.

하나님께서는 누구든지 예수를 믿으면 먼저 그의 마음을 진실하게 바꾸어 주십니다. 야곱처럼 거짓되고 간사한 마음을 이스라엘의 마음으로 바꾸어 주십니다. 우리를 자기 아들로 상대하시기 위해 우리의 마음을 바꾸시는 것입니다.

그러면 어떻게 바꾸십니까? 이것은 일 회로 끝나는 작업이 아닙니다. 끊임없이 계속되는 거룩한 작업입니다. 그 일을 위해 우리 마음에 성령을 상주시켜 주셨습니다. 우리의 마음이 혼탁해지고 더러워질 때마다 성령은 회개하도록 감동을 주시며, 말씀을 가지고 깨끗하게 해주십니다. 그러므로 예수 믿는 사람이 무엇이 다른가 하고 묻는다면 그래도 정직하고 진실하다고 대답할 수 있는 것입니다. 직장 생활을 5년, 10년 하면서 주변 사람들로부터 '저 사람은 정말 진실해' 라는 말 한 번 듣지 못한다면 참으로 부끄러운 일입니다.

얼마 전에 큰 사업을 하는 어떤 장로님을 처음으로 만났습니다. 그분은 첨단 과학 기술로 제조되는 고급 제품을 생산해서 수출하는 기업을 경영하고 있습니다. 현재 기업을 시작한 지 불과 육칠 년밖에 안 되었는데도 한국 최상의 우량 기업으로 평가를 받아 대통령 표창까지 받았습니다. 그 장로님은 하나님의 뜻을 따라 정직하게 기업을 경영하려고 애쓰는 분이었습니다. 실적도 없고 제품의 질도 떨어지는 경쟁 회사가 허위 광고와 과장 광고를 하여 피해를 입힐 때, 정면으로 대결하기보다 광고를 경쟁사의 3분의 1로 줄여 남는 비용을 제품의 질을 향상시키는 데 투자하였습니다. 이것이 전지하신 하나님을 경외하는 기업인의 마음가짐이 아닐까요?

링컨은 어려서부터 성경으로 교육을 받았다고 합니다. 그는 예수 믿는 것 때문에 기꺼이 손해보는 것도 감수했던 사람입니다. 한때 변호사로 일을 할 때, 어떤 사람이 링컨을 찾아와서 변호를 부탁하였습니다. 링컨은 사건 전모를 소상하게 듣고는 이렇게 말했다고 합니다. "내가 처음부터 끝까지 들어 보니 잘못한 사람은 당신입니다. 난 당신 변호를 맡을 수가 없습니다. 잘못한 사람을 어떻게 변호합니까?" 그랬더니 변호를 청탁하러 온 사람이 소리를 질렀습니다. "아니, 변호사는 변호만 해주면 될 것 아니요. 내가 당신에게 평생 먹고 살 만큼의 두둑한 돈을 줄 수도 있는데 왜 변호를 거절합니까?" 링컨이 대답했습니다. "저는 그래도 거절합니다. 내가 평생 먹을 것은 나의 하나님 아버지가 다 공급해 주시니 걱정할 바 아니고, 내가 믿는 하나님이 싫어하는 불의를 위해 변호할 수는 없습니다. 그러니 더 이상 요청하지 마십시오".

예수 믿는 사람에게는 이처럼 세상 사람과는 분명히 다른 데가 있어야 합니다. 그래서 링컨이 남긴 유명한 말이 있지 않습니까? "모든 사람을 얼마 동안은 속일 수가 있다. 또 몇 사람을 속일 수도 있다. 그러나 모든 사람을 항상 속일 수는 없다.”

사람이 자기 힘으로 세상을 살려고 하다 보면 한계에 부딪힐 때가 있습니다. 한계에 부딪치면 사람은 간사하게 됩니다. 따라서 간사라는 것은 싸울 용기가 없는 비겁한 사람들이 사용하는 수단입니다. 정직은 용기 있는 사람만이 가질 수 있는 덕목입니다. 온 천하가 거짓되어 속고 속이는 일들이 비일비재하다 할지라도 나만은 정직하리라 하는 각오로 사는 사람이라면 그는 정말 용기 있는 사람입니다. 이런 용기는 하나님이 우리를 아신다는 믿음에서 나오는 것입니다. 이 용기가 우리에게 필요합니다.

한번 은혜 받았다고 늘 진실한 것이 아닙니다. 그러므로 우리는 날마다 다윗처럼 기도해야 합니다. “하나님이여 내 속에 정한 마음을 창조하시고 내 안에 정직한 영을 새롭게 하소서”(시 51:10). 우리가 잘 부르는 복음성가 중에 이런 가사가 있습니다.

주여 진실하게 하소서 오늘 하루하루 순간을
주가 주신 힘으로 승리하기 원하네
주여 나를 진실하게 하소서.

우리는 매일매일을 주가 주신 힘으로 승리할 수 있어야 합니다. 그렇게 하자면 정직하고 진실하게 살아야 합니다. 주님께서는 이런 진실한 자를 알아보십니다. 나다나엘을 보시고 “보라 이는 참 이스라엘 사람이라”고 하신 것처럼 나를 알아주신다면 세상에 무서운 것이 어디 있겠습니까?

무화과나무 아래

　예수님은 나다나엘이 무화과나무 아래 있을 때 보았다고 했습니다. 나다나엘이 무엇 때문에 무화과나무 아래에 갔을까요? 성경에 보면 무화과나무는 여러 가지 사실과 연관을 가지고 있습니다. 이 본문을 설명하는 학자들의 공통된 견해는 나다나엘이 기도하기 위해 무화과나무 아래로 갔다고 합니다. 나다나엘은 피가 끓는 젊은이였습니다. 사회의 불의를 보고 탄식하는 젊은이였습니다. 이스라엘 나라가 날로 썩어 가고 영적으로 부패해 가는 것을 보고 가슴을 치는 젊은이였습니다. 그래서 그는 하나님이 약속하신 의의 왕 메시아가 속히 오기를 늘 마음으로 기대했던 사람입니다. 틈만 나면 하나님의 말씀을 묵상하면서 기도하기를 좋아했던 것 같습니다. 가끔 감정을 억누르지 못하면 아무도 없는 무화과나무 아래서 흐느끼기도 하고 부르짖기도 하던 젊은이였습니다.

　하나님께서는 우리가 언제 어디에 있든지 다 아십니다. 그러나 그 중에서도 특별히 우리를 주목하시는 때가 있음을 알아야 합니다. 남몰래 시간을 내어서 아무도 없는 곳을 찾아가 하나님을 향하여 마음을 열고 기도할 때, 그의 말씀을 묵상할 때 특별히 주목하십니다. 물론 주님은 그가 부엌에 있을 때도 알았고 고기 잡을 때도 알고 계셨습니다. 그런데 왜 하필이면 무화과나무 아래 있을 때 그를 보았다고 하실까요? 그 이유가 분명히 있습니다. 무화과나무 아래는 그가 하나님을 특별히 찾고 있는 시간이요, 하나님과 교제하는 장소였기 때문입니다.

　하나님은 우리를 아십니다. 어디에 있든지 아십니다. 하나님 앞에 숨을 곳은 어디에도 없습니다. 그러나 특별히 하나님이 우리를 아시고 인정하는 자리가 있습니다. 바로 무화과나무 아래입니다. 우리가 아무리 초라하게 보여도 무화과나무 아래 있을 때에는 대단한 존재로 대우해 주십니다. 그러므로 스스로 자신을 시시하다고 생각할 필요가 없습니다.

어떤 자매는 10년 전에 예수를 믿었는데 처음에는 하나님이 이 많은 사람들 중에서 자기를 어떻게 알아보실까 하는 걱정을 하고 있었다고 합니다. 그래서 집에서 기도할 때면 큰 소리로 "우리 집 주소는요"라고 하면서 "서초동 무슨 아파트 몇 동에 사는 누구누구인데 주님 아시겠죠?"라고 기도했다고 합니다. 예수를 처음 믿으면 그렇게 생각할 수도 있습니다. 이 수십 억 인구 중에 이름조차 희미한 존재인 나를 하나님께서 어떻게 아실까 하고 생각할 수 있습니다. 그러나 그것은 하나님을 잘 몰라서 그렇습니다. 우리가 무화과나무 아래 앉으면 하나님은 천하에 나밖에 없는 것처럼 상대해 주십니다. 나다나엘은 이스라엘의 수많은 젊은이 중 하나에 지나지 않았지만 무화과나무 아래 있는 그를 하나님은 특별히 주목하셨습니다.

현대 문명의 특징이 무엇입니까? 우리로 하여금 무화과나무 아래로 가지 못하도록 발목을 붙들고 놓아주지 않는 것입니다. 다시 말하면 '거룩한 고독'을 파괴하는 것이 현대 문명의 특징입니다. 예수 믿는 사람만이 즐길 수 있는 거룩한 고독이 있습니다. 그것은 무화과나무 아래에 나 혼자 앉았을 때의 고독이요, 그곳에서 살아 계신 주님과 만날 때에 느끼는 고독입니다. 그 거룩한 고독을 현대 문명은 사정없이 깨뜨립니다. 첨단 미디어는 우리의 눈과 생각을 달콤하게 유혹합니다. 아침마다 우리의 눈을 끄는 두툼한 신문이 있습니다. 24시간 방송하는 유선 TV는 잠잘 틈을 주지 않고 우리의 눈과 귀를 붙들어 매고 있습니다. 어디 그뿐입니까? 컴퓨터의 다양한 프로그램과 마술 같은 인터넷은 어떻습니까? 이런 것에 빠지면 언제 무화과나무 아래에 갑니까? 언제 성경을 봅니까? 어제까지 무화과나무 아래로 자주 가던 사람이 오늘부터 안 갈 수도 있고 어제까지 한 시간 가서 앉아 있던 사람이 오늘은 10분으로 줄일 수도 있는 어려운 상황에 우리 모두는 놓여 있습니다.

저는 토저라고 하는 위대한 믿음의 선배가 한 말을 사랑합니다. "단순과 고독을 기르자. 날마다 세상을 떠나 은밀한 장소로 들어가라. 침실이라도 좋다. 주위의 소음들이 당신의 마음에서 희미해지고 하나님의 현존에 대한 의식이 뒤덮을 때까지 그 은밀한 곳에 머물라. 당신의 내면에서 울리는 음성에 귀를 기울여 그것을 식별하라. 매순간 내적으로 기도하는 법을 배우라. 영원의 눈으로 그리스도를 응시하라."

왜 날마다 은밀한 장소로 들어가서 우리의 내면 속에 울리는 음성에 귀를 기울이고 기도하는 법을 배워야 합니까? 바로 그 시간이 하나님께서 우리를 가장 잘 아시는 시간이기 때문입니다.

더 큰 일을 보리라

복음성가 중에 "그는 나를 만졌네 내 영혼을 나는 그를 느꼈네 그 숨결을 주의 사랑 있으면 나 외롭지 않아 주의 사랑 안에서 나 두렵지 않아"라는 가사가 있습니다. 주님이 나를 만지는 것을 언제 체험합니까? 그를 언제 느낍니까? 바로 무화과나무 아래 있을 때입니다. 무화과나무 아래를 자주 찾는 사람에게 주님은 굉장한 축복을 약속하십니다.

"예수께서 대답하여 가라사대 내가 너를 무화과나무 아래서 보았다 하므로 믿느냐 이보다 더 큰 일을 보리라"(50절).

이것은 주님의 약속입니다. 진실하기를 원하는 사람, 시시때때로 무화과나무 아래를 찾아가서 하나님 만나기를 원하는 사람은 더 큰일을 볼 것이라고 하십니다. 더 큰일이 무엇일까요?

"또 가라사대 진실로 진실로 너희에게 이르노니 하늘이 열리고 하나님의 사자들이 인자 위에 오르락내리락하는 것을 보리라"(51절).

야곱은 사다리 위에서 천사가 오르락내리락하는 것을 보았습니다. 예수님은 사다리 대신에 인자라는 말을 사용하고 계십니다. 인자는 예수님 자신을 가리킵니다.

여기에는 두 가지 해석이 있습니다. 첫째는 예수님을 이 세상의 구원자로, 하나님과 세상을 연결해 주는 중보자로 보는 해석입니다. 그러므로 하나님과 사람 사이를 이어 주는 구원자 즉 중보자의 모습을 말씀하시는 것입니다. 다시 말하면 이런 뜻입니다. "나다나엘아, 너는 내가 너를 무화과나무 아래 있을 때 보았다는 말을 가지고 감격하느냐? 너는 이제부터 나를 통해 많은 사람이 하나님 앞으로 인도함을 받는 놀라운 일을 보게 될 것이다." 우리는 무화과나무 아래로 가서 앉을 때마다 하나님과 우리 사이를 이어 주는 길이요 진리요 생명이신 주님을 믿음으로 볼 수 있습니다.

두 번째 해석이 있습니다. 예수님 위에 천사가 오르락내리락하는 것은 장차 예수님이 재림하실 때에 천사들과 함께 오실 것을 약속하시는 것으로 보는 견해입니다. 이 해석도 옳은 것입니다. 왜냐하면 그날이 되면 우리는 실제로 눈을 똑똑히 뜨고 주님이 천사들과 함께 하늘에서 내려오시는 것을 볼 것이기 때문입니다. 그때에는 나다나엘도 볼 것이고 우리 모두도 볼 것입니다. 이것보다 더 큰일이 세상에 어디 있겠습니까?

나다나엘은 예수님의 제자 중에 바돌로매를 가리킨다는 것이 정설입니다. 바돌로매는 예수님이 하나님과 세상을 이어 주는 구원자이심을 알고 평생을 감격하며 살았다고 합니다. 예수님을 전하기 위해서 불타는 심정으로 인도까지 갔습니다. 거기에서 복음을 전하다가 사람들이 그를 물에 던져 순교를 하였습니다. 나다나엘은 예수님이 세상을 구원하는 구원자로서 우리를 위해서 죽으시고 살아나신 것을 날마다 보면서 평생을 살았습니다. 그뿐 아니라 주님이 재림하셔서 이 세상을 심판하시고 주의 자녀들을 천국으로 인도하시는 영광스러운 환상을 보면서 살았습니다. 나다나엘은 주님이 약속하신 대로 정말 그 큰일을 보면서 평생을 살았던 사람입니다.

하나님이 알아주시는 진실한 사람으로 평생을 살기를 원하십니까? 자주 자주 무화과나무 아래로 가기를 바랍니다. 주님께서 날마다 당신의 영의 눈을 열어서 천사가 오르락내리락하는 영광을 보게 하실 것입니다. 이와 같은 은혜 때문에 우리가 거짓말하지 않고 진실하게 이 세상을 살 수 있는 것입니다.

만일 우리가 무화과나무 아래에서의 은혜를 시시때때로 공급받지 못하고 내 힘으로 살려고 하면 언젠가는 간사한 인간이 되어 버리고 우리의 영혼은 메마르게 될 것입니다. 무화과나무 아래로 갑시다. 날마다 갑시다. 주님은 그 시간에 당신을 주목하십니다. 평생 이 은혜를 가지고 살아야 하겠습니다.

7. 가나의 혼인 잔치

사흘 되던 날에 갈릴리 가나에 혼인이 있어 예수의 어머니도 거기 계시고 예수와 그 제자들도 혼인에 청함을 받았더니 포도주가 모자란지라 예수의 어머니가 예수에게 이르되 저희에게 포도주가 없다 하니 예수께서 가라사대 여자여 나와 무슨 상관이 있나이까 내 때가 아직 이르지 못하였나이다 그 어머니가 하인들에게 이르되 너희에게 무슨 말씀을 하시든지 그대로 하라 하니라 거기 유대인의 결례를 따라 두세 통 드는 돌 항아리 여섯이 놓였는지라 예수께서 저희에게 이르시되 항아리에 물을 채우라 하신즉 아구까지 채우니 이제는 떠서 연회장에게 갖다 주라 하시매 갖다 주었더니 연회장은 물로 된 포도주를 맛보고 어디서 났는지 알지 못하되 물 떠온 하인들은 알더라 연회장이 신랑을 불러 말하되 사람마다 먼저 좋은 포도주를 내고 취한 후에 낮은 것을 내거늘 그대는 지금까지 좋은 포도주를 두었도다 하니라 예수께서 이 처음 표적을 갈릴리 가나에서 행하여 그 영광을 나타내시매 제자들이 그를 믿으니라.

요한복음 2:1~11

예수님께서 하객으로 결혼식에 참석하셔서서 앉아 계시는 모습을 상상해 보십시오. 하나님인 예수님께서 결혼식에 참석하셔서 축복하시고 거기에 있는 사람들을 기쁘게 하셨다는 사실을 생각하는 것만으로도 우리의 마음이 따뜻해지는 것을 느낄 수가 있습니다. 예수님이 세상에 사시면서 결혼식을 몇 번이나 참석하셨는지 알 수 없지만 성경에 기록된 사례는 이 본문밖에 없습니다.

결혼식이 행해진 곳은 가나라는 곳입니다. 가나는 예수님이 자라신 나사렛 동네에서 건너다 보이는 작은 마을입니다. 예수님과 그의 제자들은 이 결혼식에 초대를 받은 것 같습니다. 그리고 예수님의 어머니 마리아도 참석하였는데, 본문을 보면 그 혼인 잔치에서 아주 중요한 일을 맡아 바쁘게 움직이고 있었던 것 같습니다.

포도주가 동이 나다

이 혼인 잔치의 주인공이 누구였는지에 대해서는 성경에 전혀 언급되어 있지 않은데, 우리가 성경으로 인정하지 않는 외경을 보면 잔치가 벌어진 이 집은 바로 예수님의 어머니 마리아의 여동생 살로메의 집으로 기록되어 있습니다. 그리고 이 잔치의 주인공인 신랑은 요한복음을 기록한 요한 자신이었다고 말하고 있습니다. 그것이 어느 정도 사실인지 우리로서는 단정하기 어렵습니다. 그러나 예수님의 어머니 마리아가 그 잔치에서 중요한 역할을 하고 있는 것을 보면 예수님과 가까운 집안이었다는 것은 추측할 수 있습니다.

유대 나라 사람들은 혼인을 주로 수요일에 합니다. 우리는 결혼식을 하고 나서 잔치를 하는 반면에, 그들은 먼저 잔치를 하고 식을 거행합니다. 낮 시간 동안은 시간 제한 없이 먹고 마시고 잔치를 즐기다가 저녁 늦게 결혼식을 올립니다. 식을 마치고 나면 신랑 신부는 가족들과 친구들의 축복을 받으면서 첫날밤을 지낼 집으로 향하게 됩니다. 명문 집안에서는 잔치를 며칠 동안 하는 경우도 있다고 합니다.

유대의 혼인 잔치에서 가장 중요한 음식은 포도주였습니다. 이미 초청을 하는 손님들의 수가 어느 정도 정해져 있기 때문에 부족함이 없도록 미리 준비합니다. 그래서 포도주가 모자라 걱정할 일은 별로 없지만 갑자기 불청객들이 들이닥치거나 초청받은 손님들이 포도주를 너무 많이 마셔 버리면 모자라는 경우가 가끔 일어난다고 합니다. 이런 일이 생기면 손님 대접을 제대로 하지 못한 집안으로 낙인이 찍혀 주인이 매우 난처한 처지가 될 수 있다고 합니다.

포도주는 유대 나라에서 사람들에게 즐거움을 주는 아주 귀한 음료

수였습니다. 따라서 '잔치' 하면 포도주를 연상할 정도였습니다. 제가 어렸을 때는 믿는 가정에서 잔치를 할 때 식혜를 준비했습니다. 어쩌다 손님들이 많아 식혜가 동이 나면 대접하던 부인들이 어쩔 줄 몰라 하는 모습을 본 일이 있습니다. 지금 가나의 혼인 잔치에서 이와 같은 일이 벌어진 것입니다. 손님은 계속 오는데 포도주가 동이 났습니다. 마리아가 포도주 대접을 맡았던 것 같습니다. 그는 고민하다가 예수님을 찾아 포도주가 떨어진 사실을 이야기했습니다.

마리아가 왜 예수님을 찾아갔는지 얼른 납득이 가지 않습니다. 그때만 해도 예수님은 복음 사역을 본격적으로 시작하기 전이라 아직 예수님께서 무슨 표적을 행하신 일이 없었습니다. 그럼에도 불구하고 마리아는 예수님을 찾아가서 포도주를 만들어 줄 것을 요청하였습니다. 무엇이 마리아로 하여금 이렇게 하도록 하였을까요? 마리아는 30여 년 동안 예수님과 함께 살면서 어떤 믿음을 가지고 있었던 것 같습니다. 그 동안 예수님은 아버지 없는 집안의 장자로서 가족의 생계를 책임지고 목수 일을 하면서 살았습니다. 그럼에도 예수님을 보는 마리아의 눈은 특별하였습니다. 예수님을 잉태했을 때 하나님께서 보여 주신 특별한 증거들을 잊지 않았고, 예수님이 성장하는 과정에서 보여 준 남다른 일들을 기억하고 있었기 때문입니다.

'여자여'에 담긴 의미

마리아는 예수님을 찾아가 자초지종을 이야기했습니다. 그의 말을 들으신 예수님은 우리가 이해하기 어려운 대답을 하고 계십니다.

"예수께서 가라사대 여자여 나와 무슨 상관이 있나이까 내 때가 아직 이르지 못하였나이다"(4절).

이 대답은 마리아의 요청을 완곡하게 거절하는 뉘앙스를 담고 있습니다. 우리는 예수님께서 마리아에게 '여자여' 라고 부르는 것을 보고 굉장히 당혹감을 느낍니다. 그래서 그런지는 몰라도 '여자여' 라는 호칭에 대해서 특별히 연구한 자료들이 있습니다. 그 자료에 의하면 당시에 남자가 여자를 보고 '여자여' 하고 부르는 것은 우리가 생각하는 것처럼 이상한 일이 아니라고 합니다. 오히려 여성을 존경하는 의미로 부르는 점잖은 호칭이라고 합니다.

그러나 한 가지 난제가 있습니다. 아무리 존경하는 투의 호칭이라고 할지라도, 예수님처럼 아들이 어머니를 보고 그렇게 부른 사례는 어디에도 없다는 것입니다. 문헌에도 없고 관습에도 없다는 것입니다. 그러나 우리는 왜 예수님이 그런 호칭을 사용하셨는지를 알고 있습니다. 예수님께서 마리아를 어머니로 모시고 한 집안에서 살던 사생활은 이제 끝났습니다. 이제는 마리아의 아들로서가 아니라 하나님의 아들로서, 온 세상의 죄를 짊어질 하나님의 어린양으로서 공생애를 시작하는 마당에 있었습니다. 자신의 위상이 이전과는 전혀 다른 새로운 분수령에 서 계셨습니다. 이 사실을 예수님은 마리아에게 상기시켜 주기 위해 '여자여' 라는 호칭을 사용하신 것입니다. 지금부터 예수님은 그리스도요, 마리아는 구원을 받아야 할 죄인 중의 한 명이었습니다. 더이상 어머니와 아들의 관계가 아니었습니다.

'때가 이르지 않았다'는 말의 의미

4절 후반부에 나오는 '내 때가 아직 이르지 못하였나이다'는 말씀은 예수님께서 가끔 사용하시는 말씀인데 두 가지 의미가 들어 있습니다. 첫째는 예수님이 사람들 앞에 하나님의 아들로서 자신의 모습을 드러낼 때가 되지 않았다는 의미로 사용되는 경우입니다. 바로 오늘 읽은 본문이 여기에 해당됩니다. 둘째로는 십자가를 질 때가 아직 안 되었다는 의미로 사용되는 경우입니다. 복음서에는 대부분이 이런 의미로 사용되고 있습니다. 그리고 이 말씀을 하실 때는 대개가 어떤 요구를 거절하실 경우였습니다.

잔칫집에서 자기 때가 아직 이르지 못하였다는 예수님의 말씀은 사람들 앞에서 표적과 기사를 행할 때가 아직 아니다라는 말씀을 우회적으로 표현한 것입니다. 다시 말하면 포도주를 만들어 달라는 마리아의 요청을 사실상 거절하는 것이나 다름이 없었습니다. 포도주를 당장 내놓으려면 새로 만들어야 하는데 언제 포도를 따 와서 밟아 만듭니까? 그러니까 이제는 하나님의 어떤 이적이 필요한 시간입니다. 그러나 예수님은 아직 이런 이적을 행할 만한 때가 안되었다고 말씀하시는 것입니다.

하지만 그렇게 말씀하시고 얼마 지나지 않아 예수님은 물로 포도주를 만드셨습니다. 어떻게 보면 이러한 행동이 그의 대답과 모순되는 것처럼 보입니다. 비슷한 예를 요한복음 7장에서도 볼 수 있습니다. 예수님의 공생애 초기에는 예수님의 형제들이 그를 아직 믿지 않았습니다. 그러면서 그들은 "당신이 진짜 이 세상의 메시아라면 왜 예루살렘으로 가서 공개적으로 그렇다고 말하지 못하는가?" 하고 빈정대고 다그쳤습니다. 그때도 예수님께서는 때가 아직 안되었다고 말씀하셨습니다. 형제들은 그가 예루살렘에 올 생각이 없다는 것으로 알고 먼저 떠났습니다. 그리고 얼마 지나지 않아서 예수님도 그들의 뒤를 따라가셨습니다.

우리는 이런 본문들을 모순된 것으로 생각하기 쉽습니다. 그러나 이것은 성부 하나님과 성자 예수님의 관계를 제대로 이해하지 못하기 때문에 생기는 오해입니다. 하나님과 예수님은 한 본체로서 한 하나님이십니다. 그러므로 하나님의 시간표는 예수님에게 추호도 빈틈없이 적용되고 있었습니다. 하나님의 명령이 떨어지기 전에는 언제라도 때가 아직 이르지 아니한 것이고 하나님께서 하라고 말씀하시면 언제라도 그것은 때가 된 것이었습니다.

요한복음 8장 28절을 보면, 하나님과 예수님께서 얼마나 긴밀한 관계를 가지고 있으며 예수님이 얼마나 하나님의 뜻에 예민하게 반응하셨는가를 금방 알 수 있습니다.

"이에 예수께서 가라사대 너희는 인자를 든 후에 내가 그인 줄을 알고 또 내가 스스로 아무것도 하지 아니하고 오직 아버지께서 가르치신 대로 이런 것을 말하는 줄도 알리라"(요 8:28).

하나님의 지시가 없으면 아무것도 못하신다는 것입니다.

물로 포도주를

우리가 보기에는 분명히 예수님은 마리아의 청을 거절하셨습니다.

그럼에도 불구하고 마리아는 이것을 거절로 보지 않았습니다. 그는 하인들에게 예수님이 시키는 대로 하라고 지시했습니다. 조금 후 예수님께서는 하인들을 불러서 마당에 있는 항아리에 물을 가득 채우라고 하셨습니다. 마당에는 여섯 개의 돌 항아리가 놓여 있었습니다. 한 개 당 6갤런, 대략 23리터 정도 들어가는 큰 항아리였습니다.

웬만큼 사는 유대 사람의 집안에는 항상 마당 구석에 항아리가 있고 물이 가득히 담겨 있었습니다. 유대 나라에서는 샌들을 신고 먼지 나는 길을 걸어다니다 보면 여자고 남자고 발이 더러워질 수밖에 없었습니다. 그래서 집안에 들어갈 때는 반드시 물을 떠 와서 발을 씻어야 했습니다. 이것 때문에 항상 마당에는 물이 준비되어 있었던 것입니다. 그리고 장로의 유전을 따라 음식을 먹을 때마다 손을 씻어야 했습니다. 이 의식을 위해서 마당에는 언제든지 물이 준비되어 있었습니다.

항아리에 물을 가득 채우라는 예수님의 말씀을 하인들은 그대로 순종하였습니다. 물이 가득 채워지자 주님께서는 이제 떠서 잔치를 책임지고 있는 연회장에게 갖다 주라고 말씀하셨습니다. 하인들은 뭐가 뭔지도 모른 채 마리아가 시킨 대로 예수님의 말씀을 따랐습니다. 연회장은 물로 된 포도주를 마시고 너무나 놀라서 이렇게 말합니다.

"사람마다 먼저 좋은 포도주를 내고 취한 후에 낮은 것을 내거늘 그대는 지금까지 좋은 포도주를 두었도다"(10절).

이것이 무슨 뜻입니까? 처음에는 좋은 포도주를 내다가 나중에 취하면 값싼 포도주를 대접하는 것이 일반적인 관례인데 어떻게 이 집은 나중에 더 좋은 포도주를 내놓느냐는 말입니다. 이렇게 하여 예수님은 처음으로 갈릴리 가나에서 하나님이신 자신의 영광을 나타내셨습니다.

허락된 기쁨

여기서 우리가 배워야 할 중요한 영적 교훈이 있습니다. 첫째로, 예수님께서 신랑 신부는 물론 잔칫집 손님들을 기쁘게 해주셨다는 사실입니다. 잔칫집에서는 신랑 신부만 아니라 모든 사람들이 즐거워합니다. 잔칫집에 얼굴을 찌푸리고 들어가는 사람은 아무도 없습니다. 그런데 이렇게 즐거운 잔칫집에 하나님이 직접 참석하셔서 같이 기뻐하실 뿐 아니라 물로 포도주를 만들어서 모든 사람들을 즐겁게 해주셨다는 사실은 오늘 우리에게 여러 가지를 시사합니다. 어떤 통계를 보면 우리 한국 사람들은 95퍼센트가 결혼을 한다고 합니다. 성인이 되면 결혼해서 가정을 이루고 한 평생을 같이 삽니다. 위로하고 사랑하고 서로 싸매 주면서 험하고 고된 이 세상을 함께 살아갑니다. 그러므로 남녀가 만나 가정을 이루는 것은 하나님이 주신 축복입니다. 하나님이 결혼식을 축복하셨습니다. 그러기에 주님이 결혼식에 참석하셔서 함께 기뻐하시고 사람들을 기쁘게 해주셨다는 것은 조금도 이상한 일이 아닙니다.

이것이 우리에게 주는 교훈은 무엇입니까? 하나님이 우리 인간에게 주신 기쁨은, 우리가 누릴 자격이 있고 또한 마땅히 누리면서 기뻐하는 것이 그 은혜를 주신 하나님을 바로 대접하는 것이라는 사실입니다. 허락된 즐거움은 마음껏 누려야 합니다. 젊은이들은 인생의 청춘이요, 인생의 봄을 맞이하고 있습니다. 그러므로 젊은이들은 기뻐하면서 살아야 합니다. 즐겁게 살고, 즐겁게 일하고, 즐겁게 인생을 누려야 합니다. 신혼 생활을 하는 남녀는 마냥 즐거워서 꿈을 꾸듯 사는 것이 정상입니다. 하나님이 주신 복이기 때문입니다. 전도서 9장 9절을 보십시오.

"네 헛된 평생의 모든 날 곧 하나님이 해 아래서 네게 주신 모든 헛된 날에 사랑하는 아내와 함께 즐겁게 살지어다 이는 네가 일평생에 해 아래서 수고하고 얻은 분복이니라"(전 9:9).

구약 성경을 보면 재미있는 이야기가 있습니다. 옛날에는 전쟁이 터지면 온 국민이 총동원되어 싸우곤 했습니다. 그런데 이스라엘에서는 아무리 국가가 비상 시기를 만나 어려움에 처해도 전장에 나가지 않을 권리를 가진 사람이 있었습니다. 약혼은 했지만 아직 결혼식을 올리지 못한 남자들이었습니다. 애국심이 불타서 아무리 싸우고 싶어도 전장에 나갈 수가 없었습니다. 왜 그런지 아십니까?

"여자와 약혼하고 그를 취하지 못한 자가 있느냐 그는 집으로 돌아갈지니 전사하면 타인이 그를 취할까 하노라"(신 20:7).

우리의 가정은 즐겁게 살라고 하나님께서 주신 선물입니다. 하나님이 주신 것이니까 즐겁게 누려야 합니다. 매일 즐겁게 살아야 될 젊은 부부가 제자훈련을 빌미로 집에만 들어오면 식구들과는 대화도 하지 않고 한 쪽 구석에 앉아 성경만 붙들고 있는 것은 바람직하지 않습니다. 은혜 받았다고 해서 집에만 오면 골방에 들어가서 무릎 꿇고 기도

만 하고 앉아 있으면 하나님의 축복을 제대로 누린다고 할 수 없습니다. 하나님이 즐기라고 주신 것을 즐길 줄 아는 것이 인생을 사는 지혜라 할 수 있습니다.

거절하다가도 들어주시는 예수님

또 한 가지, 우리가 실제적으로 적용할 진리가 있습니다. 예수님은 거절을 하시다가도 허락하시는 경우가 종종 있다는 것입니다. 마리아가 와서 포도주가 떨어졌다고 했을 때 그것이 자기와 무슨 상관이 있느냐고 하시던 주님이, 조금 후에 물로 포도주를 만들어서 온 집안을 기쁘게 하는 것을 봅니다. 처음에는 주지 않을 것같이 하시다가 나중에는 주셨습니다.

수로보니게의 어떤 여자가 자기 딸을 고쳐 달라고 주님을 찾아왔습니다(막 7:26). 처음에는 주님께서 굉장히 냉정하게 대하셨습니다. 유대 나라에도 병든 사람이 수두룩한데 그들을 먼저 고치지 않고 어떻게 이방 여인의 아이를 고쳐 주느냐고 하시면서 냉대하셨습니다. 빵을 아이에게 주기 전에 개한테 던지는 것은 옳지 않다는 예까지 드시면서 여자의 요청을 거절하셨습니다. 그럼에도 이 여자는 조금도 물러서지 않았습니다. "주여, 옳습니다. 그렇지만 상 아래 있는 개도 아이들이 떨어뜨리는 빵 부스러기를 얻어먹고 삽니다." 결국 주님은 그의 청을 들어주셨습니다. 마리아의 경우도 그랬던 것 같습니다. 자기와 무슨 상관이 있느냐 하시는데도 마리아는 응답의 확신을 버리지 않았습니다.

우리에게 간혹 생기는 심각한 문제가 있다면 거절하시는 것처럼 보이는 하나님을 끝까지 믿는 믿음이 약하다는 것입니다. 몇 번 기도해 보다가 소식이 없으면 주시지 않는 것으로 생각하고 그냥 포기해 버립니다. 어떤 때는 기도를 하면 할수록 "안 돼"라는 대답을 들을 때가 있습니다. 그러면 기도를 중단해 버립니다. 이것은 좋은 태도가 아닙니다. 마리아처럼 기다려 보는 자세가 필요합니다.

이 본문을 이해하는 데 도움이 될 것 같아서 개인적인 이야기를 하겠습니다. 제가 병이 난 지 여러 해가 지났습니다. 투병을 하면서 사역을 감당해야 했습니다. 고통도 많았지만 하나님께서 은혜도 많이 주셨습니다. 지난 몇 년을 보내면서 참기 어려운 것 중의 하나가 체중이 줄어드는 것이었습니다. 심할 때에는 체중이 7킬로그램이나 빠졌습니다. 운동을 조금 심하게 하거나 일이 힘들면 체중이 쉽게 떨어지는 것입니다. 그대신 체중이 느는 것은 매우 더디었습니다. 그래서 강단에 올라와도 제대로 힘을 쓸 수가 없는 것입니다. 무엇보다도 힘든 것은 교인들이 저의 얼굴을 볼 때마다 "목사님, 건강 괜찮으세요? 어떻습니까?" 하는 소리를 귀가 아프도록 들어야 하는 일이었습니다. 그래서 거울 앞에 서서 얼굴을 보면서 "주님, 저 살 좀 찌게 해주세요"라는 기도를 자주 했습니다.

주일 아침 일찍 교회에 나올 때에도 엘리베이터를 타면 붙어 있는 거울을 보면서 "주님, 살 좀 찌게 해주세요. 저의 이런 모습 때문에 교인들이 걱정을 많이 합니다. 벌써 5년 동안 계속 몸무게가 늘지 않고 있는데 살 좀 찌게 해주세요"라고 기도했습니다. 그럴 때마다 주님께서 뭐라고 대답하시는 줄 아십니까? "너는 욕심이 너무 많아. 네 얼굴에 살이 빠졌다고 해서 이때까지 강단에 못 선 때가 있느냐? 네 은혜가 네게 족하니라. 너무 욕심부리지 마라." 항상 마음에 이런 대답이

왔습니다. 그래서 얼마 전부터 살찌게 해달라는 기도를 그만두었습니다. 그런데 두 달 전부터 이상한 일이 일어났어요. 저는 분명히 하나님께서 거절하셨다고 믿고 기도도 안 하고 있는데 그 동안 몸무게가 5킬로그램 가까이 늘어난 것입니다. 이제는 강단에 서도 안정감이 생기고 힘이 납니다. 거절하다 주시는 은혜를 체험한 셈이라 할 수 있습니다.

기도하면서 주님이 잘 안 들어주실지 모른다는 생각이 들수록 더 매달리십시오. 주님은 우리 기도가 너무 지나쳐서 들어줄 수가 없다고는 절대 말씀하지 않습니다. 주님이 제일 싫어하는 사람은 주님의 이름으로 무엇이든지 구하라고 하는데 구하지 않고 뻣뻣하게 버티는 사람입니다. 주든 안 주든 마리아처럼 그저 매달려서 달라고 하는 사람을 주님께서는 좋아하십니다. 시시한 기도든, 고상한 기도든, 집안의 기도든, 천하를 움직일 만한 큰 제목의 기도이든 간에 예수님 앞에 들고 나가 고하면, 처음에는 거절하시는 것처럼 보여도 때가 되면 주신다는 것을 믿으시기 바랍니다.

주님이 기도에 응답하시는 방법은 대부분이 우리의 상상을 초월하고 예측을 불허합니다. 다시 말하면 우리가 생각하는 방식대로 응답하지 않으실 때가 많습니다. 물로 포도주를 만드시리라고 누가 상상이나 했겠어요? 그러나 하나님은 무슨 방법이든지 다 동원하실 수 있는 분이시기 때문에 전혀 문제가 안 됩니다. 이런 사실이 우리에게 얼마나 위로가 되는지 모릅니다. 사방을 둘러보아도 무슨 응답이 올 것 같지 않아 답답할 때가 가끔 있지 않습니까? 이런 경우 우리들 대부분은 절망을 느낍니다. 이럴 때 우리는 하나님의 방법은 인간의 생각에 제한받지 않는다는 사실을 믿어야 합니다. "하나님은 우리가 예측한 방법대로만 응답하시는 것은 아니야. 그러므로 나는 절대 절망하지 않아.

나는 계속 기도할 거야." 이런 자세를 가지고 기다리면 응답은 반드시 옵니다.

질적 변화

이제 영적으로 적용해야 할 두 가지 진리가 있습니다. 첫째는 예수님은 우리의 인격의 질을 바꾸어 주신다는 것입니다. 물로 포도주를 만들었다는 것은 앞으로 예수님을 만날 사람들에게 주님이 주실 은혜가 어떤 것인가를 상징적으로 보여 주고 있습니다. 누구든지 인격적으로 예수님을 만나면 본질적인 변화를 체험합니다. 물처럼 무미건조한 것이 포도주로 바뀌듯이 맛있고 향기로운 인격으로 변합니다. 누구든지 예수님을 만나면 땅의 것만 생각하던 수준 낮은 사람이 하늘의 것을 사모하는 수준 높은 사람이 됩니다. 죄악의 종이 하나님의 아들로 바뀝니다. 돌처럼 굳은 마음이 부드러운 새 마음으로 바뀝니다. 주님을 만나면 물이 포도주가 되듯이 우리의 모든 것이 바뀝니다.

불행하게도 우리 가운데 아직도 이런 축복을 누리지 못하는 사람들이 있습니다. 교회를 수십 년 다녀도 그 인격이 질적으로 바뀌지 않은 사람들이 있습니다. 돈 좀 벌었다고 으스대고, 남보다 인물 좀 잘났다고 우쭐거리고, 공부 좀 했다고 다른 사람을 우습게 보는 사람들이 있습니다. 이것은 그 인격이 아직 변화받지 못한 증거라고 할 수 있습니다.

예수님을 만나면 물이 포도주가 되듯이 건조하고 메마른 인격이 풍성하고 기름진 인격으로 바뀝니다. 마리아처럼 믿고 하인들처럼 순종하면 예수님 앞에서는 누구든지 물이 포도주가 됩니다. 물과 같은 내 인격이 포도주와 같은 인격이 되고 물과 같은 내 삶이 포도주와 같은 삶이 됩니다.

날마다 더 좋은 은혜로

또 하나 영적으로 우리가 적용해야 할 진리가 있습니다. 예수님은 우리에게 더 좋은 은혜를 주신다는 것입니다. 예수를 믿으면 믿을수록 더 좋은 은혜를 주신다는 것입니다. 연회장은 처음보다 나중의 포도주가 더 나은 것을 보고 감탄했습니다. 예수님이 주시는 은혜는 처음보다 그 다음이 낫고 그 다음보다 또 그 다음이 낫습니다. 세상의 술집에 가면 처음에는 진짜 양주를 준답니다. 그러나 얼큰히 취하고 나면 그 다음부터는 질이 낮은 술이 들어옵니다. 그러나 이미 취한 사람은 그것을 구분하지 못하기 때문에 주는 대로 마십니다. 세상은 다 그렇습니다. 처음에는 다 좋습니다. 새 자동차를 사고 새 집을 사면 날마다 쓸고 닦느라 정신이 없습니다. 그러나 시간이 흐를수록 얼마나 실망을 줍니까? 이것이 세상입니다. 갈수록 질이 떨어지고 맛이 떨어지는 것이 세상입니다.

그러나 우리 예수님이 주시는 은혜는 이와 정반대입니다. 예수를 처음 믿을 때는 그게 뭔지 잘 몰랐는데 주님 앞에 더 가까이 가면 갈수록 어제보다 오늘이 좋고 오늘보다 내일이 좋고 점점 좋아지는 겁니다. 이것이 주님께서 주시는 은혜입니다. 그러므로 예수 믿은 지 오래되었다고 해서 처음 믿는 사람에 비해 신앙생활의 매력을 덜 느낀다거나 혹은 그 매력을 잃어버렸다면 그것은 비정상입니다. 주님은 날마다 더 좋은 은혜를 주십니다. 시간적으로 따져도 구약 시대에 은혜 받았던 사람들보다 신약 시대 성도들이 얼마나 더 넘치는 은혜를 받고 있습니까? 구약 시대 사람들은 그림자를 보고 살았지만 우리는 실체를 보고 삽니다. 구약 시대 사람들은 약속을 바라보고 살았지만 우리는 그 약속의 성취를 누리면서 삽니다. 구약 시대의 사람들은 율법 아래서 살았지만 우리는 은혜 아래서 삽니다.

그러므로 구약 시대에 비해서 신약 시대의 은혜가 훨씬 더 좋고 아름답고 만족스러운 것입니다. 그러나 우리에게는 더 큰 내일의 은혜가 기다리고 있습니다. 정말 최고의 은혜는 우리 앞에 있습니다. 주님이 재림하시는 그날에 주님의 영광을 눈으로 직접 보게 될 것입니다. 이것은 전무후무한 최상의 은혜가 될 것입니다. 우리가 세상에서 지금까지 받은 모든 은혜를 다 합쳐도 비교가 안될 축복을 누리게 될 것입니다.

흔히들 세상이 점점 좋아진다고 말합니다. 겉으로 보기에는 그런 것 같습니다. 더 편해지고 더 쉬워지고 더 재미있는 것 같습니다. 21세기에는 지금 미 공군에서 개발하고 있는 비행기가 실용화될 것이라고 합니다. 그 비행기는 속력이 마하 25나 됩니다. 총알보다도 빠른 속도입니다. 시속 17,000마일이면 여기에서 미국까지 가는 데 한 시간도 걸리지 않습니다. 정말 그런 시대가 오면 사람들의 생각이나 생활이 얼마나 달라질지 알 수가 없습니다. 사람들은 이런 것을 보고 우리 앞에는 지금 유토피아가 찾아오고 있다고 생각합니다.

그러나 그것은 잘못된 생각입니다. 세상 것은 처음에는 좋은 것 같아도 나중에는 다 실망합니다. 미래학자들이 공통적으로 만들어 낸 신조어로 '디스토피아'라는 말이 있습니다. 디스토피아는 낙원을 의미하는 유토피아의 반대말입니다. 세상의 문명은 더 발달할지 모르지만 인간 성이나 도덕성은 극도로 타락하여 세상은 낙원이 아니라 지옥이 되어 간다는 경고입니다. 이 세상은 그렇습니다. 그러나 주님이 주시는 은혜 는 날마다 더 좋은 것을 주십니다. 우리 주님은 처음에는 좋은 것을 주 고 나중에는 나쁜 것을 주시는 분이 아닙니다. 처음 것도 좋은 것이지 만 나중에는 더 좋은 것으로 우리를 만족시켜 주시는 분이십니다.

주님의 영광을 보기 원하십니까? 다음 말씀을 보십시오.

“예수께서 이 처음 표적을 갈릴리 가나에서 행하여 그 영광을 나타 내시매 제자들이 그를 믿으니라”(11절).

“말씀이 육신이 되어 우리 가운데 거하시매 우리가 그 영광을 보니 아버지의 독생자의 영광이요 은혜와 진리가 충만하더라 … 우리가 다 그의 충만한 데서 받으니 은혜 위에 은혜러라”(요 1:14, 16).

우리는 가나의 혼인 잔칫집에서 주님의 영광을 보았습니다. 예수님 은 우리에게 즐거움을 주시는 분이십니다. 예수님은 우리의 요구를 거 절하시다가도 들어주시는 분이십니다. 예수님은 우리의 인격과 삶의 질을 바꾸어 주시는 분이십니다. 예수님은 날마다 더 좋은 은혜를 주 시는 분이십니다. 예수님한테서 하나님의 영광을 보는 순간부터 이런 은혜가 흘러나옵니다. 왜냐고요? 우리 모두가 그의 충만한 데서 받기 때문입니다. 얼마나 큰 축복인지요.

8. 주의 전을 사모하는 열심

그 후에 예수께서 그 어머니와 형제들과 제자들과 함께 가버나움으로 내려가 거기 여러 날 계시지 아니하시니라 유대인의 유월절이 가까운지라 예수께서 예루살렘으로 올라가셨더니 성전 안에서 소와 양과 비둘기 파는 사람들과 돈 바꾸는 사람들의 앉은 것을 보시고 노끈으로 채찍을 만드사 양이나 소를 다 성전에서 내어쫓으시고 돈 바꾸는 사람들의 돈을 쏟으시며 상을 엎으시고 비둘기 파는 사람들에게 이르시되 이것을 여기서 가져가라 내 아버지의 집으로 장사하는 집을 만들지 말라 하시니 제자들이 성경 말씀에 주의 전을 사모하는 열심이 나를 삼키리라 한 것을 기억하더라 이에 유대인들이 대답하여 예수께 말하기를 네가 이런 일을 행하니 무슨 표적을 우리에게 보이겠느뇨 예수께서 대답하여 가라사대 너희가 이 성전을 헐라 내가 사흘 동안에 일으키리라 유대인들이 가로되 이 성전은 사십육 년 동안에 지었거늘 네가 삼 일 동안에 일으키겠느뇨 하더라 그러나 예수는 성전 된 자기 육체를 가리켜 말씀하신 것이라 죽은 자 가운데서 살아나신 후에야 제자들이 이 말씀하신 것을 기억하고 성경과 및 예수의 하신 말씀을 믿었더라.

요한복음 2:12~22

　토저라는 유명한 목사님이 쓴 글을 읽다가 마음에 와 닿는 말 한마디를 발견했습니다. "현대 복음주의 교회가 이야기하는 하나님은 사람을 놀라게 하는 일이 없다." 이것은 하나님의 일면만을 가르치고 있는 현대 교회의 실상을 매우 심각하게 꼬집은 말입니다. 오늘날의 교회는 성도들에게 온유하시고, 인자하시고, 사랑이 많으시고, 항상 싸매어 주시고, 죄를 백번 천번 범해도 그저 용서해 주기만 하시는 사랑의 하나님에 대해서는 계속 가르치는 반면에 진노하시고, 징계하시고, 심판하시는 하나님에 대해서는 이야기하지 않고 있다는 뜻입니다. 그 결과 하나님을 두려워하는 마음이 없어졌다는 것입니다.

　물론 진노하시는 하나님, 징계하시는 하나님만 알고 있다면 정말 견디기 어려울 것입니다. 저는 어렸을 때 항상 그런 예수님, 그런 하나님만 듣고 자랐기 때문에 약간의 공포증을 갖고 살았습니다. 심령의 자유함을 누리지 못한 것은 말할 나위가 없습니다. 이런 현상은 신앙에 결코 도움이 되지 못합니다.

반대로, 현대 교회에서는 사랑의 하나님만 일방적으로 가르치고 있어서 또 다른 병이 들고 있는 것 같다는 생각을 합니다. 우리는 본문에서 눈에 노기를 띠고 채찍을 휘두르시는 예수님을 보게 됩니다. 현대 교인들에게는 참으로 상상하기 어려운 장면입니다. 또 다른 본문에서는 사랑이 많으셔서 우리를 위하여 자기 생명도 아끼지 아니하시는 주님께서 "뱀들아 독사의 새끼들아 너희가 어떻게 지옥의 판결을 피하겠느냐."(마 23:33)라고 호통을 치십니다. 어떻게 예수님 입에서 독사의 새끼라는 욕이 나옵니까? 어떻게 예수님의 입에서 왕을 여우 새끼라고 부르는 말이 나올까요?(눅 13:32) 하나님이신 예수님께서 사람들을 향하여 그 정도로 화를 내시고 듣기 거북한 욕을 하셨다는 것은 아무리 생각해도 있을 수 없는 일처럼 보입니다. 그러나 이것은 틀림없는 사실입니다.

우리는 하나님의 속성이 보여 주는 양면성을 잘 알아야 합니다. 하나님은 사랑의 아버지이신 동시에 거룩의 아버지이십니다. 항상 용서하시지만 종종 징계하십니다. 아버지 하나님의 품은 항상 열려 있지만 때로는 마음을 닫아 버리시는 무서운 하나님이십니다.

유월절의 예루살렘

요한복음을 기록한 저자는 예수님의 예루살렘 중심의 사역을 집중적으로 기록했습니다. 반면에, 다른 복음서 기자들은 예수님의 갈릴리 사역을 중심으로 기록했습니다. 그래서 요한복음에는 예루살렘에 올라가시는 예수님의 모습이 여러 번 기록되어 있습니다. 복음을 증거하기 시작하신 후 주님은 세 번 정도 유월절에 예루살렘을 여행하셨습니다. 이런 이유로, 십자가의 죽음을 앞두고 성전을 정결케 하신 사건을 기록한 공관복음과는 달리, 요한복음에서는 사역 초반에 성전을 정결케 하시는 것을 보게 됩니다. 이것은 예수님께서 공생애를 통해 적어도 두 번은 하나님의 전을 깨끗하게 하셨다는 것을 말씀하고 있습니다. 우리가 지금 읽은 본문에서는 주님의 첫 번째 성전 정화 사건이 기록되어 있습니다.

유월절이 되면 예루살렘에서 20마일 이내에 있는 유대 사람들은 누구나 예루살렘 성전으로 올라와서 여호와 하나님께 경배를 드리도록 되어 있었습니다. 그렇다고 20마일 안에 있는 사람들만 오는 것은 아니었습니다. 유월절을 지키기를 원하는 자들은 원근 각처에서 예루살렘으로 올라왔습니다. 세계 도처에 흩어져 살던 유대인 교포들까지 평생에 한두 번 정도는 유월절을 지키기 위해서 예루살렘 성전을 찾았습니다. 어떤 기록에 보면 유월절을 맞아 예루살렘에 운집한 인파가 220만 명을 넘은 경우도 있었다고 합니다. 가을철 단풍 놀이로 설악산 공원을 드나드는 인파와도 비교가 안될 정도로 엄청나게 많은 사람들이 몰려들었던 것입니다.

성전에 들어가려면 입장료를 내야 했습니다. 그러나 성전에 내는 돈은 거룩해야 된다고 하여 성전 안에서만 통용되는 별도의 화폐를 사용해야 했습니다. 로마에서 온 자들은 로마 화폐를 성전 화폐로 바꾸어야 했습니다. 헬라에 살던 사람은 헬라 화폐를 성전 화폐로 바꾸어서 내야 했습니다. 요즘 말로 하면 필요한 만큼 성전 화폐로 환전을 해야 했습니다. 이것은 대단히 복잡한 일이었습니다.

　게다가 성전에서 유월절 제사를 드리기 원하는 사람은 짐승을 끌고 왔습니다. 가난한 사람들은 비둘기를 안고 왔고, 돈이 많은 사람들은 양이나 염소, 아니면 소를 끌고 왔습니다. 먼 지방에 있는 사람들은 그런 짐승을 끌고 여행하는 일이 대단히 번거롭고 힘들었을 것입니다. 그래서 먼 데서 짐승을 직접 끌고 올 필요 없이 돈만 가지고 오면 성전 안에서 짐승을 살 수 있도록 했습니다. 이렇게 하여 자연스럽게 돈 바꾸는 환전소가 생기고 그 돈으로 제사 드릴 짐승을 살 수 있는 거래소가 성전 안에 생겼던 것입니다.

잔인한 착취자

　그러나 내방객들이 늘어나고 천문학적인 돈이 굴러 들어오는 것을 보고 종교 지도자들의 생각이 달라졌습니다. 환전으로 인해 엄청난 수익금을 챙길 수 있다는 계산이 머리에 들어오자, 그들은 좀더 많은 돈을 벌 수 있는 방법이 없을까 궁리를 하였습니다. 유월절을 맞아 예루살렘을 찾는 사람들로부터 돈을 뜯어낼 구실을 찾는 것은 그렇게 어려운 일이 아니었습니다. 처음에는 거룩한 성전을 개축하고 예루살렘 성전을 보존해야 한다는 이유를 내세워 돈을 거두었습니다. 그러나 점점 돈 버는 일에 재미를 붙이면서 이런 저런 구실을 만들어서 돈을 긁어모으기 시작했습니다.

　예루살렘 뜰의 넓이는 약 14에이커로 우리나라 평수로 18,000평 정도 됩니다. 그 뜰은 세 부분으로 나누어져 있었는데 그 중에 하나가 이방 사람들이 예배 드리기 원할 때 들어가는 곳입니다. 이방인들은 그 곳에만 들어갈 수 있었습니다. 그런데 돈 맛을 본 유대 종교 지도자들은 얼마 후 그 이방인 뜰을 시장으로 바꾸어 버렸습니다. 그 뜰에는 사방을 대리석으로 붙여서 만든 난간 베란다가 있었고 그것을 떠받치는 네 줄로 된 기둥이 있었습니다. 자연히 그 베란다 밑에는 그늘이 지기 마련이고 따가운 햇살을 피할 수가 있었습니다. 그 난간을 중심으로 장사꾼들은 한 쪽에서는 돈을 바꾸어 주고 다른 쪽에서는 비둘기나 양 등을 팔았습니다. 이처럼 예배를 드려야 될 거룩한 곳이 욕심을 채우는 시장 바닥이 되어 버린 것입니다. 사람이 돈에 눈이 어두워지면 못할 짓이 없나 봅니다. 돈에는 절대 만족이라는 법이 통하지 않습니다. 벌면 벌수록 사람을 미친개처럼 헐떡이게 만듭니다.

돈의 맛을 안 유대교 지도자들은 이 정도로 손을 털 위인들이 아니었습니다. 궁리 끝에 그들은 너무도 손쉽게 돈을 버는 방법을 발견하였습니다. 사람들이 성전 화폐로 교환을 할 때 환전 차익을 발생시켜 막대한 이익을 챙기기 시작했던 것입니다. 쉽게 말하면, 일반 화폐 십만 원을 성전 화폐로 환전하면 오만 원 정도만 내주고 나머지 오만 원은 환전 차익으로 자신들의 호주머니로 고스란히 들어가도록 한 것입니다.

그 당시 성전에 들어가려면 한 사람 당 성전 화폐로 반 세겔을 내야 했습니다. 반 세겔이면 그 당시 노동자가 이틀 일해서 벌어야 하는 돈입니다. 우리 돈으로 말하면 팔만 원 정도 되겠지만 다른 화폐를 가지고 오는 사람은 그 돈을 가지고 성전으로 들어갈 수가 없었습니다. 성전 화폐로 바꾸다 보면 십만 원, 십이만 원, 심하면 십오만 원 정도를 내야 겨우 반 세겔짜리 성전 화폐를 받고 들어갈 수가 있었기 때문입니다. 그러니 그 차액을 삼키는 사람의 입장에서 볼 때 그것은 그야말로 돈방석에 앉는 장사가 아닐 수 없었습니다.

게다가 더 지독한 방법이 하나 있었습니다. 제사를 지내기 위해서는 짐승이나 비둘기를 가지고 와야 했습니다. 그리고 그 짐승은 흠이 없는 깨끗한 일 년 된 숫양이나 숫염소라야 했습니다. 사람들이 짐승을 정성껏 골라서 성전에 들어오면 검역을 담당한 관리들이 그들을 막고 온갖 트집을 잡으면서 통과를 시켜 주지 않았습니다. 그 대신 비싼 값에 성전 안에서 파는 짐승을 사게 만들었습니다. 성전 시장에서 산 짐승이면 하자가 좀 있어도 눈감아 주었습니다. 기록에 보면, 어떤 때는 밖에서 사는 값의 16배를 받아 먹기도 했다고 합니다. 얼마나 잔인한 착취입니까? 그것도 하나님의 거룩한 성전을 팔아 그런 모리배짓을 했다니 말이 나오지 않을 정도입니다. 가난한 사람들을 착취하는 방법이나 순진한 사람들을 등쳐먹는 방법은 예나 지금이나 크게 차이가 없는 것 같습니다.

이와 같이 유대의 종교 지도자들은 절대 권력을 가지고 절대 부패한 사람들의 표본이었습니다. 하나님은 그들의 안중에 없었습니다. 예배도 뒷전이었습니다. 돈 벌기에 혈안이 된 그들에게는 돈 외에 보이는 것이 없었습니다. 율법대로 산다고 항상 위선을 떨던 바리새인들은 예수님이 지적하신 것처럼 돈을 사랑하는 모델이었습니다. 얼마나 돈에 마음이 사로잡혀 있었던지 성경은 그들을 돈을 사랑하는 사람이라 부르고 있습니다. 그리고 성경을 가르치는 율법사들은 예수님이 지적하신 것처럼 과부들의 머리에 있는 티끌까지 욕심을 낼 만큼 돈독이 올라 있었습니다.

하나님을 경외하는 소수의 경건한 사람들은 날마다 성전을 바라보고 가슴을 치고 눈물을 흘리고 탄식했을 것입니다. 그러나 그들은 부패한 종교 지도자들과 맞설 만한 힘이 없었습니다. 아무리 '아니오' 라고 소리를 질러도 들리지가 않았습니다. 힘이 없어 좌절하고, 용기가 없어 겁을 먹고, 그들에게 한마디 말도 못한 채 다들 냉가슴만 앓고 있었던 것이 당시의 상황이었습니다. 만일 누가 무슨 소리를 하면 그것은 곧 죽음을 의미하는 것이나 다름이 없었습니다. 이런 기막힌 상황을 목격하면서 유월절에 예수님은 성전으로 들어가셨던 것입니다.

예수님의 성전 정화

"성전 안에서 소와 양과 비둘기 파는 사람들과 돈 바꾸는 사람들의 앉은 것을 보시고"(14절).

예수님은 성전에 들어가서 현장을 보시자마자 노끈으로 채찍을 만들었습니다. 노끈을 어디서 구하셨는지 모릅니다. 허리에 맸던 띠를 풀어서 만드셨는지도 모릅니다. 주님은 채찍을 손에 쥐고는 휘두르기 시작하셨습니다.

"노끈으로 채찍을 만드사 양이나 소를 다 성전에서 내어쫓으시고 돈 바꾸는 사람들의 돈을 쏟으시며 상을 엎으시고 비둘기 파는 사람들에게 이르시되 이것을 여기서 가져가라 내 아버지의 집으로 장사하는 집을 만들지 말라 하시니"(15, 16절).

주님은 사람들은 손대지 않고 짐승들만 성전 마당에서 쫓아냈습니다. 그리고 환전하는 사람들의 돈 상을 뒤집어엎으셨습니다. 얼마나 분노하셨으면 그랬을까요? 비둘기 파는 사람들에게는 빨리 그것을 가지고 나가라고 소리쳤습니다. 만약에 주님께서 새장을 열어서 전부 날려 버렸더라면 그들은 많은 손해를 보았을 것입니다. 그러나 그렇게 하지는 않으시고 가져가라고만 하셨습니다. 때려도 짐승들만 때려서 쫓아내고 한번 날리면 도로 찾을 수 없는 새들은 가지고 가도록 말씀하신 것을 보면 채찍을 드신 주님의 마음이 어떠했는가를 엿볼 수 있습니다.

만약에 우리 중에 누가 백화점에 들어가서 "이 모리배들아, 말은 바겐세일이라고 하면서 바가지를 씌우는 이 못된 것들아!" 하고 채찍을 휘두르면서 사람들을 쫓아낸다면 어떤 일이 일어날까요? 정신병자 취급을 당하여 머리채를 잡힌 채 밖으로 끌려 나오고 말 것입니다. 초라한 시골 청년 예수가 혼자서, 그것도 칼을 손에 든 것도 아니고 가벼운 노끈 하나로 쫓아내는데도 사람들은 떨면서 성전 밖으로 도망갔습니다 한 사람도 예수님을 대적하지 못했습니다. 놀라운 일이 아닐 수 없습니다.

그 이유가 무엇입니까? 그 자리에 하나님의 영광이 나타났기 때문입니다. 예수님은 하나님이십니다. 그의 분노하시는 얼굴을 보는 자마다 공포에 질려 버렸습니다. 그의 나무라는 말씀을 듣는 자들마다 가슴이 찢어지는 아픔을 느꼈습니다. 감히 얼굴을 들고 그분을 쳐다볼 수가 없었습니다. 상이 뒤집어져 동전이 마당에 나뒹굴고 놀란 짐승들이 이리 뛰고 저리 뛰는 아수라장이 벌어졌지만 그게 문제가 아니었습니다. 사람들은 하나님의 영광 앞에 무릎을 꿇었습니다. 누가 감히 하나님의 영광에 맞설 수가 있었겠습니까?

예수님은 상을 뒤집어엎으시면서 이렇게 소리치셨습니다.

"내 아버지의 집으로 장사하는 집을 만들지 말라"(16절).

마태복음에는 "내 집은 기도하는 집이라 일컬음을 받으리라 하였거늘 너희는 강도의 굴혈을 만드는도다."(마 21:13)라고 기록되어 있습니다. 이때 예수님은 드러내 놓고 하나님을 아버지라고 불렀습니다. 유대 나라에서는 아무도 하나님을 아버지라고 부를 수 없었습니다. 만약에 하나님을 아버지라고 부르면 그 사람은 신성모독죄를 범한 자로 다스려졌습니다. 돌로 쳐죽일 수도 있었습니다. 그러니 성전 안에서 하나님이 내 아버지라고 말하는 것은 엄청난 문제를 일으킬 수 있었습니다. 그러나 예수님은 하나님을 아버지라 불렀습니다. 그는 보이지 않으시는 하나님의 보이는 형상이었기 때문입니다.

탐욕의 누룩을 채찍질하시는 주님

"성전보다 더 큰 이가 여기 있느니라"(마 12:6). 예수님은 성전보다 더 크신 분이십니다. 제자들은 성전을 정화하시는 예수님을 보면서 구약에 있는 성경 말씀 한 구절을 기억했습니다.

"제자들이 성경 말씀에 주의 전을 사모하는 열심이 나를 삼키리라 한 것을 기억하더라"(17절).

이 구절은 시편 69편 9절 말씀입니다. 주의 전을 사모하는 열심이 나를 삼키리라는 말씀이 무슨 뜻입니까? 삼킨다는 말은 '불태운다', '망하게 한다' 는 뜻을 가지고 있습니다. 따라서 이 말씀은 예수님이 하나님의 전을 사모하는 열심 때문에 생명을 내놓았다는 의미가 됩니다.

손자나 손녀가 서너 살이 되면 제법 말도 하고 말귀도 알아듣습니다. 그런데 가끔 그 아이 앞에서 자기 엄마를 나무라는 것처럼 화를 내거나 때릴 것처럼 제스처를 취하면 그들은 어떻게 반응합니까? 고사리 같은 손을 들고 울면서 할아버지한테 대들 것입니다. 이때 어린 꼬마의 행동을 일컬어서 '엄마를 사모하는 열심이 그 아이를 삼켰다.' 라고 할 수 있습니다.

저는 이 말씀을 묵상하면서 생각하는 점이 많습니다. 만일 예수님이 우리가 예배 드리는 이 자리에 오시면 채찍을 들고 휘두르지 않으실까? 강대상을 뒤집어엎지 않으실까? 성가대원들을 다 쫓아내지 않으실까? 장삿속에 눈이 어두운 채 건성으로 예배를 드리는 자들이 없지 않을 것이기 때문입니다.

유월절이 다가오면 유대 나라 사람들은 집안에서 누룩을 전부 치웁니다. 또 누룩을 넣어서 찐 빵도 다 없애 버립니다. 예루살렘 성전에도 누룩이 절대 보이지 않도록 싹싹 쓸어 내 버립니다. 그러나 우리 눈에 보이는 누룩은 치웠지만 진짜 치워야 할 보이지 않는 누룩은 그대로 남아 있을 수 있습니다.

"너희는 누룩 없는 자인데 새 덩어리가 되기 위하여 묵은 누룩을 내어버리라 우리의 유월절 양 곧 그리스도께서 희생이 되셨느니라" (고전 5:7).

고린도전서 5장 10절에서는 누룩을 탐욕이요 우상숭배이며 음행이라고 해석합니다. 예수님은 성전에서 매매하는 사람들만 보신 것이 아닙니다. 그 성전 지도자들의 마음속에 쌓여 있는 묵은 누룩, 즉 탐욕을 보신 것입니다. 탐욕을 하나님 앞에 회개하지 않은 채 겉으로 거룩하게 유월절을 지킨다고 하는 사람들에 대해 주님은 참지 못하시는 것입니다. 우리한테도 비슷한 문제가 남아 있지 않은지 두려운 마음으로 살펴보아야 합니다.

하나님은 그의 이름이 망령되이 일컬어지는 것을 참지 못하십니다. 하나님은 자기의 몸 된 거룩한 교회가 세상의 여러 가지 탐욕과 이권 개입으로 인해 더러워지고 예배가 변질되어 껍데기만 남는 것을 참지 못하십니다. 왜냐하면 하나님의 이름이 욕을 당하는 것이나 다름없기 때문입니다. 하나님은 우리의 마음을 샅샅이 꿰뚫어 보십니다. 우리 마음속에 탐욕의 누룩을 그대로 가지고 하나님보다 돈을 더 사랑하면서 예배를 드린다면, 예수님은 그런 우리를 향하여 분명히 노끈을 들고 휘두르실 것입니다. 교회 지도자들이 탐욕에 눈이 멀어 교회를 이용하여 자기의 명예를 내세우고 교회를 이용하여 자기 잇속을 챙기는 것을 보신다면 채찍을 들고 내어쫓으실 것입니다.

예배를 사모하는 열심

티모시 크리스트 텐슨이라는 분은 이렇게 말하였습니다. "예배가 우리가 행하는 것 가운데 하나에 불과하다면 모든 것이 세속적인 것이 되고 말 것이다. 그러나 예배가 우리가 행하는 유일한 것이라면 모든 것이 영원한 의미를 가질 것이다." 예배는 하나님의 자녀에게 있어서 유일한 것이어야 합니다. 예배는 돈이나 쾌락에 가 있던 마음을 주일날 잠깐 빌려 하나님한테 얼굴 내미는 그런 일이 아닙니다. 예배는 우리의 전부여야 합니다. 예수 그리스도의 피로 구속함을 받은 사람에게는 하나님 외에 다른 신이 없기 때문입니다. 바울 사도의 고백을 마음에 새기기를 바랍니다.

"우리 중에 누구든지 자기를 위하여 사는 자가 없고 자기를 위하여 죽는 자도 없도다 우리가 살아도 주를 위하여 살고 죽어도 주를 위하여 죽나니 그러므로 사나 죽으나 우리가 주의 것이로라"(롬 14:7, 8).

"그런즉 너희가 먹든지 마시든지 무엇을 하든지 다 하나님의 영광을 위하여 하라"(고전 10:31).

우리의 삶은 먹든지 마시든지 오직 하나님을 위한 것입니다. 그러므로 신령과 진정으로 드리는 예배는 유일한 것이지 많은 것 중의 하나가 아닙니다. 만약에 여러 가지 일 중에 하나라고 하면 예배는 반드시 세속화되고 말 것입니다.

그런 의미에서 오늘 우리의 마음을 들여다보시는 주님이 채찍을 들지 않으실까요? 하나님만 경배하기 위해 드리는 예배라고 장담할 수 있습니까? 정말 하나님만 우리의 전부가 된 예배인가요?

프랑스의 루이 14세가 한번은 귀족들을 거느리고 주일 예배에 참석하려고 성당의 주교에게 통지를 했습니다. 당시 왕실 설교자였던 프넬론 대주교가 그날 예배를 집례하기로 되어 있었습니다. 그런데 주일날 왕이 귀족들을 거느리고 아주 위엄을 떨면서 교회 안에 들어가 보니 사람들이 아무도 없었다고 합니다. 왕은 프넬론 대주교를 불러서 이거 어떻게 된 거냐, 왜 사람이 이렇게 없느냐 하고 물었습니다. 그랬더니 그는 아주 대담한 자세로 이렇게 말했습니다. "폐하, 폐하가 오늘 예배에 참석하신다는 사실을 모든 사람이 알고 굉장히 관심을 갖고 있었습니다. 그런데 제가 그들이 진짜 하나님을 예배하기 위해서 오는 사람인지 아니면 폐하를 보기 위해서 오는 사람인지 시험을 해보고 싶어서, 일부러 오늘 급한 일이 생겨 황제께서 예배에 참석하지 못하게 되었다는 광고를 해버렸습니다. 그랬더니 한 명도 나오지 않았습니다."

우리가 보이지 아니하는 하나님을 높이고 그분만을 경배하는 예배, 다시 말해서 설교자도 독창자도 기도하는 사람도 주님의 자리에 대신 서지 못하게 하는 예배를 드린다면 주님께서 기뻐하실 것입니다. 예수님은 하나님의 전을 사모하는 열심 때문에 성전을 더럽히는 그 어떤 것도 생명을 걸고 막았습니다. 우리도 주님의 그 열심을 가집시다. 예배를 더럽히고 예배를 예배답지 못하게 타락시키고 하나님의 이름을 욕되게 하는 것이면 어떤 값을 지불하고서라도 막겠다는 뜨거운 열심을 마음속에 간직해야 할 것입니다.

새로운 성전, 새로운 예배

주님이 성전을 정화시키시는 것을 감히 막지 못하던 성전 지도자들은 "무슨 표적을 우리에게 보이겠느뇨"라고 하면서 도전하기 시작하였습니다. 과연 하나님이 시켜서 하는 일이라면 증거를 보여 달라는 말입니다. 이에 대해 예수님께서는 이렇게 대답하셨습니다.

"너희가 이 성전을 헐라 내가 사흘 동안에 일으키리라"(19절).

이것은 정말 생명을 걸고 하시는 말씀입니다. 종교 지도자들은 입을 다물지 못할 정도로 놀랐습니다. 당시 예루살렘 성전은 주전 24년 경에 착공한 것이었습니다. 그러니까 예수님이 드나드시던 당시는 이미 46년의 세월이 흘러간 다음이었습니다. 그때에도 완공되지 않고 있다가 주후 64년에 대 공사를 끝낼 수 있었습니다. 그리고 성전이 완공된 지 7년이 안되어서 로마 군대에 의해 주님이 예언한 대로 돌 하나도 돌 위에 남지 않을 정도로 다 허물어지고 말았습니다.

그러므로 예수님께서 그들에게 대답할 당시의 예루살렘 성전은 46년 동안이나 공사를 하고 있던 중이었습니다. 그런데 예수님은 사흘 만에 다시 짓겠다고 하신 것입니다. 그 뜻을 알 수 없었던 사람들은 예수님이 정신나간 것이 아닌가 하고 생각했을 것입니다. 그리고 그들은 이 말을 트집 잡아 예수님을 걸고넘어졌습니다. 예수님이 하나님을 모독했다는 것입니다. 하나님이 거하시는 성전을 헐라고 말하는 것은 하나님을 모독하는 것과 같다고 보았습니다. 반 세기가 되어도 못 다 지은 성전을 사흘 만에 다시 짓겠다고 말하는 것은 고의적인 사기 행위와 같다고 여겼습니다. 드디어 그들은 예수님을 죽일 계획을 짜기 시작하였습니다.

우리는 예수님의 이 대답이 자신에게 얼마나 치명적이었는가를 잘 압니다. 예수님이 삼 년 후에 잡혀서 재판석에 섰을 때 주님을 고소한 죄목이 다름아닌 이 말이었기 때문입니다. "가로되 이 사람의 말이 내가 하나님의 성전을 헐고 사흘에 지을 수 있다 하더라 하니"(마 26:61). 십자가에 못 박히신 예수님을 쳐다보고 구경하는 사람들이 빈 정거리면서 욕을 한 내용도 이것입니다.

"지나가는 자들은 자기 머리를 흔들며 예수를 모욕하여 가로되 성전을 헐고 사흘에 짓는 자여 네가 만일 하나님의 아들이어든 자기를 구원하고 십자가에서 내려오라 하며"(마 27:39, 40).

이런 의미에서 예수님은 생명을 걸고 그 말씀을 하신 것입니다. 그러면 이 말씀의 진의가 무엇입니까? 예수님을 십자가에 못 박으면 사흘 만에 부활하실 것이라는 말씀입니다. 자기의 몸을 성전으로 말씀하신 것입니다. 그리고 부활하신 그날부터 성전에서 유월절마다 드리는 제사 예식이 사라질 것이며 성전이 필요 없는 시대가 온다는 의미였습니다. 왜냐하면 부활하신 다음에는 주님이 영으로 세상에 계실 것이기 때문에 누구든지 예수님의 이름만 부르고 나아가면 어디에서든지 그를 경배할 수 있기 때문입니다. 굳이 예루살렘에 갈 필요 없이 어디든 두세 사람이 모여서 주님의 이름을 부를 수 있는 것입니다. 예수님은 "헐어라, 그러면 내가 새로운 성전, 새로운 예배를 너희들에게 보여 주겠다. 내가 부활한 다음에 너희에게 이 놀라운 예배의 시대를 열어 주겠다."고 말씀하고 계시는 것입니다.

우리는 이 말씀을 보면서 얼마나 감사한지 모릅니다. 주님은 부활하셔서 영으로 이 자리에도 계시고 전 세계 어디에서나 그에게 예배하는 모든 사람과 함께 하십니다. 두세 사람이 모였든지, 수천 명이 모였든지 예배를 받으시기 위하여 주님이 영으로 우리 중에 임하시는 영광스러운 시대가 되지 않았더라면, 우리도 유월절이 되면 예루살렘으로 가야 했을지 모릅니다. 그러나 우리 주님은 오늘 어디서나 영광을 받으십니다. 얼마나 놀라운 은혜인지 모릅니다.

이제 이 영광스러운 예배가 부패하거나 변질되지 않도록 주님의 전을 사모하는 열심을 갖도록 합시다. 탐욕을 멀리합시다. 뜨거운 열정을 가집시다. 변질되지 않는 예배자가 되어 영원토록 그분만을 찬양하고 경배하는 우리들이 됩시다.

9. 당신은 거듭나야 한다

… 바리새인 중에 니고데모라 하는 사람이 있으니 유대인의 관원이라 그가 밤에 예수께 와서 가로되 랍비여 우리가 당신은 하나님께로서 오신 선생인 줄 아나이다 하나님이 함께 하시지 아니하시면 당신의 행하시는 이 표적을 아무라도 할 수 없음이니이다 예수께서 대답하여 가라사대 진실로 진실로 네게 이르노니 사람이 거듭나지 아니하면 하나님 나라를 볼 수 없느니라 니고데모가 가로되 사람이 늙으면 어떻게 날 수 있삽나이까 두 번째 모태에 들어갔다가 날 수 있삽나이까 예수께서 대답하시되 진실로 진실로 네게 이르노니 사람이 물과 성령으로 나지 아니하면 하나님 나라에 들어갈 수 없느니라 육으로 난 것은 육이요 성령으로 난 것은 영이니 내가 네게 거듭나야 하겠다 하는 말을 기이히 여기지 말라.

요한복음 2:23~3:7

요즘 사회적으로 자주 언급되는 단어 중의 하나가 '거듭나다' 라는 말입니다. 정치가 혼란스럽고 부패하면 정치가들이 거듭나야 한다고 말합니다. 교육계가 부패했다는 뉴스가 나오면 교육가들이 거듭나야 한다고 말합니다. 그래서 사람들은 깊이 생각하지 않아도 그 말의 의미에 대해 어느 정도 감을 잡고 있습니다.

원래 '거듭나다' 라는 말은 예수님께서 가장 먼저 사용하셨습니다. 본문에서는 세 번 이상 반복하고 계십니다. 우리가 유의해야 할 점은 사회에서 흔히 통용되는 '거듭나다' 라는 말과 예수님이 말씀하시는 것 사이에는 큰 차이가 있다는 것입니다. 사람들은 주로 새로워져야 한다, 개혁되어야 한다 혹은 뜯어 고쳐야 한다는 뜻으로 이 말을 사용하고 있습니다. 그러나 예수님은 '새로운 창조, 새로운 생명, 새로운 탄생' 을 의미하고 있습니다. 그러므로 본문을 읽을 때에 거듭나야 한다는 말을 세상에서 통용되는 의미로 보지 않도록 주의해야 합니다.

"내가 네게 거듭나야 하겠다 하는 말을 기이히 여기지 말라"(요 3:7).

거듭나야 하겠다는 우리말 번역은 맥이 빠진 느낌입니다. 원문을 보면 '반드시 꼭 거듭나야 한다'는 아주 강한 의미를 가지고 있기 때문입니다.

사람에게 의탁하지 않으신 예수님

예수님은 처음 예루살렘에 올라가셔서 표적과 기사를 많이 행하셨습니다. 2장 23절에 보면 예루살렘에 계시니 많은 사람이 그 행하시는 표적을 보고 믿었다고 기록되어 있습니다. 이런 표적과 기사가 예수님의 손에서 행해지는 것을 보고 감동을 받은 사람들이 예수님을 많이 믿었습니다.

그런데 24절 말씀을 보면 놀랍게도 예수님이 그들을 신뢰하지 않으시는 것을 볼 수 있습니다. 표적을 보고 믿겠다고 고백하는 자들이 많이 몰려들었지만 예수님은 그들에게 자기를 의탁하지 않으셨습니다. 그들의 말을 액면 그대로 받아들이지 않았다는 말입니다. 왜 그랬을까요? 예수님은 입술의 말보다 그들의 마음을 더 잘 알고 계셨기 때문입니다. 25절을 보면 좀더 구체적으로 말씀하고 있습니다.

"또 친히 사람의 속에 있는 것을 아시므로 사람에 대하여 아무의 증거도 받으실 필요가 없음이니라"(요 2:25).

어떤 말을 듣지 않아도 그 속을 다 알고 계시는 주님으로서는 믿는다고 속에도 없는 소리로 떠드는 그들을 신뢰할 수 없었던 것입니다.

3장으로 넘어가면서 예수님이 사람의 내면을 얼마나 예리하게 알고 계시는가를 확인할 수 있는 좋은 사례를 보게 됩니다. 니고데모라고 하는 인물이 등장합니다. 예수님의 많은 표적과 기사를 보고 믿은 자들 중에 니고데모도 포함되어 있었던 모양입니다. 그는 밤에 예수님을 찾아왔습니다. 예수님을 만나자마자 대단한 극찬을 늘어놓았습니다. "선생님, 당신이야말로 하나님이 보내신 선지자라는 것을 우리는 알고 있습니다. 당신이 예루살렘에서 행하시는 그 놀라운 표적을 보았는데 이것은 보통 사람으로서는 절대 할 수 없는 일입니다. 이것은 당신이 하나님으로부터 온 선지자요 당신에게 하나님이 함께하신다는 것을 보여 주는 가장 좋은 증거라고 생각합니다. 그러므로 우리는 당신이 위대한 선지자요 선생님이신 줄을 잘 압니다."

이 정도의 인사치레라면 대단한 예의를 갖춘 것이라 할 수 있습니다. 그것도 니고데모처럼 나이가 많고 지혜가 있는 사람이 예수님과 같은 연하의 무명 청년에게 하는 인사치고는 대단한 것이 아닐 수 없습니다. 그러나 예수님의 대답은 정말 뜻밖이었습니다.

"진실로 진실로 네게 이르노니 사람이 거듭나지 아니하면 하나님 나라를 볼 수 없느니라"(3:3).

이것은 어떤 면에서 동문서답처럼 들립니다. "당신은 위대한 선생님입니다"라고 인사를 하는데 "사람이 거듭나지 아니하면 하나님 나라를 볼 수 없느니라"고 대답하시니 말입니다. 니고데모는 속으로 몹시 당황했을 것입니다.

니고데모는 거듭나야 한다는 예수님의 말씀을 전혀 이해하지 못했습니다. 사람이 두 번 나야 한다는 것 자체가 상식을 벗어나는 말이었기 때문입니다. "아니, 어떻게 이 늙은 몸으로 어머니 뱃속에 또 들어갑니까? 어떻게 그런 일이 가능합니까?" 니고데모로서는 너무나 자연스런 질문이었습니다. 그러자 주님께서는 처음 하신 말씀에 좀더 살을 붙여서 말씀하십니다.

"진실로 진실로 네게 이르노니 사람이 물과 성령으로 나지 아니하면 하나님 나라에 들어갈 수 없느니라"(5절).

거듭난다는 말 대신에 물과 성령으로 난다는 말을 사용하고 있습니다. 하나님 나라를 본다는 말을 들어간다는 말로 바꾸고 있습니다. 그리고 첨가해서 이렇게 말씀하십니다. "니고데모야, 어머니 뱃속에서 나오는 것은 어디까지나 육신으로 출생하는 것이다. 내가 말하는 것은 영으로 출생하는 것을 말하는 것이다. 그러므로 영과 육을 혼돈하지 말아라. 너는 육신으로 태어났을 뿐, 아직도 영으로는 태어나지 못한 사람이다. 그러므로 너는 반드시 영적으로 다시 태어나야 한다. 너는 이 말을 이상하게 여겨서는 안 된다."

거듭남이 중요한 이유

예수님께서 거듭나는 문제를 이처럼 진지하고 강경하게 말씀하시는 이유가 어디에 있다고 생각합니까? 하나님 나라 때문입니다. 하나님 나라에 들어가려면 사람은 반드시 한 번 더 태어나야 한다는 것입니다. 하나님의 나라에 들어가는가 못 들어가는가 하는 것은 인간에게 있어서 가장 심각한 문제입니다. 니고데모가 하나님 나라에 관해 큰 관심을 가지고 있다는 것을 주님은 그의 마음속을 들여다보시고 아셨습니다. "니고데모야, 너도 이제 세상을 한 50년 살았으니까 인생이 무엇인지 잘 알고 있을 것이다. 내가 보니 너는 하나님 나라에 관심이 많구나. 너는 이 세상이 전부가 아니고 인간에게는 내세가 있다고 생각하고, 그렇다면 어떻게 그리로 들어갈 수 있을까를 늘 고민하고 있는 줄 나는 안다. 하나님 나라에는 율법을 잘 지키면 들어갈 수 있을까? 그것으로 안심할 수 있을까? 좋은 생각이다. 그러나 꼭 알아 두어라. 육신으로 사는 것은 서론에 불과할 뿐이다. 인생의 본론은 하나님 나라에 가서 사는 것이다. 그러나 네가 두 번 태어나지 않으면 그곳에는 절대 못 들어간다."

하나님의 나라는 니고데모 한 사람의 관심으로 끝날 문제가 아닙니다. 모든 사람들의 관심사입니다. 특히 인생살이를 사십 년 정도 한 사람이면 실존적인 허무감을 느끼게 되고 이런 생각을 가끔 하게 됩니다. 세상이 이것뿐일까? 인생은 이러다가 끝나는 것인가? 사람은 이렇게 늙어서 나중에 자식들한테 천대받다가 무덤으로 들어가면 그것으로 끝나는가?

인간이 아무리 행복해도 한 순간입니다. 결혼하고 나면 얼마 동안은 깨가 쏟아지는 그 맛 때문에 행복을 느낄 수가 있습니다. 사업에 성공하거나 뜻하는 바를 이루게 되면 어느 정도 행복을 느낍니다. 그러나 조금 더 세상을 살다 보면 '인생이 이런 것인가' 하는 생각을 하게 됩니다. 성공했다고 하는 사람도 실패했다는 사람도 인생 끝에서 느끼는 허무는 본질상 똑같습니다. 오죽하면 가장 화려하게 세상을 살다간 솔로몬 왕이 '인생은 들의 풀이요 그 영화는 들의 꽃'이라고 했겠습니까? 이런 허무 때문에 사람은 자연히 내세를 생각하는 버릇이 있습니다.

십 년 전 갤럽 조사에 의하면 세상 재미 다 보고 사는 미국 사람들도 71퍼센트나 되는 사람이 하나님 나라가 있다는 것을 믿는다고 응답했습니다. 왜 그런가요? 그것을 안 믿으면 허전해서 살 수가 없기 때문입니다. 그러므로 하나님 나라에 들어가는 문제는 모든 사람들에게 돈 버는 것이나 출세하는 것, 건강하게 사는 것과는 비교할 수 없는 중요한 문제입니다.

저는 어느 책에 나온 짧은 글을 읽고 충격을 받은 적이 있습니다. 한 20대 젊은이가 교통사고를 내고 의식 불명으로 중환자실에 있었습니다. 그 병원에서 일하는 목사님이 이 소식을 듣고 찾아갔습니다. 젊은이는 깨어나지 못하고 있었습니다. 목사님은 답답한 마음으로 '이 형제가 예수를 믿었을까? 젊은 생명이 너무도 아깝구나.' 하고 생각을 하면서 조용히 기도하고 있었습니다. 그런데 갑자기 젊은이가 눈을 번쩍 뜨는 것이었습니다. 젊은이는 목사님을 보고 이런 말을 했습니다. "목사님이세요? 목사님, 감사합니다. 저는 제 마지막이 이렇게 빨리 올 줄은 꿈에도 생각하지 못했어요. 목사님, 저 구원받고 싶어요. 천국이 있으면 거기에 들어가고 싶어요. 목사님 저를 좀 도와주세요. 제가 어떻게 해야 합니까?" 그 말을 듣고 목사님은 "형제여, 내가 지금 가르처 줄 테니 내 말을 잘 들으세요. 당신은 예수만 믿으면 됩니다. 이제 가르쳐 줄 테니 잘 들으세요." 하고는 성경을 펼치려 했습니다. 그런데 그 젊은이는 그때 또 다시 혼수 상태에 빠지고 말았습니다. 그리고 불행하게도 그는 그 후로 영원히 돌아오지 못했습니다. 하나님 나라에 들어가는 것을 배울 수 있는 마지막 기회를 놓쳐 버린 그 젊은이를 앞에 놓고 목사님은 너무도 안타까워서 자기의 경험을 글로 남겨 놓은 것입니다.

모호한 태도

하나님 나라에 들어가는 일은 우리 인생에서 너무도 중요한 문제입니다. 그런데 주님께서는 하나님 나라에 들어가려면 반드시 두 번 나야 된다고 말씀합니다. 그러면 내가 도대체 거듭난 사람인지 아닌지를 어떻게 알 수 있을까요? '나는 이 책 안 읽어도 돼. 나는 거듭난 하나님의 자녀이니까. 할렐루야.' 하는 사람도 있을 것이고 '거듭났는지 안 났는지 잘 모르겠어.' 하면서 은근히 불안해하는 사람도 있을 것입니다. 니고데모는 이런 고민을 하는 사람들에게 좋은 보기가 되고 있습니다. 그를 거울로 걸어 놓고 우리 자신을 비춰 보면 자신이 거듭났는지 안 났는지 금방 알 수 있습니다. 거듭나지 못한 사람의 네 가지 특징을 그에게서 볼 수 있기 때문입니다.

첫째, 니고데모는 예수님을 밤에 찾아왔습니다. 밤에 찾아왔다는 것이 뭐 그리 대수로운 이야기냐고 생각할지 모르지만 사실은 그렇지가 않습니다. 요즘처럼 전깃불이 밝은 세상이라면 밤이나 낮이나 별 문제가 안 될지도 모릅니다. 그러나 그 당시는 밤이면 횃불이나 등불 없이는 아무것도 볼 수 없는 세상이었습니다. 그가 밤에 예수님을 찾았다는 사실을 두고 동정을 하는 사람도 있고 비판을 하는 사람도 있습니다. 동정론을 펴는 쪽에서는 니고데모가 밤에 예수님을 찾은 이유는 예수님이 낮에는 너무 바쁘셔서 찾아가 봐야 잠깐 인사할 시간밖에 없을 것 같으니까 밤을 기다렸다고 말합니다. 이런 의미에서 밤에 찾아간 것은 지혜로운 선택이었다는 것입니다.

한편 비판론자들은 아주 다른 이야기를 합니다. 니고데모는 굉장한 신분의 사람이었습니다. 유대 나라의 최고 기관인 산헤드린 공회의 회원이었기 때문에 전국적으로 불과 오륙십 명 안에 들어가는 저명 인사였습니다. 그 당시 유대 나라의 지도층은 대부분 이 젊은 나사렛 청년 예수를 경계의 눈초리로 지켜보고 있는 상황이었습니다. 그럴 때 대낮에 예수님을 찾는 것은 체면에도 문제가 있었고, 만에 하나 불이익을 당할지도 모른다는 우려를 낳게 하는 것이었습니다. 그래서 밤을 택했다는 것입니다. 저는 이와 같은 비판적인 시각이 옳다고 봅니다. 니고데모는 사람들 앞에서 믿는 티를 내기 싫어서 밤에 찾아온 것입니다.

니고데모와 비슷한 성향을 가지고 교회 다니는 사람들이 없지 않습니다. 직장에서 예수 믿는 티를 절대 안 내는 사람들이 있습니다. 누군가가 예수 믿느냐고 물으면 집사람이 나간다는 소리를 하면서 피해 버립니다. 이처럼 예수를 믿는지 안 믿는지 애매모호한 행동을 하는 사람들은 분명히 알아야 합니다. 주님께서 이들을 보시고 틀림없이 이렇게 말씀하실 것입니다. "너는 거듭나야 하나님 나라에 들어갈 수 있어. 반드시 거듭나야 돼."

우리 신앙

두 번째로, 니고데모는 '우리 신앙'을 가진 사람이었습니다. 그는 예수님을 찾자마자 대뜸 "랍비여, 우리가 당신은 하나님께로서 오신 선생인 줄 아나이다."라고 고백합니다. 신앙 고백은 우리가 하는 것이 아닙니다. 내가 하는 것이어야 합니다.

물론 성도들이 한자리에 모여서 하나님 앞에 기도할 때는 하늘에 계신 우리 아버지라고 부릅니다. 하나님의 자녀들이 공동체를 이루어서 하나님 앞에 기도하고 찬양할 때 '우리'라는 것은 너무나 아름다운 천국 시민의 대명사입니다. 그러나 신앙 고백은 본질적으로 개인적인 것이어야 합니다. 예수님을 선생님으로 알아도 내가 안다고 말해야 되고 예수님이 하시는 일을 보니까 하나님이 함께하시는 것이 틀림없다는 고백을 해도 내가 해야지, 우리가 안다고 하면 그것은 진정한 고백이 아닙니다. 그러나 니고데모는 우리라는 대중 속에 자기를 숨겨 놓고 고백합니다.

더욱이 그의 말을 유심히 관찰하면, 이것은 우리가 성경에서 배우는 그런 신앙 고백이 아니라는 것을 금방 알 수 있습니다. 베드로의 신앙 고백과 비교해 보십시오. "주여, 나는 죄인이로소이다. 나를 떠나소서." 예수님에게는 하나님의 영광이 있습니다. 그분은 하나님이십니다. 그러므로 니고데모가 정말로 예수님에게서 하나님의 영광을 보았다면 베드로처럼 자신의 죄악을 돌아보는 고민이 있어야 했습니다. 베드로는 또 "주는 그리스도시요 살아 계신 하나님의 아들이니이다"라고 고백했습니다. 베드로는 예수님을 선지자나 선생이라고 말하지 않았습니다. 불행하게도 니고데모는 베드로의 신앙 고백과는 거리가 먼 고백을 하고 있습니다.

우리 중에는 니고데모처럼 자신과는 별 상관이 없는 상식적이고 대중적인 신앙 고백에 익숙해져 있는 사람들이 있을지 모릅니다. 예수님은 틀림없이 말씀하십니다. "네가 하나님 나라에 들어가려면 거듭나야 한다. 반드시 거듭나야 해."

이적 신앙

세 번째로, 니고데모의 신앙은 이적 신앙이었습니다. 예수님이 행하시는 이적과 기사를 보고 믿는다는 소리를 하는 사람이었다는 말입니다. 물론 이적은 신앙의 문을 여는 데 도움을 줍니다. 요한복음 10장 38절에 보면 예수님께서 이적의 가치에 대해서 말씀을 하셨습니다. "내가 행하거든 나를 믿지 아니할지라도 그 일은 믿으라 그러면 너희가 아버지께서 내 안에 계시고 내가 아버지 안에 있음을 깨달아 알리라." 주님이 전하시는 복음을 듣고 하나님 되심을 믿을 수가 없으면 그가 행하시는 표적 기사를 보고 믿으라는 말씀입니다. 이와 같이 표적 기사는 믿음이 없는 사람에게 믿음을 일으킬 수 있는 좋은 촉진제가 될 수 있습니다.

그러나 이적 그 자체는 믿음의 내용도 아니요 대상도 아닙니다. 우리는 이적을 믿는 것이 아니라 예수 그리스도가 하나님이시요 구원자이심을 믿는 것입니다. 그러므로 이적에 눈이 먼 사람은 예수님을 하나님으로 보지 못할 수가 있습니다. 입으로는 믿는다고 할지 모르지만 그 중심은 예수님을 믿지 않습니다.

우리 중에 한때 병들었다가 누구에게 안수를 받고 기적적으로 병이 나아 예수 믿게 된 분들이 계시나요? 그분들은 진짜 예수님을 믿는 것인지 아니면 병 나은 체험을 믿는 것인지 다시 한 번 점검해 보시기 바랍니다. 기도해서 갑자기 사업이 번창하니까 그것 때문에 들떠서 예수를 믿지는 않습니까? 물론 기도로 병이 나은 것이나 사업이 잘되는 것은 감사한 일입니다. 그러나 응답받은 사실이 담보가 된 믿음을 가진 사람은 잘못하면 믿음의 주요 온전케 하시는 예수 그리스도를 보지 못할 수가 있습니다. 이런 사람들은 나중에 자기가 기도한 대로 일이 잘 안되면 세상으로 돌아갈 수 있습니다. 예수님은 이런 사람에게도 말씀하십니다. "너는 거듭나야 돼. 반드시 거듭나야 돼."

세상 지혜로 깨닫지 못함

마지막으로, 니고데모는 예수님의 말씀을 바로 깨닫지 못하였습니다. 예수님의 거듭나야 한다는 말씀에 니고데모는 늙었는데 어떻게 어머니 뱃속에 또 들어갔다 나올 수 있느냐고 묻습니다. 하도 한심하니까 예수님은 길게 설명을 해주셨습니다(5~8절). 그러나 설명을 한참 듣고 나서도 니고데모는 여전히 예수님의 말씀을 이해하지 못하고 있었습니다.

"니고데모가 대답하여 가로되 어찌 이러한 일이 있을 수 있나이까"(9절).

니고데모가 왜 말씀에 귀가 어두웠을까요? 이유는 간단합니다. 거듭나지 못한 사람이었기 때문입니다. 예수님은 영계(靈界)의 이야기를 영계의 법칙에 따라서 말씀하고 계시는 데 반해, 니고데모는 영계를 물질계의 법칙으로 이해하려 했습니다. 대기권 안에서 통하는 법칙이 대기권 밖에서는 통하지 않습니다. 니고데모는 자연계의 법칙만 알고 있었습니다. 그러나 예수님은 그 자연계를 벗어난 영계의 이야기를 하셨습니다. 어떻게 통할 수 있겠습니까? 신령한 일은 신령한 것으로 분별할 수 있습니다(고전 2:13). 그러므로 세상의 지혜로는 주님의 말씀을 깨달을 수가 없는 것입니다.

우리 가운데도 믿음이나 하나님의 나라 혹은 죄 사함과 같은 영적인 신령한 진리를 들을 때에 잘 깨닫지 못하는 사람들이 있을 수 있습니다. 어떤 사람이 아내의 손에 이끌려 5년 동안 주일 예배에 참석했다고 합니다. 5년 동안 예배에 꼬박꼬박 참석하면서도 앉으면 졸음만 오고 설교가 도무지 귀에 들어오지 않았다고 합니다. 그런데 최근에 자기가 휘두른 테니스 라켓에 딸이 맞아 한쪽 눈이 실명할 위기에 놓이게 되었습니다. 아버지의 심정이 오죽했겠습니까? 딸을 붙들고 용서해 달라고 애원을 해보기도 하고 그 동안 해보지 않던 기도를 무릎이 아프도록 하기 시작했습니다. 이런 와중에서 어느 주일날 교회에 나와 예배를 드리는데 놀랍게도 설교 말씀 한마디 한마디가 귀에 들어왔습니다. 그 형제는 자기도 모르게 거듭나 버린 것입니다. 몇 달 후 딸아이의 눈도 실명을 면할 정도로 잘 치료가 되었습니다.

아직도 하나님의 말씀이 귀에 들어오지 않는 사람이 있습니까? 예수님의 경고를 들으세요. "너는 반드시 거듭나야 해."

말씀과 성령의 수고

거듭난다는 것은 '두 번 난다' 혹은 '위로부터 난다'는 의미를 갖고 있습니다. 이것은 육신이 태어나는 것을 말하는 것이 아닙니다. 영이 태어나는 것입니다. 세상에 태어날 때에는 몸을 입고 나옵니다. 그러나 사람이 천국으로 들어갈 때에는 반드시 영으로 출생해야 합니다. 그래서 인간은 두 번 나는 것입니다. 자연계에 나오면서 출생한 몸을 가지고 영원한 나라에 들어갈 수 없습니다. 거기에는 그 나름대로 또 출생이 필요합니다. 이것을 일컬어서 거듭난다고 말합니다.

어린아이가 이 세상에 태어나기 위해서는 부모의 수고가 따라야 합니다. 마찬가지로 우리가 영으로 거듭나기 위해서는 물과 성령의 수고가 필요합니다. 다시 말해서 물과 성령으로 거듭나야 합니다(요 3:5). 물은 하나님의 말씀을 가리킵니다.

"그가 그 조물 중에 우리로 한 첫 열매가 되게 하시려고 자기의 뜻을 좇아 진리의 말씀으로 우리를 낳으셨느니라"(약 1:18).

우리는 하나님의 말씀을 들을 때 거듭납니다. 성령이 하나님의 말씀을 우리 마음에 씨로 뿌려서 그 씨가 움트면서 새 생명이 태어나는 것입니다.

"너희가 거듭난 것이 썩어질 씨로 된 것이 아니요 썩지 아니할 씨로 된 것이니 하나님의 살아 있고 항상 있는 말씀으로 되었느니라"(벧전 1:23).

우리가 영으로 거듭날 때 말씀과 성령이 수고를 합니다. 세상에서 한 생명을 낳기 위해서 어머니는 죽음과 같은 해산의 진통을 겪습니다. 마찬가지로 우리가 영적으로 다시 태어나기 위해서 하나님의 아들 되신 예수님이 십자가에서 죽음의 고통을 겪으셨습니다. 이 죽음이 우리가 말씀을 들을 때 우리 안에서 새 생명을 싹트게 하는 것입니다. 그러나 말씀만으로 안됩니다. 성령께서 그 말씀을 사용하셔야 합니다. 이런 의미에서 거듭나는 기적은 성령과 말씀의 합작품이라 할 수 있습니다.

"누구든지 그리스도 안에 있으면 새로운 피조물이라 이전 것은 지나갔으니 보라 새것이 되었도다"(고후 5:17).

새로운 피조물로 거듭났다고 하더라도 겉으로 보면 우리의 몸은 달라진 것이 없습니다. 우리의 주름진 얼굴은 그대로 남아 있고, 성격이나 습관도 그렇게 달라진 것이 없습니다. 그런데도 주님은 새것이 되었다고 말씀하십니다. 무엇이 새것이 되었다는 것입니까? 우리의 영이 새롭게 되었다는 것입니다. 우리의 영이 새 생명으로 다시 태어난 것입니다. 이것은 하나님의 놀라운 축복 중의 축복입니다.

열쇠를 돌려 시동을 걸라

아이가 태어날 때 그 아이가 하는 일은 사실 하나도 없습니다. 출생하기 전에 모든 준비를 부모가 다 합니다. 어머니가 열 달 동안 온갖 고생을 하면서 몸속의 생명을 키워 세상에 내놓습니다. 그리고 아이를 낳을 때도 산모가 모든 값을 다 치릅니다. 태어나는 아이는 가만히 있기만 하면 되는 것입니다. 그리고 또 한 가지 중요한 것이 있습니다. 살아 있어야 한다는 것입니다. 죽은 아이를 엄마가 순산하기는 어려운 것입니다. 태아는 숨을 쉬고 있어야 합니다. 그리고 엄마가 하라는 대로 가만히 있기만 하면 출생을 하게 됩니다.

우리가 영적으로 새롭게 태어날 때에도 마찬가지입니다. 중생은 하나님이 전적으로 하시는 일입니다. 하나님이 나를 낳는 것입니다.

"영접하는 자 곧 그 이름을 믿는 자들에게는 하나님의 자녀가 되는 권세를 주셨으니 이는 혈통으로나 육정으로나 사람의 뜻으로 나지 아니하고 오직 하나님께로서 난 자들이니라"(요 1:12, 13).

우리를 거듭나게 하는 것은 전적으로 하나님의 책임입니다. 따라서 논리적으로 따지면 평생 교회 다닌 사람이 거듭나지 못해 하나님 나라에 들어갈 수 없을 때 하나님께 그 이유를 따질 수 있을지도 모릅니다. "하나님, 내가 거듭나지 못한 것은 하나님이 나를 낳지 않았기 때문입니다. 그런데 왜 나한테 책임을 묻습니까?"라고 말할 수 있을 것입니다.

그러나 중요한 것은 모든 준비를 하나님이 하시고 모든 일을 하나님이 다 책임지셔서 우리가 거듭나는 것이 사실이지만, 그럼에도 불구하고 거듭나기 위해 우리가 한 가지는 꼭 해야 한다는 것을 알아야 합니다. 그것은 믿으려는 결단입니다. 이것은 태아가 숨을 쉬면서 엄마의 움직임에 자기를 맡기는 행위와 같습니다. 믿음은 거듭나게 하시는 성령에게 순응하는 일입니다.

다른 예를 하나 들어 봅시다. 볼보라는 차는 세계에서도 가장 안전한 차로 정평이 나 있습니다. 이렇게 가정해 보십시다. 지금 볼보가 있습니다. 연료도 가득 차 있고 열쇠까지 꽂혀 있습니다. 차가 갈 수 있는 모든 조건이 완벽하게 준비된 것입니다. 그러나 차가 가기 위해서는 우리가 해야 할 일이 하나 있습니다. 열쇠를 돌리는 일입니다.

영적인 입장에서 본다면 열쇠를 돌려 시동을 거는 행위가 바로 믿음입니다. 불행하게도 교회를 오래 다닌 사람들 중에, 다른 것은 다 준비가 되어 있는데 믿지 않아서 거듭나지 못하는 경우를 자주 봅니다. 그런 사람들은 대부분 자아가 아주 강합니다. 옆에 있는 식구들이나 주변 사람들에게 예수님을 믿는다는 티를 내면 자기 체면이 깎이는 것처럼 생각합니다. 이들은 준비는 다 됐지만 열쇠를 돌리지 않아서 그 자리에 그대로 있는 것입니다.

예수를 바라보라

중요한 것은, 거듭나는 것이 무엇인지에 대해 귀가 아프도록 설명을 듣는 데 있는 게 아니라 내가 거듭나는 것입니다. 거듭나는 사건이 일어나야 됩니다. 한국이 자랑하는 세계적인 학자가 있습니다. 김영길 박사입니다. 그분은 자기 신앙 간증을 하면서 정말 중요한 이야기를 했습니다.

그는 미국에서 유학하는 중에 부인을 따라 교회에 나갔습니다. 그러나 도대체 예수님이 누구신지 알 수가 없었습니다. 그리고 왜 예수를 꼭 믿어야 되는지도 몰랐습니다. 아무리 교회에 가서 앉아 있어도 그 문제에 대한 해답을 얻을 수가 없었습니다. 창세기부터 요한계시록까지 열심히 읽기도 하고 유명하다는 기독교 서적을 산더미처럼 쌓아 놓고 읽어 보았습니다.

어느 날 저녁, 6시부터 11시까지 성경과 신앙 서적을 펴놓고 도대체 왜 예수님이 꼭 세상에 오셔야 했는지, 왜 꼭 예수를 믿어야 되는지에 대한 문제를 생각하면서 글을 읽어 나가다가 갑자기 마음에 깨달음이 왔습니다. '우리는 다 죄인이기 때문에 죄인을 구원하려면 죄 없는 누군가가 대신 죽어야 하고, 죄인을 대신해 죽기 위해서는 반드시 사람이 죽어야만 한다. 하지만 신이신 하나님은 죄인을 위해 대신 죽을 수 없다. 사람이 아니시니까. 그러므로 하나님께서 그의 아들 예수를 세상에 보내셔서 사람이 되게 하셨고, 예수님은 인간으로서 나를 위해 십자가에 달려 죽으신 것이다.' 이 진리를 갑자기 깨닫는 순간 그의 어두운 마음이 환하게 밝아졌습니다. 그는 벌떡 일어나 자기 부인을 불러 놓고 자기가 깨달은 것을 이야기했습니다. 그리고 두 사람은 손을 잡고 기도를 드렸습니다. 그 순간이 김영길 박사가 거듭나는 시간이었습니다. 아침에 출근을 하면서 자동차의 핸들을 잡고 가는데, 하늘이 달라 보였습니다. 어제 본 하늘이 아니었습니다. 모든 것이 새로웠고 이전과는 다르게 느껴졌습니다. 왜냐하면 새 생명으로 태어났기 때문입니다. 그는 부인과 손을 잡고 "믿습니다"라고 고백하는 순간 새 생명으로 태어났던 것입니다.

니고데모와 같은 당신에게 다시 말씀드립니다. 반드시 거듭나야 합니다. 그렇지 아니하면 하나님 나라에 들어갈 수 없습니다. 이 시간 모든 것이 다 준비되었습니다. 하나님이 당신을 위해서 해주실 것은 다 해주셨습니다. 이제 한 가지만 하면 됩니다. 예수 그리스도를 바라보

십시오. 나를 위해 십자가에 죽으신 예수님을 바라보십시오. 주님이
죽으신 것은 당신의 죄를 씻기 위해 죽으신 것입니다. 십자가에 죽으
시고 사흘 만에 부활하신 주님을 바라보시기 바랍니다. 그리고 이렇게
고백하십시오. "주여, 나는 죄인입니다. 나는 구원이 필요합니다. 하나
님 나라로 들어가야 됩니다. 주여 나를 도와 주옵소서." 이렇게 한마디
만 하십시오. 그러면 성령께서 당신을 거듭나게 하실 것입니다.

영적으로 거듭난 후 그 은혜에 감격하여 부르는 찬송이 있습니다.
찬송가 209장입니다.

주의 말씀 받은 그날 참 기쁘고 복되도다
이 기쁜 맘 못 이겨서 온 세상에 전하노라
기쁜 날 기쁜 날 주 나의 죄 다 씻은 날
늘 깨어서 기도하고 늘 기쁘게 살아가리
기쁜 날 기쁜 날 주 나의 죄 다 씻은 날.

10. 성령으로 난 사람의 양면성

바람이 임의로 불매 네가 그 소리를 들어도 어디서 오며 어디로 가는지 알지 못하나니 성령
으로 난 사람은 다 이러하니라 니고데모가 대답하여 가로되 어찌 이러한 일이 있을 수 있나
이까 예수께서 가라사대 너는 이스라엘의 선생으로서 이러한 일을 알지 못하느냐 진실로
진실로 네게 이르노니 우리 아는 것을 말하고 본 것을 증거하노라 그러나 너희가 우리 증거
를 받지 아니하는도다 내가 땅의 일을 말하여도 너희가 믿지 아니하거든 하물며 하늘 일을
말하면 어떻게 믿겠느냐 하늘에서 내려온 자 곧 인자 외에는 하늘에 올라간 자가 없느니라.

요한복음 3:8~13

영적인 세계에 관한 진리를 이해한다는 것은 쉬운 일이 아닙니다. 니고데모가 예수님을 만나 대화를 나누면서 마이동풍 격으로 반응을 한 것은 조금도 이상한 일이 아닙니다. 이런 인간적인 연약함을 아신 예수님은 어렵고 심오한 하나님 나라의 비밀을 이야기하실 때 우리 주변에서 흔히 볼 수 있는 사물이나 사건을 가지고 쉽게 말씀하기를 좋아하셨습니다. 이와 같은 화법을 비유라고 합니다. 물길러 온 수가성의 여인에게 구원의 진리, 성령의 진리를 샘물의 비유로 풀어 주신 것(요 4:10~14), 주님과 우리 사이를 양과 목자의 관계로 설명하신 것(요 10:1~16), 과수원 곁을 지나가시다가 포도나무를 가리키며 하나님 아버지와 우리는 끊을 수 없는 생명의 관계를 가지고 있다는 진리를 말씀하신 것(요 15:1~8) 등은 비유의 좋은 예가 될 것입니다.

예수님께서 니고데모에게 거듭남에 대해서 말씀하셨을 때 니고데모는 계속 고개를 갸우뚱거리면서 알아듣지 못했습니다. 그때 깊은 밤의 정적을 깨고 지나가는 바람 소리가 들렸습니다. 아마 문간을 심하게 흔들면서 지나갔는지도 모릅니다.

"바람이 임의로 불매 네가 그 소리를 들어도 어디서 오며 어디로 가는지 알지 못하나니 성령으로 난 사람은 다 이러하니라"(8절).

저는 요한복음 3장 8절을 읽으면서 주님께서 "자 니고데모 선생, 보시오. 바람 소리가 들리지 않소? 성령으로 거듭나는 사람은 마치 지나가는 저 바람과 같소."라고 설명하시는 모습을 상상해 보았습니다. 그러나 아직도 니고데모는 예수님의 말씀을 알아듣지 못하고 있었습니다.

"니고데모가 대답하여 가로되 어찌 이러한 일이 있을 수 있나이까"(9절).

바람에는 두 가지 성격이 있는 것을 예수님의 비유에서 알 수 있습니다. 하나는 신비성입니다. 바람은 신비한 면을 가지고 있습니다. 바람이 어디서 생겨서 어디로 불며 어떻게 소멸하는지 그 당시 사람들로서는 도무지 추적할 수 없는 자연 현상이었습니다. 물론 오늘날에는 인공위성을 통해서 바람의 생성 과정과 진로를 추적하는 과학적인 지식을 가지고 관찰하기 때문에 예수님의 설명이 이상하게 들릴지도 모릅니다. 그러나 지금 예수님은 과학적인 지식을 논하는 것이 아닙니다. 그 당시의 사람들이 알고 있는 상식에 근거해서 말씀하시는 것입니다.

바람은 신비스러운 존재이면서 동시에 사실성을 갖고 있습니다. 아무리 미미한 바람이 지나가도 우리는 그 소리를 들을 수 있습니다. 마찬가지로 거듭난 사람에게도 이 신비성과 사실성이 동시에 존재합니다.

물과 성령으로 거듭났습니까? 그러면 성령이 말씀의 씨앗을 우리 마음에 뿌릴 때 하나님의 자녀로 태어나는 신비스러운 사건이 일어납니다. 동시에 반드시 삶의 변화라고 하는 사실적인 증거가 따라옵니다. 우선 먼저 중생의 신비성을 생각해 봅시다.

거듭남의 신비성

거듭남은 너무도 신비스러운 사건입니다. 성령이 심은 말씀의 씨앗이 싹이 나면서 우리가 하나님의 자녀로 태어나는 것입니다. 그러나 성령과 말씀이 우리 안에서 어떻게 작용하여 그처럼 놀랍고도 신비스러운 일이 일어나는지 아무도 설명할 수 없습니다. 하나님만이 알고 계시는 신비임에 틀림없습니다.

백여 년 전 진화론을 발표하여 기독교에 엄청난 해를 끼친 찰스 다윈을 기억하실 것입니다. 그가 한번은 남아메리카 부족들을 상대로 진화 과정을 연구하고 있었습니다. 그 당시 남아메리카의 정글에는 그 숫자가 몇백 명에서 몇천 명에 이르는 부족들이 많이 있었습니다. 그 부족들을 대상으로 원숭이로부터 사람으로 발전하는 진화 과정의 어떤 근거를 찾고 있었나 봅니다. 그때 그는 파타고니아 원주민을 만났습니다. 그가 보기에는 그들이 인간으로 보이지 않았습니다. 인간으로 간주하기에는 너무도 비인간적이고 짐승으로 보기에는 너무 인간적인 모습을 하고 있었기 때문입니다. 그래서 그는 그들을 원숭이와 인간의 중간쯤 되는 것으로 생각 했습니다. 결국 다윈은 그 부족을 연구 대상 목록에서 빼 버리고 말았습니다.

얼마 후 어느 선교사가 파타고니아 부족에게 복음을 전하기 위해 들어갔습니다. 그들이 복음을 받아들이자 놀라운 일이 일어났습니다. 추장을 위시하여 대부분의 사람들이 중생의 체험을 한 것입니다. 이렇게 되니 사람이 변하면서 그들의 생활 관습이 달라지기 시작했습니다. 두 번째 찾아온 다윈은 그들의 변화상을 보고 너무도 놀랐습니다. 사람으로 보지 않았던 미개한 종족이 어떻게 그토록 달라질 수 있었는지 영문을 알 수 없었습니다. 그러나 선교사가 복음을 전해서 그런 이변이 일어났다는 것을 안 그는, 선교사에게 선교 헌금을 바쳤다고 합니다.

이처럼 거듭남의 역사는 너무도 신비스러운 것입니다. 그 미개한 종족이 하나님의 자녀로 바뀌는 과정을 일일이 설명할 수 없고 그 신비의 뚜껑을 다 열어 볼 수 없지만, 하나님께서 하시는 일이라는 것은 분명히 알 수 있습니다.

뒤늦은 나이에 중생을 경험한 카피라이터 이만재라는 분이 거듭나고 나서 쓴 글이 있습니다.

"참 별 희한한 일도 다 있다. 참 별 희한한 일도 다 있다. 내 나이 머지않아 지천명을 바라보는 나이에 아무리 생각해 보아도 별일은 별일이다. 세상에 나처럼 한평생 엉덩이 뿔을 높이 달고 휘저어 대며 오로지 술과 벗과 객기를 인생의 낙인 양 믿고 살던 사람이 어느 날 갑자기 참으로 갑자기 그 좋던 술벗들 대신에 '예수님 사랑해요 어쩌고'를 응얼거리며 이미 이 세상의 호적이 존재하지 아니하는 까닭에 일찍이 한

번도 본 일이 없는 먼 나라 목수간 집네 털보 아들을 은근히 혼자서 속
으로 짝사랑하기 시작했으니 말이다.”

이만재 씨는 거듭남의 신비를 누구보다 실감나게 표현하고 있다고
생각합니다. 시편 저자는 자기가 육신의 몸을 입고 아버지와 어머니
사이에서 태어나게 된 것이 너무도 신비해서 이렇게 말했습니다.

“내가 주께 감사하옴은 나를 지으심이 신묘막측하심이라 주의 행
사가 기이함을 내 영혼이 잘 아나이다”(시 139:14).

신묘막측하다는 말은 너무나 신비하여 도무지 이해가 되지 않는다
는 뜻입니다. 육신으로 태어난 것도 이토록 신비한데 하나님의 자녀로
다시 태어난다는 것은 말해 무엇하겠습니까? 이 거듭남의 신비스러움
때문에 다시 한 번 머리를 숙이고 전능하시고 자비로우신 하나님께 감
사와 영광을 돌리는 것입니다.

거듭남의 사실성

거듭남은 신비성뿐만 아니라 사실성도 가지고 있습니다. 늦가을 어
두워져 가는 저녁에 바람이 지나가면서 앙상한 가지에 매달려 있는 가
랑잎을 살짝 건드립니다. 아무리 가만히 만져도 그 가랑잎은 사각사각
소리를 냅니다. 이와 같이 바람은 반드시 소리를 냅니다. 바람은 소리
를 낼 뿐만 아니라 지나간 흔적을 남깁니다. 그렇게 해서 자기의 존재
를 알려 줍니다. 이것이 바람의 사실성입니다.

거듭난 자에게도 비슷한 사실성이 꼭 따라갑니다. 그것은 삶의 변화입니다. 거듭나서 새사람이 되었기 때문에 따라오는 변화입니다. 숨길 수가 없습니다. 그래서 예수님은 우리가 세상의 빛이라고 하셨습니다. 세상 앞에 우리 자신을 숨길 수 없다는 의미로 보입니다(마 5:14). 사도 바울은 우리의 이러한 노출성 때문에 우리를 그리스도의 향기라고 부릅니다(고후 2:15). 향수를 뿌린 사람은 아무리 옷을 껴입어도 그 향기가 나기 마련입니다. 이와 같이 거듭난 사람은 그 변화된 삶을 통해서 모든 사람에게 자기를 드러내게 되는 것입니다.

니고데모가 예수님의 자세한 설명을 들은 다음에도 여전히 "어찌 이러한 일이 있을 수 있나이까?"라고 하며 고개를 갸우뚱거리자 주님은 약간 나무라는 듯한 말투로 이렇게 말씀하셨습니다.

"예수께서 가라사대 너는 이스라엘의 선생으로서 이러한 일을 알지 못하느냐 진실로 진실로 네게 이르노니 우리 아는 것을 말하고 본 것을 증거하노라 그러나 너희가 우리 증거를 받지 아니하는도다"(10, 11절).

여기서 우리가 누구를 가리키는 말인가에 대해서는 여러 가지 견해가 있습니다. 성부 성자 성령 삼위일체를 가리킨다는 견해도 있고 예수님과 세례 요한 두 사람을 일컬어서 말씀하시는 것이라는 견해도 있습니다. 어느 것이 옳은지는 잘 모르겠습니다.

"내가 땅의 일을 말하여도 너희가 믿지 아니하거든 하물며 하늘 일을 말하면 어떻게 믿겠느냐"(12절).

우리가 알기로는 거듭난다는 사건은 영계의 일이요 하늘에 속한 일입니다. 그럼에도 불구하고 왜 주님이 땅의 일이라고 말씀합니까? 이것은 중생 그 자체를 가리키는 말씀이 아니고 중생의 결과를 가리키는 것입니다. 중생 그 자체는 신비스럽습니다. 그러므로 세상 사람이 모릅니다. 심지어 중생받는 사람 자신도 잘 모릅니다. 그것은 성령께서 하시는 일입니다. 그러나 중생받고 거듭난 사람에게 나타나는 삶의 변화는 이 세상에서 모든 사람이 눈으로 보고 귀로 듣고 확인할 수 있는 일입니다. 그러므로 그것은 땅의 일이요, 세상에서 볼 수 있는 사건입니다. 이것이 주님께서 땅의 일이라고 말씀하신 이유라 할 수 있습니다.

예수님은 하늘에 속한 자로서 하늘의 비밀을 알려주실 수 있는 유일한 자격자입니다. 왜냐하면 하늘에서 내려온 자 곧 인자 외에는 하늘에 올라간 자가 없기 때문입니다(13절). 예수님은 하늘에 계시다가 우리를 위해서 세상에 내려오셨습니다. 그런데 예수님은 아직 하늘에 올라가시지 않았음에도 불구하고 13절에서는 하늘에 올라갔다고 말씀하고 있습니다.

이 성경 구절은 해석하기가 대단히 어려운 구절 중의 하나입니다. 그러나 성경 전체를 놓고 이 말씀을 조명하면 어느 정도 이해가 됩니다. 주님은 이미 하늘에 계셨다가 오신 분입니다. 그리고 부활하신 다음 다시 그곳으로 가실 것입니다. 그리고 거기서 영원히 계실 것입니다. 그러므로 그가 하늘에 올라가셨다는 과거형을 사용해도 모순이 되지 않습니다. 그의 거처는 영원히 하늘나라이기 때문입니다. 이런 의미에서 예수님은 하늘에 속한 신령한 비밀을 우리에게 알려주실 수 있는 유일한 진리가 되는 것입니다.

변화의 특징

거듭난 사람은 그 변화를 숨기지 못합니다. 아이를 키워 보면 이런 사실을 잘 알 수 있습니다. 처음 3, 4개월은 아이가 누구를 닮았는지 참 분간하기가 어렵습니다. 외가 쪽을 닮은 것 같기도 하고 친가 쪽을 닮은 것 같기도 합니다. 그래서 때로는 부모들이 자기를 닮았다고 서로 우기고 싸우기도 합니다. 그러다가 아이의 나이가 한 살쯤 되어 윤곽이 뚜렷해지면 누구를 닮았느냐를 가지고 입씨름을 할 필요가 없어집니다.

하나님의 자녀로 태어난 사람도 마찬가지입니다. 처음에는 거듭났는지 잘 모를 수 있습니다. 그러나 신앙이 자라면서 하나님의 아들답게 이목구비가 뚜렷해집니다. 세상보다 하나님을 더 사랑합니다. 하나님의 말씀을 사모합니다. 선악을 분별할 줄 압니다. 자기의 소속이 어디인가를 놓고 절대 혼란을 겪지 않습니다. 세상에 속한 자도 아니요, 더 이상 세상에 속할 수도 없다는 사실을 확신하기 때문입니다(요 15:19).

거듭난 사람은 죄에 대한 태도가 단호해집니다. 하나님의 씨가 우리 속에 있어서 죄를 범할 수 없기 때문입니다.

"하나님께로서 난 자마다 죄를 짓지 아니하나니 이는 하나님의 씨가 그의 속에 거함이요 저도 범죄치 못하는 것은 하나님께로서 났음이라"(요일 3:9).

거듭난 사람은 삶의 목표를 세울 때 전적으로 하나님을 기쁘시게 하는 데 초점을 맞춥니다. 우리 자신을 중심에 두고 살던 삶이 하나님 중심으로 바뀌는 것입니다. 그러므로 거듭난 사람이 세상 사람들 눈에 다르게 보이는 것은 당연한 일입니다.

88올림픽에서 그리피스 조이너는 미국이 자랑하는 흑인 단거리 선수였습니다. 그녀는 경기를 하고 나면 1등을 했든 2등을 했든 운동장에 무릎을 꿇고 기도하는 습관을 가지고 있었습니다. 하루는 MBC 기자와 인터뷰를 했습니다. "그리피스 씨, 운동장을 달리면서 무슨 생각을 했습니까?" 그는 퍽 감동적인 대답을 했습니다. "나는 하나님께 영광을 돌리기 위하여 달렸습니다. 금메달도 명성도 다 안개와 같은 것입니다. 나의 경기를 통해 하나님이 영광을 받으시는 것만이 나의 만족입니다. 오직 그것을 위해서 나는 뛰었습니다." 얼마나 세상 사람과 다른 모습입니까?

거듭난 사람은 말씀의 은혜로 사는 사람입니다. 전에는 술을 마시면서 기분을 풀고 골프를 치면서 인생 사는 맛을 즐겼습니다. 그러나 이제는 이런 것들이 만족을 주지 못하는 이상한 사람이 되어 버렸습니다. 그러면 거듭난 사람은 무엇으로 삽니까? 하나님의 입에서 나오는 말씀으로 삽니다. 말씀의 은혜를 못 받으면 심령이 갈급해서 견디지를 못합니다. 골방에서 하나님을 만나고 말씀을 가지고 그의 인자하신 음성을 들어야만 살 수 있습니다.

기독교의 능력은 변화된 삶에서 나온다

기독교의 힘이 어디에 있습니까? 기독교의 권위가 어디에서 나옵니까? 기독교의 신뢰성이 어디에서 비롯되는 것입니까? 이런 것들은 바로 거듭난 사람들의 변화된 삶에서 오는 것입니다. 변화된 삶이 기독교의 능력이요, 기독교가 이 세상에서 살아 남을 수 있는 비결입니다.

20세기 초 미국에 아이언사이드라고 하는 유명한 목사님이 계셨습니다. 그는 당시에 능력 있는 전도자이자 설교가로서 시카고의 무디교회 담임 목사로 사역하고 있었습니다. 그가 쓴 회고록에는 참 감동적인 이야기가 있습니다.

그가 신학교를 졸업하고 샌프란시스코에서 사역을 갓 시작할 때였습니다. 어느 주일 오후, 샌프란시스코 베이라고 하는 지역을 걸어가고 있는데 형제단에 속한 오륙 명의 형제들이 시장 입구에서 전도 집회를 하고 있었습니다. 그는 그들에게 인사를 했습니다. 아이언사이드를 알고 있었던 그들은 그에게 전도 간증을 요청했습니다. 그래서 자기가 어떻게 예수 믿게 되었고 예수 믿고 나서 자기의 삶이 어떻게 변했는가를 이야기한 다음, 오직 예수님만 인류의 구원자요 세상의 소망이라고 소리를 높여서 외쳤습니다.

전도를 하면서 가만히 보니까 사람들이 죽 둘러섰는데 제일 앞쪽에 정장 차림의 신사 한 분이 자기 말을 듣다가 호주머니에서 명함을 꺼내더니 뒷면에다가 무엇이라고 적는 것이었습니다. 집회가 끝나자 그 신사가 아이언사이드에게 다가와서 정중하게 모자를 벗고 인사를 하면서 명함을 내밀었습니다. 알고 보니 그는 그 당시 자유주의 신학계에 널리 알려진 교수였습니다. 20세기 초는 성경을 부인하는 자유주의 신학이 불길처럼 번지고 있던 때였습니다. 많은 지식인들이 이 신학에 동조하면서 교회는 굉장한 위기감을 느끼고 있었습니다.

저명한 사회학자요 불가지론자인 그가 아이언사이드에게 명함을 내밀면서 이런 말을 하는 것이었습니다. "선생님, 주일 오후 4시에 아카데미 과학관에서 선생님과 토론할 것을 제의합니다. 제목은 '불가지론과 기독교'입니다. 어떻게 생각합니까?" 그 말을 듣고 아이언사이드는 대답했습니다. "좋습니다. 그 도전에 응하죠. 그러나 제가 선생님에게 토론을 약속하는 대신에 저도 한 가지 요청을 하겠습니다. 선생님은 그 토론장에 나오시면서 두 사람을 데리고 나오셔야 합니다. 과거에 구제불능이라고 할 정도로 부끄러운 생활을 하던 사람들 중에서 선생님의 강의를 듣고 변화받아 죄를 멀리하고 새사람이 되어서 지금은 모든 사람에게 칭찬을 받고 있는 사람 둘을 데리고 오십시오. 두 사람 중 한 사람은 남자고 또 한 사람은 여자여야 합니다. 남자는 과거에 알코올 중독자였거나 형무소를 갔다 온 전과자면 더 좋겠습니다. 과거는 묻지 않겠습니다. 그리고 여자는 가정이 가난해서 어려서부터 사랑받지 못하고 살다가 사창가에 빠져서 젊음을 걸레 조각처럼 살았던 여자면 더 좋겠습니다. 그가 선생님의 가르침을 받아 과거를 회개하고 경건한 생활을 하고 있으면 됩니다. 선생님이 이런 사람 둘을 데리고 오시면 저는 예수님을 만나자마자 변화된 사람, 과거의 처참한 생활을 벗어 버리고 지금은 소망을 갖고 새 생활을 시작한 남자와 여자를 100명 정도 데리고 오겠습니다."

그랬더니 옆에 있던 자매 한 사람이 "목사님, 저도 그 100명 중에 포함시켜 주세요."라고 했습니다. 그러자 다른 형제가 "목사님, 저는 그런 사람 60명을 데리고 올게요."라고 말했습니다. 또 한 형제는 "저는 악대를 데리고 오겠습니다. 그래서 토론장에서 우리 예수님 이름을 높이면서 한번 대결해 봅시다."라고 끼어들었습니다. 이렇게 되자 도전장을 던졌던 그 신사는 너무 당황한 나머지 "선생님, 없었던 일로 합시다."라고 한마디하고는 도망치듯 사라졌습니다.

　기독교의 능력은 예수 믿고 거듭난 사람들의 변화된 삶에서 비롯됩니다. 변화된 사람들의 아름다운 이야기를 담은 캡슐이 교회 안에 많이 있을 때 기독교가 세상에 짓밟히지 않는 것입니다. 지금부터 7, 80년 전만 해도 한국 교회 안에는 이런 변화된 사람들의 이야기가 얼마나 많았는지요. 그들을 통해 감동을 받은 사람들이 자기들 발로 교회를 찾아오기까지 했습니다. 그러나 지금은 이런 변화된 사람들의 이야기가 자꾸 줄어들고 있어 걱정스러운 일이 아닐 수 없습니다. 입으로 거듭났다고 떠드는 사람은 많은데 변화된 인격과 삶을 가지고 사람들의 귀를 울리는 바람 소리가 교회 안에서 사라지고 있지나 않는지 염려가 됩니다.

　한국 교회가 사는 길은 우리가 중생한 하나님의 자녀로서 바람 소리를 내는 것입니다. 사회 각계각층에서 우리가 일으키는 바람 소리를 들을 수 있다면 이 혼란한 사회는 고침을 받을 수 있습니다. 자신이 과연 물과 성령으로 거듭난 하나님의 자녀인지 살펴보기를 바랍니다.

11. 이처럼 사랑하사

모세가 광야에서 뱀을 든 것같이 인자도 들려야 하리니 이는 저를 믿는 자마다 영생을 얻게 하려 하심이니라 하나님이 세상을 이처럼 사랑하사 독생자를 주셨으니 이는 저를 믿는 자마다 멸망치 않고 영생을 얻게 하려 하심이니라 하나님이 그 아들을 세상에 보내신 것은 세상을 심판하려 하심이 아니요 저로 말미암아 세상이 구원을 받게 하려 하심이라 저를 믿는 자는 심판을 받지 아니하는 것이요 믿지 아니하는 자는 하나님의 독생자의 이름을 믿지 아니하므로 벌써 심판을 받은 것이니라 그 정죄는 이것이니 곧 빛이 세상에 왔으되 사람들이 자기 행위가 악하므로 빛보다 어두움을 더 사랑한 것이니라 악을 행하는 자마다 빛을 미워하여 빛으로 오지 아니하나니 이는 그 행위가 드러날까 함이요 진리를 쫓는 자는 빛으로 오나니 이는 그 행위가 하나님 안에서 행한 것임을 나타내려 함이라 하시니라.

요한복음 3:14~21

눈부신 백설을 이고 있는 설악산을 보면 누구나 그 아름다움을 카메라에 담고 싶어합니다. 그래서 정신없이 셔터를 눌러 댑니다. 나중에 집에 가서 설레는 기대감을 가지고 현상해 보면 어떤 일이 일어납니까? 열의 아홉은 전부 쓰레기통에다 던져 버립니다. 왜냐하면 눈으로 직접 본 자연 경관이 아름다운 것일수록 작은 필름에 담긴 그 풍경은 너무나 초라하게 보이기 때문입니다. 장엄한 자연 경관을 35밀리미터짜리 필름으로 재생해 보겠다고 하는 생각 자체가 얼마나 무모하게 욕심을 부린 것이었는지 뒤늦게야 깨닫게 됩니다.

저는 요한복음 3장 16절을 읽으면서 비슷한 감정을 느끼게 됩니다. 이 짧은 구절에 담겨 있는 하나님의 사랑은 너무나 광대하고 장엄합니다. 얼마나 아름다운 미사여구를 빌려야 그 속에 담긴 하나님의 사랑을 표현할 수 있을까, 얼마나 풍부한 문장을 동원해야 이 사랑을 마음에 와 닿도록 전달할 수 있을까를 생각하면, 마치 대자연을 카메라에 담을 수 없어서 암담해하는 사람의 심정과 비슷한 그 무엇을 느끼게 됩니다.

만일 이 말씀 안에 있는 놀라운 하나님의 사랑을 저의 무슨 능력과 문필로 전해야 한다면, 전하는 저는 물론이고 듣는 당신도 틀림없이 실망할 것입니다. 그러나 감사하게도 우리에게는 성령님이 계십니다. 성령님은 언어의 불완전을 뛰어넘게 하십니다. 성령님은 설교자의 모자람을 극복하게 하십니다. 성령님은 지각에 뛰어나신 하나님의 사랑을 알게 하십니다. 저는 이 성령님의 은혜를 믿고 이 말씀을 전하려고 합니다.

4차원의 공간 개념으로

요한복음 3장 16절은 만인의 사랑을 받는 성경 구절입니다. 글도 없는 미개한 부족을 찾아간 선교사가 그들의 말을 배우고 글을 만들어서 성경을 번역할 준비가 되면 제일 먼저 번역하는 말씀이 창세기 1장이 아니라 요한복음 3장 16절이라고 합니다. 그리고 번역된 그 구절을 가르치고 외우게 한다고 합니다. 우리 어린 자녀들을 주일 학교에 보내면 놀랍게도 가장 먼저 외우는 성경 구절이 요한복음 3장 16절입니다. 저도 이 구절을 제일 먼저 외웠던 것으로 기억합니다. 그만큼 우리는 이 성경 말씀을 성경 중의 성경으로 애송하고 있습니다.

영국 설교자였던 햄리 무어 하우스가 시카고에 있는 무디교회에서 집회를 할 때, 월요일부터 토요일까지 그가 선택한 본문은 요한복음 3

장 16절이었다고 합니다. 아마 한 주간도 그에게는 모자랐는지 모릅니다. 발원지에서 솟아나는 샘물처럼 이 구절에 들어 있는 하나님의 사랑은 아무리 퍼내고 또 퍼내도 마르지 않습니다.

16절의 핵심은 하나님이 세상을 이처럼 사랑하셨다는 데 있습니다. 바울은 하나님의 '이처럼 사랑'을 조금이나마 실감나도록 표현하기 위해서 공간 개념을 도입하고 있습니다. 그는 로마 감옥에 갇혀 싸늘한 돌 바닥에 무릎을 꿇고 엎드려, 3년 동안 개척하며 눈물과 땀을 뿌렸던 에베소교회 교인들을 위해 기도하고 있었습니다. 그 내용이 에베소서 3장 18절 이하에 나옵니다.

"능히 모든 성도와 함께 지식에 넘치는 그리스도의 사랑을 알아 그 넓이와 길이와 높이와 깊이가 어떠함을 깨달아 하나님의 모든 충만하신 것으로 너희에게 충만하시기를 구하노라"(엡 3:18).

그가 말하는 하나님의 사랑의 넓이와 길이와 높이와 깊이라는 것은 4차원의 공간 개념을 염두에 두고 있는 표현입니다.

하나님의 사랑은 그 자체가 초자연적인 것입니다. 그리고 그 사랑의 질과 양도 초자연적인 것입니다. 이 사실이 우리로 하여금 그 사랑을 설명하거나 이해하기 어렵게 만들고 있습니다.

이제 초자연적인 사랑을 우리가 눈으로 보고 손으로 만질 수 있는 공간을 만들어 그 속에다 한번 넣어 보자는 것입니다. 그렇게 해서라도 우리가 하나님의 사랑을 알고 체험할 수 있어야 합니다. 바울처럼 우리도 공간 개념을 빌려 사랑의 높이와 깊이를 그리고 넓이와 길이를 재 볼 수 있다면 좀더 쉽게 그 사랑을 가슴으로 느낄 수 있을 것입니다.

16절의 내용은 하나님의 사랑의 높이와 깊이가 무엇을 의미하는지 우리에게 말해 주고 있습니다. 하나님은 하늘보다 높으신 분입니다(욥 11:8). 그렇게 높으신 하나님이 이 세상을 이처럼 사랑하신 것입니다. 여기서 말하는 세상은 구원을 필요로 하는 모든 인류를 가리킵니다. 유대인은 말할 것도 없고 이방인까지, 구원을 받지 않으면 안될 모든 사람들을 일컬어서 세상이라고 말합니다. 이들은 하나님 앞에 용납될 수 없는 죄인들이며, 하나님과 원수 된 자들입니다. 그러므로 이 세상은 거룩하시고 높은 곳에 계시는 하나님에 비하면 너무도 낮고 천한 존재에 지나지 않습니다. 그럼에도 저 높으신 하나님께서 이 낮은 세상을 사랑하셨습니다. 이 사실이야말로 하나님의 사랑이 얼마나 높으며 얼마나 깊은가를 실감나게 설명하고 있습니다. 하늘 위에서 땅 아래까지 뻗친 사랑이기 때문입니다.

얼음 바다에 갇힌 고래처럼

16절 후반부의 "멸망치 않고 영생을 얻게 하려 하심이니라."고 한 말씀은 하나님의 사랑의 높이와 깊이가 실제로 무엇을 말하는지 구체적으로 들여다볼 수 있게 해줍니다. 여기서 멸망은 하나님의 심판, 형벌, 지옥을 말합니다. 데살로니가후서 1장 9절이 이것을 잘 표현하고 있습니다.

"이런 자들이 주의 얼굴과 그의 힘의 영광을 떠나 영원한 멸망의 형벌을 받으리로다"(살후 1:9).

여기서 '영원한 멸망의 형벌'이라는 말은 하나님이 말씀하시는 멸망이 무엇인지를 잘 말해 주고 있습니다.

우리는 흔히 멸망하면 존재가 사라져 없어지는 것으로 생각합니다. 살다가 죽으면 없어지는 것이니까 별것 아니라고 보는 것입니다. 그러나 하나님께서 말씀하시는 멸망은 그렇게 없어지는 단순한 현상이 아닙니다. 그것은 영원히 형벌을 받는 소름 끼치는 현실을 가리킵니다.

이 멸망의 실체를 가장 잘 알고 계시는 분은 하나님 자신입니다. 그 가공할 만한 고통이 어떤 것임을 너무나 잘 알고 계시기 때문에 한 사람이라도 거기에 빠지지 않기를 원하시는 것입니다. 그래서 아무도 멸망치 않게 하시는 것이 하나님의 선하신 뜻이요, 소원입니다. 17절에 이 세상을 향한 하나님의 뜻이 나타나 있습니다.

"하나님이 그 아들을 세상에 보내신 것은 세상을 심판하려 하심이 아니요 저로 말미암아 세상이 구원을 받게 하려 하심이라"(17절).

하나님은 한 사람도 그 무서운 영원한 형벌에 집어 넣지 않기 위해서 아들을 보내신 것입니다. 우리를 향한 하나님의 간절한 소원은 한 사람도 멸망시키지 않는 것입니다.

"저를 믿는 자는 심판을 받지 아니하는 것이요 믿지 아니하는 자는 하나님의 독생자의 이름을 믿지 아니하므로 벌써 심판을 받은 것이니라"(18절).

아들 되신 예수님을 믿는 자는 아무도 심판받지 않게 하시겠다는 하나님의 엄숙한 선언을 여기서 읽게 됩니다.

1988년 겨울에 일어난 사건입니다. 남쪽 바다에 살던 고래 두 마리가 알래스카로 올라갔습니다. 알래스카에는 바다가 육지 안으로 깊이 들어간 만(灣)들이 많이 있습니다. 고래 두 마리는 먹이를 찾아 만으로 들어가서 고기를 배불리 먹으며 즐겁게 지내고 있었습니다. 그런데 유독 그 해에는 알래스카의 겨울이 빨리 찾아와서 얕은 곳부터 물이 얼기 시작하더니 고래가 들어왔던 길목이 다 얼어 버렸습니다. 고래가 뒤늦게 빠져 나가려고 했지만 입구는 이미 얼어서 나갈 수가 없게 되었습니다. 얼마 후에는 만 전체가 얼어서 고래가 동사하게 될 지경이 되었습니다.

이것을 안타깝게 여긴 에스키모인 몇 사람이 큰 나무 기둥을 가지고 와서 고래가 나갈 수 있도록 얼음을 깨어 길을 뚫으려고 했지만 역부족이었습니다. 이 일이 어떻게 TV 기자와 연결이 되어 전국적으로 매스컴을 타게 되었습니다. 그러자 본격적으로 고래 구출 작전이 시작되었습니다. 11톤 트랙터를 이용해서 얼음을 깨는가 하면 헬리콥터로 5톤짜리 시멘트 덩이를 위에서 떨어뜨려서 얼음을 깼습니다. 그리고 소련에서는 20톤짜리 쇄빙선을 보내 도왔습니다. 이렇게 해서 3주간 동안 온갖 어려움을 무릅쓰고 100킬로미터나 되는 긴 얼음길을 뚫고서야 두 마리 고래를 바다로 내보낼 수 있었습니다.

저는 이 기사를 읽으면서 고래의 입장으로 돌아가 한번 생각해 보았습니다. 자기들을 살리려고 살을 에는 추위를 무릅쓰고 많은 돈을 들여 애를 쓰고 있다는 것을 고래들이 알고 있었을까요? 며칠만 늦으면 자기들이 얼음 속에 묻혀 죽게 될 것이라는 사실을 알고 있었을까요? 만을 빠져 나가지 못하게 되자 약간의 위기감을 본능적으로 느끼기는 했겠지만 사람들의 수고를 그들이 알 리는 없었을 것입니다. 마치 예수 없이 세상을 즐기고 있는 사람들 같지 않습니까? 죽음을 목전에 둔 고래들을 보면서 답답해하듯, 하나님께서는 멸망을 앞에 둔 우리 인간들을 보시고 안타까워하고 계시는 것입니다.

사람들은 영원한 형벌에 대해 모르고 있습니다. 동시에 그 형벌을 피할 수 있는 길이 무엇인지에 대해서도 별 관심이 없습니다. 만에 갇힌 고래와 흡사하지 않습니까?

"그 정죄는 이것이니 곧 빛이 세상에 왔으되 사람들이 자기 행위가 악하므로 빛보다 어두움을 더 사랑한 것이니라"(19절).

'빛'은 멸망에 처해 있는 인생을 구원하기 위해서 찾아오신 예수 그리스도를 가리킵니다. 예수님은 사랑의 빛이며 구원의 빛입니다. 그분이 찾아와서 지옥문을 가로막고 천국이 가까웠으니 회개하라고 큰 소리로 외치는데도 오히려 사람들은 그를 미워했습니다. 무관심했습니다. 죽였습니다.

자기가 지금 어떤 처지에 놓여 있으며 하나님이 자기를 위해 무엇을 하고 계시는가를 모르는 데서 오는 기막힌 반응이 아닐 수 없습니다. 어쩌면 고래보다 더 못한 것이 인간이 아닌가 합니다. 고래는 길이 뚫리자 지체하지 않고 바다로 빠져 나갔는데 사람들은 하나님이 독생자를 보내어 열어 놓으신 구원의 길을 보고도 오기를 거절하고 있으니 얼마나 안타까운 일인지 모릅니다.

확고하고 변치 않는 영생의 약속

영생이 무엇입니까? 눈물과 아픔이 따라오지 아니하는 저 높은 나라, 늙음과 죽음이 접근하지 못하는 저 찬란한 나라에 가서 하나님 자신이 누리고 계신 생명을 함께 누리는 축복을 일컬어서 영생이라고 합니다. 하나님의 사랑은 너무도 깊고 높아서 단순히 우리를 멸망치 않게 하시는 것으로는 절대 만족하지 못합니다.

우리는 누가복음 15장에 나오는 탕자의 비유를 잘 알고 있습니다. 탕자가 아버지에게서 받은 재산을 다 없애고 거지가 되어 찾아왔을 때, 아버지는 단지 문을 열어 주고 집안에 데려오는 것으로 만족하지 않았습니다. 돌아온 아들에게 새 옷을 입히고 가락지를 끼우고 신을 신긴 다음, 온 동네가 떠들썩하도록 잔치를 벌였습니다. 아들을 집안에 들여놓는 것으로 끝나지 않고 아들의 행복을 위해 자기가 갖고 있는 모든 것을 나누어 주는 데까지 갔습니다.

영생이란 우리를 지옥으로 보내지 않는 데서 한걸음 더 나아가 하나님의 모든 행복을 우리에게 나누어 주시는 것을 의미합니다. 이것은 하나님의 확고한 뜻이요 변치 않는 약속입니다. "영생을 얻게 하려 하심이라"는 말씀에서 우리에게 영생의 축복을 주시려는 하나님의 강력한 의지와 간절한 소원을 읽을 수 있습니다.

금세기의 유명한 복음주의 신학자 패커는 "하나님의 사랑은 죄인들의 복락을 하나님 자신의 복락과 동일시하는 의미를 내포하고 있다"고 말했습니다. 쉽게 말하면 하나님 자신의 행복이 우리의 행복이 되기까지는 결코 만족하지 못하는 것이 하나님의 사랑이라는 말입니다. 이것은 우리 인간도 마찬가지입니다. 누구나 사랑에 빠지면 자기가 사랑을 베푸는 상대방이 만족스러울 만큼 행복해지는 것을 보지 않고는 자신이 행복하지 못합니다.

그러므로 어떤 면에서는 약간 모순처럼 보일지 모르지만 이렇게 말할 수 있습니다. "하나님은 '이처럼 사랑' 때문에 우리가 하나님 나라에 들어가 하나님 자신이 누리고 계시는 그 영생과 복락을 함께 누리는 그날이 오기 전까지는 절대 행복하시지 못할 것이다." 탕자가 돌아오기를 문 밖에서 날마다 기다리는 아버지의 비유나 한 마리의 잃어버린 양을 찾아 들을 헤매고 다니는 목자의 비유에서 이 사실을 충분히 확인할 수 있습니다. 이것이 바로 하나님의 '이처럼 사랑' 입니다.

인자도 들려야 하리니

하나님이 우리를 이처럼 사랑하신 사랑은 태초부터 시작하여 이 세상 끝날까지 변함없이 이어질 것입니다. 이것은 바로 하나님 사랑의 길이와 넓이를 의미합니다. 이와 같은 놀라운 사랑을 확증하기 위해 독생자 예수님을 주셨습니다. 예수님은 이 사랑의 넓이를 최대한 넓히기 위해 멸망의 가장 깊은 곳까지 내려가셨습니다. 바로 십자가의 죽음이었습니다. 인류 역사가 끝나는 날까지 사랑의 폭을 연장시킴으로써 가능한 한 많은 사람들이 구원을 받을 수 있도록 그는 십자가를 지신 것입니다.

"모세가 광야에서 뱀을 든 것같이 인자도 들려야 하리니 이는 저를 믿는 자마다 영생을 얻게 하려 하심이니라"(14, 15절).

이 구절을 이해하기 위해서는 민수기 21장에서 일어난 사건을 먼저 알아야 합니다. 이스라엘 백성들이 애굽으로부터 완전한 자유를 얻었습니다. 압제에서 벗어난 그들은 처음에는 험한 광야 길도 담대히 걸어갔고, 그 입에서는 찬송이 끊어질 날이 없을 만큼 기쁨이 충만했습니다. 그러나 고생하는 날이 길어지면서 그들의 입에서는 원망과 불평이 터져 나오기 시작했습니다. 특히 마실 물이 없거나 먹을 양식이 떨어지는 날이면 원망의 소리가 하늘을 찌를 듯했습니다.

그러던 어느 날 백성들이 또 모세를 향해서 원망하기 시작했습니다. 하나님께서는 더 이상 참고 계실 수가 없었던 것 같습니다. 불뱀을 그들에게 보냈습니다. 불뱀이라고 해서 이름 그대로 불 같은 뱀이 아닙니다. 한 번 물려 독이 퍼지면 몸이 불덩이처럼 달아오르고 나중에는 퉁퉁 부어 죽기 때문에 붙여진 이름이었습니다. 원망하던 사람 중에 수만 명이 이 불뱀에 물려 죽어갔습니다.

모세가 이런 참상을 보고 너무나 가슴이 아파서 하나님께 그들을 살려 달라고 매달렸습니다. 그의 기도를 들으신 하나님께서 명령하셨습니다. "일어나서 놋으로 뱀을 만들어서 장대 높이 달아 그것을 이스라엘 백성들이 볼 수 있는 자리에 세워라. 그리고 모든 사람에게 누구든지 저 장대에 달려 있는 놋뱀만 쳐다보면 살 것이라고 말하라." 이 말씀을 듣고 놋뱀을 쳐다본 자들은 다 살아났습니다.

예수님은 14절에서 모세가 광야에서 뱀을 든 것같이 인자도 들려야 할 것이라고 말씀하셨습니다. 인자는 예수님 자신을 일컫는 이름입니다. 장대 위에 높이 들린 놋뱀에 비유해서 자기가 십자가에 죽으실 것을 예언하신 것입니다. 십자가의 죽음은 하나님의 사랑의 극치라 할 수 있습니다.

“우리가 아직 죄인 되었을 때에 그리스도께서 우리를 위하여 죽으심으로 하나님께서 우리에게 대한 자기의 사랑을 확증하셨느니라”(롬 5:8).

우리가 당해야 할 멸망을 십자가에서 대신 당하실 만큼 하나님은 우리를 사랑하셨습니다. 그러므로 독생자를 주셨다는 것은 우리를 위해 모든 것, 가장 귀한 것을 다 주셨다는 뜻입니다.

“자기 아들을 아끼지 아니하시고 우리 모든 사람을 위하여 내어 주신 이가 어찌 그 아들과 함께 모든 것을 우리에게 은사로 주지 아니하시겠느뇨”(롬 8:32).

세상에서도 사랑의 척도는 얼마나 많이 희생하느냐를 가지고 따집니다. 적게 희생하면 적게 사랑하는 것이고 많이 희생하면 많이 사랑한다고 생각합니다. 전부 희생하면 진짜 사랑하는 것으로 받아들입니다. 하나님의 사랑은 전부 다 희생하는 사랑입니다. 이것을 가리키는 것이 독생자를 주셨다는 말씀입니다. 그만큼 하나님은 우리를 사랑하셨습니다. 십자가에 달리신 예수님을 통해 우리는 하나님의 높고 깊은, 넓고 긴 사랑을 볼 수 있습니다. 이것이 '이처럼의 사랑'입니다.

'이처럼의 사랑'을 받으려면

누구든지 예수님을 믿기만 하면 '이처럼의 사랑'을 받을 수 있습니다. 누구든지 저를 믿는 자마다 멸망치 않고 영생을 얻으리라고 말씀하셨습니다. 장대 위에 달린 놋뱀을 본 이스라엘 백성들처럼 죄인들을 위해 십자가에 못 박히신 예수 그리스도를 바라보시기 바랍니다. 이스라엘 백성들이 놋뱀을 올려다본 것처럼 고개를 들어 십자가에 못 박히신 예수 그리스도를 올려다보시기를 바랍니다.

올려다보는 것은 믿는 것을 말합니다. 상상해 보십시오. 온몸에 독이 퍼져 입에 거품을 물고 숨을 헐떡이면서 죽어가고 있는데 누군가 옆에 와서 "이봐요, 빨리 장대에 달린 놋뱀을 봐요. 그러면 살아요. 빨리요."라고 소리쳤다고 합시다. 금방 쳐다볼 수 있었을까요? 몸이 움직이지 않는데 어떻게 봅니까? 고개를 돌릴 수도 없고, 눈을 제대로 뜰 수도 없는데 어떻게 놋뱀을 봅니까?

그러나 살기 위해서는 억지로라도 있는 힘을 다해 몸을 일으켜 놋뱀을 보아야 합니다. 이럴 때 본다는 것은 전심으로 하나님을 향하는 것을 의미합니다. 믿음이란 바로 이런 것입니다. 마음을 다하고 뜻을 다하고 힘을 다하여 십자가의 주님을 올려다보는 것이 믿음입니다.

주님을 올려다보십시오. 주님을 올려다보기 위해 돈이나 학력이나 권세 따위의 무슨 자격증이 필요한 것이 아닙니다. 마음만 열면 됩니다. 이 시간 주님을 보십시오. 그러면 하나님의 사랑이 당신의 마음을 향해서 소낙비처럼 쏟아져 내릴 것입니다.

오래 전부터 예수 믿고 하나님이 자기를 이처럼 사랑하신다는 것을 잘 알고 있는 분들에게 말씀드립니다. 사랑은 느끼는 것입니다. 사랑은 마음으로 읽고, 마음으로 노래하고, 마음으로 즐기는 것입니다. 다시 말하면 사랑은 체험하는 것입니다. 하나님께서 이처럼 우리를 사랑한다고 말씀하실 때 머리로는 인정하는데 마음으로는 느껴지지 않는다면 문제가 있다고 생각합니다. 하나님은 그런 사랑을 우리에게 주시지 않기 때문입니다. 그 사랑은 하늘의 천사를 향한 것이 아니라 세상에 있는 죄인 된 우리 자신을 향한 것이기 때문에, 반드시 머리만 아니라 마음에까지 와 닿게 되어 있습니다. 다시 말해서 체험되는 것이라야 정상입니다.

세상을 이길 수 있는 힘

하나님은 자기 사랑을 체험하라고 성령을 우리에게 주셨습니다.

"우리에게 주신 성령으로 말미암아 하나님의 사랑이 우리 마음에 부은 바 됨이니"(롬 5:5).

하나님의 사랑이 우리의 머리가 아닌 우리의 마음에 부은 바 되었다는 말씀에 주목하시기 바랍니다. 여기서 부은 바 되었다는 말은 소낙비처럼 퍼부었다는 뜻입니다. 호우가 쏟아지면 온 세상이 물바다가 되듯이 성령께서는 하나님의 사랑을 부어 주셔서 우리 마음이 사랑 바다가 되게 하십니다. 세상에서 누구한테 사랑받고 있다는 것을 깨달을 때 느끼는 놀라움보다 더 마력적인 놀라움은 없다고 합니다. 하물며 하나님한테 사랑받고 있다는 것을 느낄 때의 놀라움은 어떻겠습니까? 그것은 마치 어깨에 하나님의 손길을 느끼는 것과 같습니다. 하나님의 손길이 내 어깨를 감싸는 것처럼 느낄 수 있는 사랑이 바로 '이처럼의 사랑' 입니다.

이런 사랑의 체험이 우리에게 얼마나 절실한지요. 세상 살기가 너무도 힘들기 때문에 더 그렇습니다. 눈을 뜨면 새로운 걱정이 우리를 기다리고 있고, 행복한 것 같고 다 가진 것 같은데 마음은 여전히 무엇인가에 짓눌려 있는 것 같습니다. 나이 들어 가는 자신의 모습을 보면서 서러움을 느낍니다. 그렇게 사랑을 쏟아 키운 자식들이 뜻대로 되지 않는 것을 볼 때 허무함을 느낍니다. 인생의 무거운 짐을 지고 살아가는 것은 우리 모두에게 절대로 쉬운 일이 아닙니다.

그러나 우리에게는 이 피곤을 이길 수 있는 힘이 있습니다. 인생의 무거운 십자가를 가볍게 질 수 있는 비결이 있습니다. 아무리 남 보기에 고생스러워도 감사하고 찬송하면서 태산을 넘어갈 수 있는 능력이 우리에게 있습니다. 하나님의 사랑을 체험하는 것입니다. 인생을 밝게 살 수 있는 능력의 원천이 바로 여기에 있습니다. 까다로운 집안에 시집간 여성이 그렇게 힘든 시집살이를 잘 견디는 힘이 어디서 옵니까? 남편의 사랑입니다. 남편이 정말 자기만 사랑하는 줄 알면 웬만한 것은 다 견딜 수 있습니다.

하나님의 사랑을 깊이 들여 마시십시오. 바위처럼 무거운 인생의 짐도 조그마한 조약돌을 두 손에 든 것처럼 가볍게 느껴질 수 있을 것입니다. 그렇게 될 때, 우리 입에서는 찬송이 흘러 나오고 감사가 절로 나올 것입니다. 이왕 예수를 믿으려면 이 사랑이 주는 신비한 힘을 가지고 세상을 살아야 합니다. 나 같은 것을 하나님이 이처럼 사랑하셨다는 사실을 생각할 때마다 세상도 작아 보이고 문제도 작아 보이는 경지를 터득해야 합니다. 바울은 이런 사람이었습니다. 환난이나 곤고나 핍박이나 적신이나 위험이나 칼, 이 모든 것을 이길 수 있는 비결이 어디에 있다고 했습니까? 우리를 사랑하시는 주님한테 있다고 했습니다(롬 8:37).

언젠가 한 자매가 예수님의 사랑을 찬송하면서 감격하여 눈물로 뺨을 적시는 것을 보았습니다.

예수님 날 위해 죽으셨네 왜 날 사랑하나
죄 용서 받을 수 없었는데 왜 날 사랑하나
왜 주님 갈보리 가야 했나 왜 날 사랑하나.

왜 날 사랑하실까? 왜 날 사랑하실까 하는 그 말 한마디 한마디에 자매의 영혼이 담겨 있었습니다. 저도 기도하다가 가끔 이 찬송을 부르는데 그럴 때마다 하나님의 사랑이 물밀듯이 밀려오는 것을 느낍니다. 그리고 제 눈에는 눈물이 고입니다.

하나님은 높은 곳에 계시면서 낮고 천한 세상을 이처럼 사랑하셨습니다. 이것이 하나님 사랑의 높이와 깊이입니다. 하나님은 멸망 받아 마땅한 우리에게 영원한 생명을 주시기 위하여 태초부터 세상 끝날까지 구원의 문을 열어 놓고 계십니다. 이것이 하나님 사랑의 넓이요 깊이입니다. 이 사랑을 증거하려고 독생자를 보내 주셨습니다. 하나님은 이처럼 우리를 사랑하십니다.

오 성령이시여, 이 시간 우리의 마음을 여시고 이 놀라운 사랑을 소낙비처럼 쏟아 주시옵소서. 이 사랑을 아직도 모르고 있는 자에게 십자가에 못 박히신 예수님을 올려다볼 수 있는 믿음의 눈을 열어 주시옵소서. 주님, 이미 예수를 믿고 있지만 가슴이 냉랭하여 하나님의 사랑의 은혜와 능력을 체험하지 못하는 자에게는 하나님이 왜 날 사랑하시는지 무릎 꿇고 물어 보게 하옵소서. 그럴 때마다 하나님이 날 왜 사

랑하시는지를 알게 되는 놀라운 은혜가 이들의 삶에 충만하게 하옵소
서. 험악한 세상이 아무리 힘들고 피곤하고 답답해도 하나님께 사랑
받는 기쁨 때문에 찬송하면서 사는 귀한 주의 아들딸들이 되게 하옵소
서. 아멘.

12. 그는 흥하고 나는 쇠하고

… 이에 요한의 제자 중에서 한 유대인으로 더불어 결례에 대하여 변론이 되었더니 저희가 요한에게 와서 가로되 랍비여 선생님과 함께 요단 강 저편에 있던 자 곧 선생님이 증거하시던 자가 세례를 주매 사람이 다 그에게로 가더이다 요한이 대답하여 가로되 만일 하늘에서 주신 바 아니면 사람이 아무것도 받을 수 없느니라 나의 말한 바 나는 그리스도가 아니요 그의 앞에 보내심을 받은 자라고 한 것을 증거할 자는 너희니라 신부를 취하는 자는 신랑이나 서서 신랑의 음성을 듣는 친구가 크게 기뻐하나니 나는 이러한 기쁨이 충만하였노라 그는 흥하여야 하겠고 나는 쇠하여야 하리라 하니라 위로부터 오시는 이는 만물 위에 계시고 땅에서 난 이는 땅에 속하여 땅에 속한 것을 말하느니라 하늘로서 오시는 이는 만물 위에 계시나니 그가 그 보고 들은 것을 증거하되 그의 증거를 받는 이가 없도다 그의 증거를 받는 이는 하나님을 참되시다 하여 인쳤느니라 하나님의 보내신 이는 하나님의 말씀을 하나니 이는 하나님이 성령을 한량없이 주심이니라 ….

요한복음 3:22~36

성경에 등장하는 인물 중 세례 요한만큼 예수님의 극찬을 받은 사람은 없는 것 같습니다. '여자가 낳은 자 중에 가장 큰 자'라고 하셨습니다(마 11:11). 그러나 세례 요한의 짧은 생을 잘 알고 있는 우리로서는 예수님의 평가에 잘 공감할 수 없는 것이 솔직한 심정입니다.

세례 요한은 아주 늙은 부모 사이에서 기적적으로 태어난 외동아들이었습니다. 그는 삼십 세가 되도록 일반 청소년들과는 전혀 다른 환경에서 자랐습니다. 선지자로서 대중 앞에 두각을 나타낼 때까지 광야 생활을 하였기 때문입니다(눅 1:80). 그는 포도주를 평생 입에 대지 않았고 결혼도 하지 않았습니다.

삼십 대 초반에 벌써 모든 이스라엘 백성이 주목하는 위대한 선지자의 위치에 올랐지만 그 인기도 잠깐이었습니다. 일 년 남짓한 아주 짧은 기간 동안 혜성처럼 나타났다가 초라하게 사라져 버렸습니다.

그리고 그의 마지막은 너무도 비참하였습니다. 헤롯의 부도덕함을 직설적으로 나무라다가 투옥되었고, 얼마 후 간교한 헤로디아에 의해 목이 베여 그 머리가 쟁반에 담겨 많은 사람들에게 구경거리가 되었습니다(막 6:17~29). 이와 같은 그의 비극적인 생을 놓고 예수님께서 왜 여자가 낳은 자 중에 가장 큰 자라고 하셨는지 얼른 납득이 되지 않습니다.

중대한 위기 상황에서

예수님께서 천국 복음을 전파하기 시작하셨을 때 세례 요한의 인기는 하늘을 찌를 듯이 대단했습니다. 예루살렘과 온 유대와 요단 강 부근 사람들이 다 그에게 나아가 자신들의 죄를 자복하고 세례를 받았습니다(마 3:5, 6). 그는 광야에서 외치는 작은 소리에 지나지 않았지만 그의 메시지는 예루살렘과 유대에 있는 사람들의 마음에 깊이 파고들었고, 갈릴리 사람들의 심금을 울렸으며, 대제사장들과 바리새인들의 양심을 뒤흔들어 놓았습니다. 사람들은 "회개하라 천국이 가까웠느니라." 하는 그의 외침에 양심이 찔려 견딜 수가 없었습니다. 수다한 사람들이 죄를 고백하고 세례를 받았습니다.

이제 세례 요한은 이스라엘의 정신적인 지도자로 우뚝 섰고 모든 사람들의 시선을 한 몸에 받게 되었습니다. 사람들은 세례 요한의 입에서 나오는 한마디 한마디에 귀를 기울였습니다.

이때 예수님이 등장하셨습니다. 처음 한두 달 동안은 사람들의 눈에 세례 요한이나 예수님이 별 구별이 없어 보였습니다. 두 사역이 거의 엇비슷했기 때문입니다. 세례 요한은 "회개하라 천국이 가까웠느니라."라고 외쳤습니다. 예수님도 "하나님의 나라가 가까웠으니 회개하라."고 외쳤습니다. 세례 요한도 물로 세례를 주었고 예수님도 그의 제자들이 행한 것이기는 하지만 물로 세례를 주었습니다(요 4:2).

세례 요한에게만 몰렸던 사람들이 예수님이 등장하면서 유사해 보이는 사역 때문에 두 인물을 놓고 비교하게 되었고 결국은 어느 한편을 선택하기 시작했습니다. 둘 중에 누가 진짜 메시아인가를 놓고 토론이 벌어지고 다툼이 일어나기도 했습니다.

그러나 한두 달 동안의 진통 끝에 상황은 완전히 달라졌습니다. 예수님 주변에는 인산인해를 이루게 된 반면 세례 요한의 주변에는 점점 사람들의 발길이 뜸해지기 시작했습니다. 이제 그는 홀로 버림받은 것 같은 외로운 처지가 되어 버렸습니다.

"이에 요한의 제자 중에서 한 유대인으로 더불어 결례에 대하여 변론이 되었더니"(25절).

아마 세례 요한의 제자와 유대인 사이에 손 씻는 의식 때문에 논쟁이 있었던 것 같습니다. 논쟁을 하는 중에 그 제자의 마음이 몹시 상하는 일이 발생하였습니다. 다투던 유대인이 "너희 선생보다 예수가 훨씬 더 인기가 있다. 봐라. 사람들이 다 그리로 가지 않느냐."라는 말을 했던 것 같습니다. 마음이 상한 제자들이 돌아와서 말한 내용이 26절에 나옵니다.

"랍비여 선생님과 함께 요단 강 저편에 있던 자 곧 선생님이 증거하시던 자가 세례를 주매 사람이 다 그에게로 가더이다"(26절).

　사람들이 전부 예수님에게만 몰려가는 것을 보고, 가장 민감한 반응을 보인 자들은 세례 요한을 존경하고 따랐던 제자들이었습니다. 그들 중에는 베드로와 요한처럼 처음부터 예수님에게로 가 버린 자들도 있었지만 상당수의 제자들은 아직도 그의 곁을 떠나지 않고 있었습니다. 그들이 자기 선생에 대한 존경과 사랑이 크면 클수록 예수님에 대한 감정이 좋지 않았을 것입니다. 자기 선생이 하루아침에 사람들의 관심 밖으로 밀려나는 것을 보고 견디지 못했을 것입니다. 동시에 혜성처럼 나타나 백성들의 존경과 신망을 한 몸에 받고 있는 예수님한테는 은근히 질투를 느꼈을 것입니다.

　이런 상황이 벌어지면 지도자의 입장에서는 중대한 위기라 아니할 수 없습니다. 월등히 탁월한 사람이 나타나서 자신의 입지가 약해지면 피해 의식 때문에 파괴적인 경쟁을 일삼다가 돌이킬 수 없는 상처를 입는 일이 얼마든지 일어날 수 있는 것입니다. 그러므로 역사의 무대 뒤로 조용히 사라지는 허탈감을 어떻게 처리하느냐 하는 것은 모든 지혜를 총동원해야 하는 중대사가 아닐 수 없습니다. 요한이 바로 이런 비슷한 처지에 놓인 몸이 되었던 것입니다.

　지도자의 입장에서 견디기 어려운 일 가운데 하나는 제자들이 경쟁자를 질투하는 것을 보는 일일 것입니다. 이럴 때 지도자가 어떤 태도를 취하느냐가 매우 중요합니다. 그 지도자의 됨됨이를 재어 볼 수 있는 잣대가 되기 때문입니다. 우리는 이 점에서 세례 요한에 대한 예수님의 평가가 조금도 과장된 것이 아니라는 것을 보게 됩니다.

분수를 아는 사람

제자들이 모든 사람이 다 예수님에게 가 버린다고 말할 때 세례 요한은 무엇이라고 말했습니까?

"만일 하늘에서 주신 바 아니면 사람이 아무것도 받을 수 없느니라"(27절).

이 말씀의 뜻은 누구든지 하나님이 주신 만큼 일할 수 있고 하나님이 높이신 만큼 높아질 수 있다는 것입니다. 그리고 하나님이 주시지 않으면 아무도 받을 수 없으며 그것을 쓸 수 없다는 것입니다. 세례 요한은 이 진리를 자신에게 적용합니다.

"나의 말한 바 나는 그리스도가 아니요 그의 앞에 보내심을 받은 자라고 한 것을 증거할 자는 너희니라"(28절).

무슨 말입니까? 그가 평소에 제자들한테 분명히 밝힌 사실이 있었습니다. "나는 그리스도가 아니다. 나는 메시아로 오시는 예수님을 증거하는 작은 소리에 지나지 않는다. 하나님이 나에게 맡기신 것은 바로 작은 소리의 역할이다. 이것이 하나님이 내게 주신 귀중한 소명이다."
세례 요한은 자신이 누구이며 무엇을 위해 하나님의 보냄을 받았는지를 정확히 알고 있었을 뿐 아니라, 자기 분수를 넘는 일에는 관심조차 갖고 있지 않았음을 알 수 있습니다. 분수가 무엇입니까? 로마서 12장 3절의 말씀이 가장 좋은 대답입니다.

"내게 주신 은혜로 말미암아 너희 중 각 사람에게 말하노니 마땅히 생각할 그 이상의 생각을 품지 말고 오직 하나님께서 각 사람에게 나눠 주신 믿음의 분량대로 지혜롭게 생각하라"(롬 12:3).

그 당시 세례 요한은 마음을 조금만 잘못 먹으면 자신을 메시아로 착각하거나 주장할 수 있는 처지에 있었습니다. 그를 향해 메시아가 아니냐고 떠보는 바리새인들도 더러 있었고, 그를 메시아라고 믿는 자들도 적지 않았습니다. 분위기가 이렇게 돌아가자 위기감을 느낀 그는 새삼 목소리를 높여 자기가 메시아가 아니라는 말을 자주 하기 시작했습니다. 그리고 사람들이 예수님만 주목하도록 하기 위해 혼신의 힘을 다했습니다. 누가 어떤 말로 흔들어도 하나님이 서 있으라고 명령하신 그 자리에서 그는 한치도 움직이기를 원치 않았습니다. 그 자리가 낮으냐 높으냐 인기가 있느냐 없느냐 하는 것들은 그에게 일고의 가치도 없는 일이었습니다.

경력을 보아도 세례 요한은 예수님보다 앞섰습니다. 예수님은 삼십 세가 되도록 먼지를 뒤집어쓰며 대패질을 하던 목수였지만, 그는 이십 년이 넘도록 광야에서 거룩한 수도 생활을 한 사람이었습니다. 그런 점에서 그는 사람들에게 훨씬 더 매력을 줄 수 있는 처지에 있었습니다. 하지만 하나님으로부터 받은 자신의 분수 이상의 것을 욕심부리지 않았습니다. 사람들로부터 잊혀질지라도, 자신의 모습이 작아 보인다 할지라도, 제자들이 자기 곁을 떠날지라도 그는 섭섭해하거나 원망하거나 욕심부리지 않았습니다.

자신이 누구인지를 정확하게 아는 사람은 매우 큰 인물이라 할 수 있습니다. 반면 자신의 분수를 잘 모르고 천방지축으로 날뛰는 사람은 소인배에 지나지 않습니다. 외모가 똑같은 사람이 하나도 없듯이 하나님으로부터 받은 능력이나 역할도 사람마다 다릅니다. 누구든지 받은 것만큼 일할 수 있습니다. 그러므로 자기의 분수가 무엇인가를 아는 것이야말로 지혜 중에 지혜가 아닐 수 없습니다. 이 지혜가 있는 사람은 자기 몸에 맞지 않는 옷을 탐내지 않습니다. 그리고 자기보다 큰 옷을 입은 사람을 시기하거나 경쟁하지 않습니다. 특히 하나님의 종들은 그렇습니다. 하나님이 그에게 큰 옷을 입혀 주셨다는 것을 알기 때문입니다.

스펜스라는 잘 알려지지 않은 목사님이 계셨습니다. 이분이 한동안은 사람들에게 훌륭한 지도자로서 존경을 받았는데 무슨 이유였는지 모르지만 나중에는 목회가 신통치 않았다고 합니다. 그때쯤 그가 시무하는 교회에서 큰 길 건너 한 블럭 떨어진 곳에 있는 교회에 젊은 목사가 부임했습니다. 그 젊은 목사의 설교는 많은 사람들에게 신선한 감동을 주기 시작하였습니다. 많은 사람들이 그 교회로 모여들었습니다. 인품도 아주 훌륭하고 게다가 말씀이 참 은혜스럽다는 젊은 목사에 대한 좋은 소문이 사방으로 퍼져 나갔습니다.

어느 주일 저녁이었습니다. 스펜스 목사님이 설교를 하려고 강단에 올라가 보니 평소보다 너무 적은 수의 사람들이 와서 앉아 있었습니다. 그는 이렇게 물었습니다. "오늘 저녁에 우리 교인들이 다 어디 가셨습니까?" 잠시 무거운 침묵이 흐른 뒤, 교회 사무를 전담하고 있는 집사님이 "길 건너 교회 목사님의 말씀이 좋다는 말을 듣고 은혜 받으려고 그 교회로 간 것 같습니다."라고 대답했습니다. 그 말을 들은 노(老) 목사님은 잠깐 지긋이 눈을 감은 채 생각에 잠긴 듯 하더니 조용한 미소를 띠면서 이렇게 말했습니다. "예. 좋습니다. 여러분, 오늘 저녁에는 저와 함께 그리로 가서 은혜 받읍시다.” 그리고는 교인들을 다 데리고 그 교회로 갔다고 합니다. 누가 더 위대합니까? 노 목사인가요, 젊은 목사인가요? 하나님은 노 목사님을 더 크다고 할 것입니다. 요한이 바로 이런 인물이었습니다.

요한처럼 자기 분수를 지키는 사람이 되십시오. 그런 당신을 보고 세상은 소인이라고 할지 모르나 예수님은 큰 자라고 하실 것입니다. 빛도 없고 이름도 없는 작은 일에 부름 받았다 할지라도 그 일에 충성하면서 큰일에 부름 받은 형제를 비판하거나 질투하지 않는 사람이 되길 바랍니다. 그래야 요한을 칭찬하신 것처럼 주님이 우리를 칭찬하실 것입니다.

예수님을 크게 기뻐하는 사람

예수님이 요한을 세상에서 가장 큰 자라고 극찬하신 이유를 29절에서도 발견할 수 있습니다.

“신부를 취하는 자는 신랑이나 서서 신랑의 음성을 듣는 친구가 크게 기뻐하나니 나는 이러한 기쁨이 충만하였노라”(29절).

세례 요한은 예수님을 보면서 기쁨이 넘쳤습니다. 예수님은 곧 자신의 기쁨이었습니다. 자기를 몹시 초라하게 만든 분임에도 예수님 때문에 기쁨이 충만하다니 얼마나 놀라운 일입니까? 그는 자기의 기쁨을 잔칫집의 신랑 친구에 비유하고 있습니다.

유대 나라 관습에 따르면 낮에 찾아오는 결혼 하객들을 신랑 친구가 맞아서 대접합니다. 그리고 밤이 깊어 신랑이 온다는 소식이 들리면 제일 먼저 달려가서 반갑게 맞이하는 사람도 신랑 친구입니다. 이렇게 해서 결혼식을 마치면 그 친구의 역할은 끝납니다. 신랑이 나타난 자리에서는 누구 하나 그를 주목하지 않습니다. 그럼에도 신랑 친구는 그 자리에 있는 신랑 때문에 기뻐합니다. 세례 요한은 자기가 바로 이러한 기쁨을 가지고 있다고 고백합니다.

세례 요한은 원래 예수님 이름만 들어도 펄떡펄떡 뛰면서 좋아하던 사람이었습니다. 그가 어머니 배 속에 있을 때였습니다. 예수님을 임신한 마리아가 찾아와 자기 어머니와 인사를 나눌 때 그는 배 속에서 기뻐서 뛰고 있었습니다. 누가복음 1장 44절을 보면 그의 어머니가 "아이가 내 복중에서 기쁨으로 뛰놀았도다"라고 노래하고 있습니다. 태중에서부터 예수님의 이름만 들어도 기뻐 뛰던 그가 세상을 구원하기 위해 오신 메시아로 그를 보게 되었을 때는 그 기쁨이 얼마나 대단했겠습니까?

요한처럼 예수님을 진정으로 기뻐하는 사람이 하나님께서 보시기에 큰 자입니다. 세상에서 누리는 명예보다도 우리를 구원하기 위해 세상에 오신 예수님 때문에 기뻐하는 사람을 하나님은 큰 자로 보십니다. 세상에서 실패자처럼 보이는 인생을 살고 있는 사람일지라도 예수 그리스도를 생각할 때마다 그 얼굴에 기쁨이 넘치면 하나님은 그 사람을 큰 자라고 말씀하십니다. 왜 그렇습니까? 예수님보다 크신 분이 없기 때문입니다. 하늘과 땅의 모든 권세를 가지신 이는 예수님뿐입니다. 그러므로 이 크신 예수님을 기뻐하는 자도 예수님처럼 큰 자가 되는 것입니다.

케임브리지대학교 교수였던 C. S. 루이스가 쓴 『천국과 지옥의 대화』를 보면 이런 우화가 있습니다. 천국 문에 문지기가 서 있었습니다. 사람들이 천국에 들어가기 위해서 몰려오고 있었습니다. 그때 이 문지기가 한 사람씩 붙들고 이렇게 물었답니다. "당신은 예수님을 알고 나서 그 예수님 때문에 참을 수 없는 기쁨을 가지고 사셨나요? 그리고 그 기쁨을 가지고 이 자리에 오셨습니까?"

비록 우화에 불과하지만 매우 중요한 진리를 우리에게 가르쳐주고 있습니다. 문지기가 왜 그런 질문을 했을까요? 신랑 되신 예수님을 가장 기뻐하는 신부가 아니면서 어떻게 그곳에 들어가 살 수 있겠습니까? 천국은 예수님이 최고의 기쁨이라고 고백하는 자만이 들어갈 수 있습니다. 천국은 예수님으로 충만한 곳이기 때문입니다. 모든 영광이 예수님에게 집중되어 있기 때문입니다. 세례 요한처럼 예수님을 기뻐하는 자가 되십시오. 그리하여 하나님이 인정하는 큰 자가 됩시다.

낮아지는 사람

예수님께서 요한을 큰 자라고 하신 이유가 하나 더 있습니다. 30절을 봅시다.

"그는 흥하여야 하겠고 나는 쇠하여야 하리라"(30절).

이 내용을 "그는 더 커져야 하겠고 나는 더 작아져야 한다."라고 바꾸어 보면 그 뜻을 더 실감할 수 있습니다. 우리는 이 한마디에서 세례 요한의 간절한 소망이 무엇인가를 발견할 수 있습니다. 무엇이 그의 소망입니까? 예수님이 세상 죄를 지고 가는 어린양으로서, 영원히 경배받으실 하나님으로서 높임을 받는 것이었습니다.

이것을 위해 자기가 작아져야 한다면 얼마든지 작아지기를 원했습니다. 자기가 희생해야 될 것이 있으면 희생하기를 원했습니다. 자기가 사람들에게 버림을 받는 것은 아무것도 아니었습니다. 광야의 소리처럼 영원히 사라지기를 원했습니다. '흥하여야 하겠고 쇠하여야 하리라.'고 하는 말을 원문으로 보면 상당히 단호한 그의 의지가 들어 있는 것을 알 수 있습니다. 반드시 그래야 한다는 의미를 가진 조동사를 사용하고 있기 때문입니다. 다시 말해서 "반드시 예수는 흥하여야 하고 반드시 나는 쇠하여야 한다."는 뜻입니다. 이것을 보면 세례 요한의 마음이 어떠하였는가를 충분히 알 수 있습니다.

세례 요한이 자기는 망하고 예수님이 흥해야 한다고 믿은 근거를 우리는 31절 이하의 말씀에서 찾을 수 있습니다.

"위로부터 오시는 이는 만물 위에 계시고 땅에서 난 이는 땅에 속하여 땅에 속한 것을 말하느니라 하늘로서 오시는 이는 만물 위에 계시나니"(31절).

예수님은 어디로부터 오셨습니까? 위로부터 오셨습니다. 위로부터 왔다는 말은 그가 만물 위에 계시는 하나님이란 뜻입니다. 그러나 세례 요한 자신은 어디에서 나왔습니까? 땅에서 나왔습니다. 자신은 인간이요 피조물에 불과하다는 말입니다. 신과 인간, 창조주와 피조물이 어떻게 비교가 되겠습니까?

"하나님의 보내신 이는 하나님의 말씀을 하나니"(34절 상).

예수님은 하나님 자신의 말씀을 하시는 분이시며 말씀 그 자체이셨습니다. 그러나 세례 요한이 전하는 메시지는 무엇입니까? 말씀이신 예수 그리스도를 증거하는 것이었습니다. 말씀 자체와 그 말씀의 증거자가 어떻게 비교될 수 있겠습니까?

"이는 하나님이 성령을 한량없이 주심이니라"(34절 하).

하나님이 예수님에게는 성령을 한량없이 주셨습니다. 아무런 제한 없이 주셨다는 뜻입니다. 그러므로 그는 성령 하나님과 동등한 분이십니다. 그러나 세례 요한은 비록 이스라엘 온 땅에서 유명해진 능력 있는 선지자였지만 그가 가지고 있는 성령의 능력은 제한적이요 부분적이었습니다. 권세와 능력 면에서 어떻게 예수님과 비교할 수 있겠습니까?

"아버지께서 아들을 사랑하사 만물을 다 그 손에 주셨으니"(35절).

아버지께서 아들을 사랑하사 만물을 다 그 손에 주셨다고 했습니다. 예수님은 하늘과 땅의 권세를 가지신 이 세상의 주권자이십니다. 온 우주의 주인이십니다. 그러나 세례 요한은 예수님의 백성 된 사람 중 하나에 불과한 인간입니다.

"아들을 믿는 자는 영생이 있고 아들을 순종치 아니하는 자는 영생을 보지 못하고 도리어 하나님의 진노가 그 위에 머물러 있느니라"(36절).

예수님은 누구십니까? 자기를 믿는 자에게 영생을 주시는 구원자이십니다. 그러나 세례 요한은 사람들에게 영생을 주는 구원자가 아니며 구원받아야 할 죄인일 뿐입니다.

이와 같이 예수님과 자기를 비교해 볼 때 세례 요한은 자기가 누구인지를 알았고 자신의 분수를 알았습니다. 이 세상에서 가장 최고의 행복은 참 하나님이시요 온 우주의 왕이시며 구원자이신 예수님 한 분만으로 기뻐하는 것임을 그는 알았습니다. 그래서 예수님이 높아지고, 예수님이 경배와 찬양을 받으시는 일이라면 자기는 얼마든지 작아질 수 있고 얼마든지 낮아질 수 있다고 생각한 것입니다. 아마 세례 요한의 마음속에는 늘 이런 찬송이 있었을지 모릅니다. 그 당시에 이 찬송은 없었지만 그의 마음은 이와 동일한 것이었을 것입니다.

나의 기쁨 나의 소망 되시며 나의 생명이 되신 주
밤낮 불러서 찬송을 드려도 늘 아쉬 마음뿐일세.

천국에서 큰 자

교회 안에는 분명 두 부류의 신앙인이 있습니다. 한 부류는 예수의 이름을 빌려 자기가 흥해야 되겠다는 생각을 가진 사람들입니다. 그들은 예수 이름으로 복도 받고 소원 성취도 해서 편하게 사는 것이 신앙 생활하는 목적입니다. 이런 사람들이 예상보다 많다는 사실이 큰 충격이 아닐 수 없습니다. 또 다른 부류의 사람들이 있는데, 요한처럼 예수를 위하여 자기가 쇠하기를 소원하는 자들입니다.

당신은 하나님 보시기에 큰 자인가요? 작은 자인가요? 자기 집을 계속 늘리기 위해서는 수천만 원도 아깝지 않게 투자하면서 하나님의 나라를 확장하는 데는 단돈 십만 원 내놓기도 아까워한다면 당신은 소인입니다. 자기의 건강과 여가 활용을 위해서는 시간도 아끼지 않고 돈도 아끼지 않고 쓰면서 주님의 나라를 위해서는 만 원짜리를 오천 원 지폐로 바꿔서 헌금해야 한다면, 당신은 예수님이 쇠하기를 바라는 소인입니다. 썩어 없어질 몸을 묻을 묘지를 위해서는 수천, 수억을 들여서 준비하면서 영원히 찬송과 경배를 받으실 그분의 보좌를 빛내기 위해서는 헌금할 마음이 선뜻 내키지 않는다면, 당신은 분명히 예수님보다 자신이 흥하기를 바라는 자입니다.

한동대학교 후원의 밤에 참석한 일이 있었습니다. 저는 그날 저녁에 간증하는 어느 분을 통하여 큰 도전을 받았습니다. 얼마 전에 아버지가 오십 대의 나이로 암에 걸려 갑자기 세상을 떠났다고 합니다. 아버지는 사 남매에게 이십억 원의 현찰을 유산으로 남겼답니다. 장례를 치르고 자녀들이 한자리에 모여 기도하면서 이 유산을 어떻게 쓰는 것이 아버지의 죽음을 욕되게 하지 않을 수 있는지를 의논하였다고 합니다. 결국 기독교 대학으로 새 출발을 했지만 여러 가지 어려움을 겪고 있는 한동대학교에 기증하기로 결정했다는 것입니다. 저는 간증하는 그 자매의 마음속에서 세례 요한의 소원이 아름답게 피어 오르는 것을 보았습니다. "그는 흥하여야 하겠고 나는 쇠하여야 하리라."

세례 요한을 이야기할 때 마태복음 11장 11절에서 예수님이 하신 말씀을 빼놓을 수가 없습니다.

"내가 진실로 너희에게 말하노니 여자가 낳은 자 중에 세례 요한보다 큰 이가 일어남이 없도다 그러나 천국에서는 극히 작은 자라도 저보다 크니라"(마 11:11).

주님은 세례 요한이 이 세상에서는 가장 큰 자이지만 천국에는 그보다 더 큰 자들이 많다고 말씀하셨습니다. 왜 그렇습니까? 그곳에는 세상에 있으면서 주님을 높이기 위해 자기는 최대한 낮아지고 하나님 나라가 흥하기 위해 자기는 철저히 쇠하여진 자들이 많이 있기 때문입니다.

인생은 들의 풀과 같고 그 영화는 들의 꽃과 같다고 하나님은 말씀하십니다. 세상의 아름다움이 아무리 황홀해도 그것은 영원하지 않습니다. 금방 말라서 바람에 날리는 들꽃과 같고 아침 햇살에 사라지는 안개와 같습니다. 그러나 이렇게 허무한 인생이 역전되어 엄청난 영광을 얻을 수 있는 길이 있습니다. 그것은 세례 요한처럼 예수 그리스도를 높이기 위해 자기는 철저하게 쇠하기를 소원하는 것입니다. 그리고 그렇게 되기 위해 헌신하는 것입니다. 그러면 세상에서는 심히 작아 보이겠지만 하나님 나라에서는 큰 자로 보일 것입니다. 이런 인생을 살고 싶지 않으십니까?

13. 수가성 여인을 찾으신 예수님

예수의 제자를 삼고 세례를 주는 것이 요한보다 많다 하는 말을 바리새인들이 들은 줄을 주께서 아신지라 (예수께서 친히 세례를 주신 것이 아니요 제자들이 준 것이라) 유대를 떠나사 다시 갈릴리로 가실새 사마리아로 통행하여야 하겠는지라 사마리아에 있는 수가라 하는 동네에 이르시니 야곱이 그 아들 요셉에게 준 땅이 가깝고 거기 또 야곱의 우물이 있더라 예수께서 행로에 곤하여 우물 곁에 그대로 앉으시니 때가 제육 시쯤 되었더라 사마리아 여자 하나가 물을 길러 왔으매 예수께서 물을 좀 달라 하시니 이는 제자들이 먹을 것을 사러 동네에 들어갔음이러라 사마리아 여자가 가로되 당신은 유대인으로서 어찌하여 사마리아 여자 나에게 물을 달라 하나이까 하니 이는 유대인이 사마리아인과 상종치 아니함이러라 … 예수께서 대답하여 가라사대 이 물을 먹는 자마다 다시 목마르려니와 내가 주는 물을 먹는 자는 영원히 목마르지 아니하리니 나의 주는 물은 그 속에서 영생하도록 솟아나는 샘물이 되리라 여자가 가로되 주여 이런 물을 내게 주사 목마르지도 않고 또 여기 물 길러 오지도 않게 하옵소서 … .

요한복음 4:1~18

삼사 년 전으로 기억하고 있습니다. 미국에서 뜻밖의 전화가 걸려
왔습니다. 어떤 부인으로부터 온 전화인데, 그 부인은 서로가 통성명
을 하기도 전에 아주 듣기 거북한 말로 저를 몹시 당황하게 만들었습
니다. 그 부인은 화가 난 목소리로 제게 말할 틈도 주지 않은 채 한참
을 흥분한 목소리로 떠들었습니다. 전화를 끊으면서 그 부인은 저의
설교집을 읽다가 너무도 화가 나서 이렇게 전화를 했다는 겁니다.

전화를 끊고 나서 무슨 말인지 한참 동안 생각해 보았더니 기억이
나는 것이 있었습니다. 제가 미국에서 공부하면서 만난 어떤 부인 이
야기를 설교집에 담은 적이 있습니다. 그 부인은 동두천에서 말 그대
로 밑바닥 생활을 하다가 어떤 미국 사병을 만나 결혼하여 미국으로
이주를 했습니다. 그러나 시댁 식구들에게 너무나 구박을 당해 거의
정신병자처럼 되어 버렸습니다. 말도 통하지 않고 한국 사람도 만날

수 없는 그런 지옥 같은 생활을 몇 년 동안이나 하고 있었습니다. 저는 누군가의 소개로 그를 만나게 되었는데 그는 두 시간 가까이 눈물을 흘리면서 속에 맺힌 것들을 정신없이 털어놓았습니다. 저를 더 곤혹스럽게 만든 것은 그의 말이었습니다. 한국말인지 영어인지 분간하기가 어려웠습니다. 더구나 눈물, 콧물이 범벅이 된 채 넋두리로 이어지는 말이어서 제대로 알아들을 수가 없었습니다. 그 부인은 저를 만나면 무언가 위로를 받을 수 있을 것이라는 기대를 가지고 있었고, 저는 복음을 그에게 전할 수 있을 것이라는 기대를 가지고 있었습니다. 그러나 틈을 주지 않고 말을 하는 통에 도무지 전도할 기회를 찾기가 어려웠습니다. 그래서 참고 들어주는 것으로 만족할 수밖에 없었습니다. 제가 그 부인 이야기를 간단하게 설교집에 썼습니다.

저에게 전화를 하였던 그 부인도 설교집에 나온 여자와 비슷한 처지에 있었던 것 같습니다. 그리고 제 설교집에서 거슬리는 내용을 읽었던 것 같습니다.

저는 떳떳하지 못한 인생을 살면서 멸시받는 사람, 그래서 정서가 혼란에 빠지고 인간성마저 크게 손상을 입은 사람들은 너무 연약해서 다치기 쉽다는 사실을 깨닫게 되었습니다. 그리고 그런 사람과는 만나서 이야기하는 것조차 쉬운 일이 아님을 알게 되었습니다.

지금 우리는 너무도 놀라운 이야기를 읽고 있습니다. 모든 사람들이 멸시하고 피하던 수가성의 한 여인을 만나기 위해서 하나님의 아들이 먼 길을 걸어 찾아오셨습니다. 그 여인은 어떤 사람이었습니까? 제가 미국에서 만난 그 여자나 저에게 전화를 걸어 욕설을 퍼부었던 그 여자와 별다르지 않다는 생각이 듭니다.

주님께서는 제가 두 번 다시 만나기 싫어했던 그런 여자를 만나려고 수가성을 찾으셨습니다. 하나님의 아들이 찾아간 그 여자를 저는 피하였습니다. 우리는 예수님이 찾으시는 사람과 내가 찾는 사람이 서로 다르지는 않는지 자문해 보아야 합니다. 예수님이 찾으시는 사람을 우리는 날마다 고의적으로 피하고 있지 않는지 스스로 돌아보아야 할 것입니다.

모두가 꺼리던 길

예수님과 세례 요한은 그다지 멀지 않은 요단 강가에서 세례를 함께 주었습니다. 이렇게 비슷한 사역을 둘이서 같이 하니까 바리새인들은 이 두 사람을 어떻게든지 헐뜯기 위해서 많은 생각을 했던 것 같습니다. 그래서 예수에게 가는 사람이 요한에게 가는 사람보다 더 많다더라, 예수가 요한보다 훨씬 더 능력이 있다더라 하면서 둘 사이를 이간질시키려 했습니다. 4장 1절에 그런 사실을 암시하고 있는 내용이 나옵니다.

"예수의 제자를 삼고 세례를 주는 것이 요한보다 많다 하는 말을 바리새인들이 들은 줄을 주께서 아신지라"(요 4:1).

바리새인들이 들은 줄을 주님이 아셨다는 말 속에는, 그들이 음흉한 계교를 꾸미고 있다는 것을 주님이 알고 계셨다는 의미가 들어 있습니다. 예수님과 세례 요한 사이를 이간질시키고 서로 경쟁심을 부추기려는 못된 생각을 하고 있다는 것을 아셨다는 말입니다.

그래서 주님은 그 자리를 피하기로 작정하셨습니다. 요한에게 장애가 되지 않기 위해 그는 한걸음 뒤로 물러가 북쪽 갈릴리 지방에서 사역을 하기로 하셨습니다. 경쟁이나 분쟁은 사탄이 하나님 나라를 방해하기 위해서 항상 잘 이용하는 전략입니다. 아무리 하나님의 일을 한다고 할지라도 서로 경쟁하고 질투하고 비판하는 일이 벌어지면 그것은 분명히 마귀가 시험하는 것으로 보아야 합니다.

그리고 예수님은 자기의 본격적인 사역을 세례 요한의 역할이 끝나는 시점을 택하여 시작하셨습니다. 마가복음 1장 14절을 보면 알 수 있습니다. "요한이 잡힌 후 예수께서 갈릴리에 오셔서 하나님의 복음을 전파하여." 요한이 감옥에 들어간 후에 비로소 복음을 전하셨다고 했습니다. 주님이 요단 강에 계실 때는 요한이 잡히기 전이었습니다.

당시 예루살렘에서 북쪽 갈릴리 지방으로 가는 길은 세 가지였습니다. 하나는 지중해 연안을 따라 올라가는 길이고, 다른 하나는 요단 강을 건너서 빙 둘러 가는 길이고, 또 하나는 가운데를 질러서 올라가는 길이었습니다. 가운데로 질러가는 길은 빨라서 좋았지만 사마리아를 통과해야 하는 어려움이 있었습니다. 유대인들은 사마리아 사람들과의 접촉을 피하고 있었기 때문입니다.

사마리아 지방은 수백 년 전 아수르에게 패망하였고, 아수르는 정책적으로 많은 잡다한 종족들을 그 지방에 이주시켜서 거기에 남아 있는 이스라엘 사람들과 혼혈을 시켰습니다. 대부분이 하층 계급에 속한 빈민들이었던 그곳의 이스라엘 사람들은 선민의 혈통을 지키기 위해 순교를 할 만한 투지를 가진 자들이 아니었습니다. 살아남기 위해서 이방 사람들과 통혼을 했습니다. 이것을 안 다른 지방의 이스라엘 사람들은 그들을 개처럼 취급했습니다. 어떤 랍비의 기록에 보면 이런 기도가 실려 있습니다. "하나님 아버지여! 하나님이 이 세상 사람들을 부활시킬 때 사마리아 사람들은 하나도 일어나지 못하게 하옵소서." 그만큼 유대인들은 사마리아 사람들을 증오하고 멸시하였습니다. 그래서 유대인들은 사마리아 사람을 만나는 것을 금기시 하였고, 또 만나게 되면 어떤 일이 일어날지 모르기 때문에 사마리아 지방으로 들어가는 것을 극도로 꺼렸습니다. 그래서 상식적으로 생각하면, 유대인이었던 예수님도 둘러 가시든지 아니면 지중해 연안을 따라 올라가시든지 하는 것이 자연스러운 일이었습니다.

사막 길을 걸어오신 이유

이와 같은 배경을 알면 다음의 말씀은 참으로 놀라운 것이 아닐 수 없습니다.

"유대를 떠나사 다시 갈릴리로 가실새 사마리아로 통행하여야 하겠는지라"(3, 4절).

'하겠는지라' 는 꼭 해야 하겠다는 강한 의지를 담고 있는 말씀입니다. 어떤 일이 있어도 반드시 통과해야 되겠다는 말씀입니다. 왜 주님은 그런 결심을 하셨을까요? 사마리아로 가는 길이 시간을 아낄 수 있었기 때문인가요? 이 본문을 연구하는 많은 성경학자들은 그렇지 않다는 데 동의하고 있습니다. 주님께서는 마음에 무언가 목적을 가지고 부득불 그 길을 가시기로 작정하신 것이 확실하다는 것입니다. 그 목적은 다름아닌 수가성 여인을 만나 구원하는 일이었습니다.

"예수께서 이르시되 나의 양식은 나를 보내신 이의 뜻을 행하며 그의 일을 온전히 이루는 이것이니라"(요 4:34).

이것은 예수님이 수가성 여인을 구원하시고 나서 하신 말씀입니다. 예수님이 항상 최우선 순위로 두고 계시는 것은 하나님의 뜻을 행하는 것이었습니다. 이것을 위해 주님은 세상에 오셨고 이것을 위해서 사마리아를 통과하기로 작정하셨습니다.

그러면 사마리아에서 행하려고 하신 하나님의 뜻은 무엇입니까? 일차적으로는 수가성 여인을 구원하는 것이고, 그 다음에는 그 여인을 통해서 수가성에 있는 사람들에게 복음을 전하는 것이었습니다. 바로이 일을 위해서 하나님의 아들이 보잘것없는 초라한 여인을 마음에 두시고 일부러 그 길을 택하셨다는 사실은 우리 모두에게 큰 충격이 아닐 수 없습니다.

수가성은 가버나움으로 가는 길과 나사렛으로 빠지는 길이 서로 갈리는 언덕 위에 자리잡고 있는 작은 마을입니다. 예수님이 피곤하고목이 말라 앉으셨던 그 우물은 그 성 사람들에게는 생명 줄과 같았습니다. 그 지방은 강수량이 적어서 온 성이 그 우물의 물을 마시고 있었기 때문입니다. 그 우물은 오랜 역사를 가지고 있었습니다. 5절을 보면야곱이 요셉에게 준 우물이라고 했으니까 2,000년 이상 사람들이 사용하였던 우물입니다. 우물은 수가성에서 2킬로미터 이상 떨어져 있었습니다. 그러므로 여자의 몸으로 무거운 물지게를 지고 왕복 4킬로미터 이상의 길을 걷는다는 것은 보통 힘든 일이 아니었을 것입니다.

우리가 여기서 비상한 관심을 가지고 주목해야 할 사실은 하나님의 아들이 어떤 여인을 만나기 위해서 전날 오후에 예루살렘을 떠나 그 다음날 정오까지 비지땀을 흘리며 그 뜨거운 사막 길을 걸어오셨다는 것입니다. 그 여인이 열두 시쯤 되면 물길러 나온다는 것을 미리 아신 주님께서는 그 시간에 맞추기 위해 지체하지 않고 오셨다는 것입니다. 니고데모와 같은 어떤 유명한 명사를 만나기 위해서라면 이해할 만합니다. 그러나 수가성의 여인은 그럴 만한 인물이 아니었습니다.

현대판 수가성 여인을 찾으시는 하나님

물길러 나오는 이 여인은 예수님께서 지적하신 것처럼 결혼을 다섯 번이나 한 부끄러운 경력을 가진 여인이었습니다. 이제는 결혼식도 올리지 못한 채 어느 건달과 동거 생활을 하고 있는 중이었습니다. 아마 나이는 삼십 대 중반쯤이나 이보다 조금 더 많지 않았나 추측이 됩니다. 그 당시 여인들은 남편을 여의면 재혼까지는 할 수 있었습니다. 삼혼은 특수한 경우가 아니면 상상할 수 없는 일이었습니다.

이런 점으로 미루어 이 여자는 틀림없이 창녀나 다름없는 최하류의 인생을 살고 있었던 것이 분명합니다. 자연히 동네 사람들은 그를 따돌렸을 것입니다. 많아야 몇십 가구에 불과한 손바닥만한 동네에서 그 여인이 받은 수모는 상상을 뛰어넘는 것이었을지도 모릅니다. 누구 하나 찾아갈 사람도 없고 찾아오는 사람도 없는 창살 없는 감옥 생활을 했을 것이 틀림이 없습니다. 이런 상황에서 그는 사람 만나는 것이 두려워 집 밖으로 나오는 것조차 꺼렸을 것입니다.

　그래서 물 길러 다니기에 좋은 시간인 아침, 저녁은 가급적이면 피하고 아무도 잘 나오지 않는 뜨거운 대낮을 이용하여 얼굴을 푹 숙인 채 먼 길을 걸어 도둑질하듯 물 길러 다녔을 것입니다. 심리학자들에 의하면 한 사람이 정상적인 정서를 유지하려면 맘 놓고 이야기를 주고받을 수 있는 사람이 최소한 여섯 명은 되어야 한다고 합니다. 이 여인에겐 이런 여섯 명이 없었을 것입니다. 소위 정서 지수(EQ)가 형편없이 낮은 여인이었을 것입니다. 이렇게 되면 대인 관계가 원활할 리가 없습니다. 게다가 남자들에게 이리저리 짓밟힌 경력을 가진 여인입니다. 너무 살 길이 막막하니까 이제는 돈 꽤나 있어 보이는 건달한테 얹혀 입에 풀칠이나 해보려고 했는지 모릅니다. 세상적으로 말해 죽지 못해 사는 여인이었다고 할 수 있습니다.

　이 정도 되면 사람이 정상적인 생각이나 행동을 하고 산다는 것은 남의 이야기처럼 들릴지 모릅니다. 어느 부인의 편지를 읽은 일이 있습니다.

　"사실 저는 제 자신의 문제가 무엇인지조차 정확하게 모릅니다. 그냥 가슴이 답답하고 의욕이 없습니다. 죽고만 싶습니다. 만사가 귀찮습니다. 도무지 일이 손에 잡히지 않습니다."

　이 여성이 겪는 심리적인 불안, 정신적인 고통은 거의 우울증에 가깝다고 할 수 있습니다. 이렇게 되면 정신 불안에서 우울증으로, 우울증에서 정신 분열로 가고, 정신 분열이 심하면 미쳐 버립니다. 저는 수가성의 여인도 이런 심각한 우울증 증세에 빠진 여인이 아니었을까 생각합니다. 우울증 환자에게는 이유를 모르는 화가 날마다 치밀어 오릅니다. 그리고 누군가가 죽이고 싶도록 밉습니다. 밤이면 불면증에 시달립니다. 삶에 대한 의욕이 없습니다. 그래서 가끔 자살하고 싶은 충

동을 느끼는가 하면 아무하고도 만나려 하지 않습니다. 수가성의 여인
도 이와 비슷하지 않았을까요?

현대에 와서 여성의 지위는 2,000년 전에 비해서 비교도 안될 만큼
높아졌습니다. 생활도 너무 편해져서 손끝에 물 한 방울 묻히지 않고
도 살 수 있을 것 같아 보입니다. 옛날처럼 스트레스 받을 일도 별로
없어 보입니다. 그러나 놀라운 사실이 하나 있습니다. 도시 주부 가운
데서 두 명 중 한 명은 우울증 증세를 가지고 있다는 것입니다. 신경정
신과 전문의인 정성덕 씨의 연구에 의하면 도시 여성 두 명 중 한 명은
이런 증세를 갖고 있는데, 그 중에서 삼십 대 중반의 여성이 가장 심하
고 학력이 낮을수록 그 수치가 높고 경제적으로 어려울수록 그런 증세
를 가지는 확률이 높아진다고 합니다.

여성들이 정서적인 혼란을 겪는 이유는 남편으로부터, 자녀들로부
터 소외 당하고 갈등하는 데 그 뿌리가 있다고 합니다. 미국에서도 얼
마나 많은 사람들이 정서 불안이나 우울증에 시달리고 있는지 모릅니
다. 세계에서 가장 많이 팔리는 약 열 가지 가운데서 최고의 판매고를
자랑하는 약이 우울증 환자에게 신비의 약으로 통하는 프로작입니다.
이 약을 복용하면 우울증 증상이 70~80퍼센트 정도 치료된다고 하니
환자에게는 영약과 같은 것이 아닐 수 없습니다. 이 프로작을 복용하
는 사람이 미국에 500만 명이나 된다고 합니다. 미국 인구 40명당 한
명꼴로 우울증, 정서 불안 때문에 이 약을 복용하고 있는 셈이 됩니다.
제가 이런 자료를 소개하는 이유가 있습니다. 지금 이 사회에는 현대
판 수가성 여인이 너무나 많다는 사실을 상기시켜 드리고 싶기 때문입
니다.

예수님은 니고데모와 같은 유명한 사람도 만나 주셨습니다. 항상

세리들이나 창녀들만 찾아다니신 주님이 아닙니다. 그러나 우리가 꼭 잊지 말아야 할 것은 예수님께서 항상 마음에 두고 있는 사람들이 있었다는 사실입니다. 그 사람들이 누굽니까? 이사야 61장에서 말씀하신 대로 가난한 자들, 상한 자들, 갇힌 자들, 포로된 자들, 슬픔을 안고 눈물을 흘리는 자들입니다. 이런 사람들은 수가성의 여인처럼 대부분 세상적으로 말해 사람 대우를 못 받는 자들이요, 실패자들이고, 정서적으로 어딘가 잘못된 자들입니다. 그러나 하나님은 이런 사람들을 먼저 생각하고 계십니다. 우리가 이 점을 잊어버리면 안됩니다.

니고데모는 자기 발로 예수님을 찾아온 사람이었지만 수가성 여인은 예수님이 직접 찾아간 사람입니다. 그러나 우리는 예수님께서 친히 찾아가신 그런 사람을 자꾸 피하려는 경향이 있습니다. 우리는 수가성 여인보다 니고데모를 더 좋아합니다.

생수 되신 주님을 마시라

우물가에서 수가성 여인을 만난 주님께서는 생수를 주시겠다고 약속하셨습니다. 예수님 자신이 그 여인에게는 생수였습니다. 생수는 주님이 주시는 구원을 말합니다. 그러나 주님이 말씀하신 생수는 단지 천국에 들어가는 구원만을 의미하는 것이 아닙니다.

"예수께서 대답하여 가라사대 네가 만일 하나님의 선물과 또 네게 물 좀 달라는 이가 누구인 줄 알았다면 네가 그에게 구하였을 것이요 그가 생수를 네게 주었으리라"(10절).

"예수께서 대답하여 가라사대 이 물을 먹는 자마다 다시 목마르려니와 내가 주는 물을 먹는 자는 영원히 목마르지 아니하리니 나의 주는 물은 그 속에서 영생하도록 솟아나는 샘물이 되리라"(13, 14절).

예수님은 자신이 이 생수를 주신다고 말씀하셨습니다. 생수는 목마른 사람을 해갈하는 힘을 갖고 있습니다. 이 여인이 예수님을 믿으면 지금까지 그가 안고 씨름하던 고통에서 자유할 수 있다는 약속이 생수라는 말속에 담겨 있는 것입니다. 목 마른 사람이 물을 마시면 갈증의 고통에서 벗어나듯이 말입니다.

예수님이 다름아닌 자기가 은근히 기다리던 메시아이심을 확인하자 그 여인은 물통을 던져두고 동네를 향해 소리를 지르며 달려갔습니다. 어떻게 이런 일이 일어날 수 있습니까? 그가 생수를 마신 것입니다. 지금까지 남자 다섯 명을 바꾸어 가면서 추구하고 충족시키려고 애썼던 그 영혼의 갈증이 삽시간에 사라져 버린 것입니다. 우울증이 사라졌습니다. 미움과 증오도 사라졌습니다. 죽고 싶다는 마음이 없어져 버렸습니다.

우리들 대부분은 이 수가성 여인과는 비교도 안될 만큼 모든 면에서 갖추어진 사람들입니다. 그래서 이 여인의 이야기를 들으면서 옛날 동화를 읽는 것 같은 생각이 들지 모릅니다. 그러나 우리들과 이 여인 사이에는 한 가지 공통점이 있습니다. 마음의 갈증입니다. 영혼의 갈증입니다. 돈을 아무리 벌어도 해갈이 안되는 갈증입니다. 아무리 즐겨도 없어지지 않는 갈증입니다. 물론 예배를 드리고 있지만 아직 예수님을 영접하지 못하고 있는 분들을 두고 하는 말입니다. 그런 분들은 지체하지 말고 수가성 여인을 찾으신 주님을 만나시기 바랍니다. 그리고 생수되신 주님을 마시기를 바랍니다. 다시 말해 마음을 열고 그분을 받아들이십시오. 그분에게 모든 것을 맡기십시오. 이런 태도가 믿는 것입니다. 그러면 틀림없이 예수님은 생수가 될 것입니다.

정서적으로 불안한 분들이 계십니까? 수가성 여인을 찾아오신 주님을 만나시기 바랍니다. 생수되신 그분을 마시면 당신의 마음에 놀라운 변화가 일어납니다. 마치 샘물이 솟아오르듯 내면에서 정말 표현할 수 없는 어떤 변화가 일어날 것입니다. 지체하지 말고 수가성의 그 우물가로 달려가서 주님을 만나십시오. 그러면 당신도 물동이를 집어던질 것입니다. 환한 얼굴로 마을을 향해 달려가는 사람이 될 것입니다.

예수님을 만나면 생수가 솟는다

한번은 인천에서 계속 저에게 전화를 하는 부인이 있었습니다. 사랑의교회 교인도 아닌데 계속 전화를 해서 옥 목사를 만나게 해달라는 것이었습니다. 어느 날 그가 느닷없이 교회 사무실로 찾아왔습니다. 십 분 정도만 만나 주면 되겠지 하는 생각으로 만났습니다. 그 부인은 사십 대 초반으로 시장에서 장사를 하는 분이었습니다. 찾아온 이유를 물었더니 제 설교집 『시험이 없는 신앙생활은 없다』를 읽으면서 자기가 안고 있는 문제를 해결하려면 나를 만나야겠다는 생각이 들어서 달려왔다는 것입니다.

그 부인은 십오 년 전에 결혼을 했는데 정말 호랑이같이 무서운 시어머니 밑에서 살게 되었다고 합니다. 어떻게나 무서운지 오금을 펼 수 없을 만큼 공포 속에서 시집살이를 해야 했습니다. 그렇게 오랫동안 살얼음을 걷듯이 생활을 하다 보니 정신 불안이 생겼습니다. 그 형편이 하도 민망했는지 주변에서 교회를 한번 나가 보라고 권한 모양입니다. 그래서 교회를 다니게 되었는데 어느 집사님의 강요에 못 이겨 아주 능력 있다는 어떤 권사님에게 안수를 받게 되었습니다.

그런데 안수 중에 악령이 그를 사로잡았습니다. 그 다음부터 귀에서 자꾸만 소근거리는 소리가 나는 것입니다. 하나님을 저주하고 시어머니를 죽이고 싶다는 소리가 들리는 환청 증세로 지금까지 수년 동안 시달려 왔다는 것입니다. 항상 그런 것은 아니고, 어떤 때는 멀쩡했다가 갑자가 악화되는 일들이 반복적으로 발생한다는 것입니다. 정신이 멀쩡할 때는 '하나님을 향해 저주한 놈이 어떻게 구원을 받을 수 있을까, 이런 죄를 어떻게 용서받을 수 있을까' 하는 두려움 때문에 말 못할 고통을 겪어 왔다고 합니다. 지난 몇 달 동안 하루도 편안히 잠든 날이 없었다고 했습니다.

너무도 불쌍하고 측은해서 성경을 가지고 복음을 하나하나 설명해 주었습니다. 어느덧 한 시간 반이나 지나갔습니다. 그리고 기도를 해 준 다음 돌려보냈습니다.

그 후, 주일 4부 예배를 마치고 나오는데 이 부인과 마주치게 되었습니다. 잠은 잘 자고 있느냐고 물었더니 아주 편안하게 잤다고 대답했습니다. 얼굴이 굉장히 밝아 보였습니다. 마당에 나오자 저를 붙들고 한 가지만 더 물어볼 게 있다는 것입니다. 말해 보라고 했더니 예수만 믿으면 하나님을 향해 저주한 죄라도 용서받을 수 있느냐고 물었습니다. 제가 어떻게 대답했는지 더 잘 아실 것입니다. 저의 대답을 듣자 환한 얼굴로 돌아갔습니다. 이 여자는 예수님을 만나자마자 마음에서 생수가 솟아나는 것을 경험한 사람입니다.

수가성 여인을 만나기 위해 뜨거운 햇살을 받으며 걸음을 재촉하셨던 주님께서 우리를 찾아오셨습니다. 그 주님은 우리에게 생수를 주시기 원하십니다. 주님 자신이 생수입니다. 이유 없는 갈증이 있습니까? 마음속에 정서 불안이 있습니까? 불면으로 고통 받고 있습니까? 누군가가 미워서 견딜 수가 없습니까? 마음에 평안이 없습니까? 정신이 자꾸 혼란에 빠집니까? 생수 되신 주님을 만나시기 바랍니다. 그래서 수가성의 여인처럼 온전히 치유 받는 은혜가 우리 속에 있기를 바랍니다.

그리고 또 하나 명심하시기 바랍니다. 예수님이 찾아간 사람이면 우리도 찾아가야 합니다. 아무리 천하고 더러운 여인이라 할지라도 주님이 찾아가는 사람이면 우리도 찾아가야 합니다. 우리는 존경받는 니고데모보다 천대받는 수가성 여인에게 더 많은 관심을 가져야 합니다. 예수님이 그렇게 하셨는데 그의 제자 된 우리가 어떻게 피할 수 있겠습니까?

14. 생수를 마신 여인

… 예수께서 가라사대 네가 남편이 없다 하는 말이 옳도다 네가 남편 다섯이 있었으나 지금 있는 자는 네 남편이 아니니 네 말이 참되도다 여자가 가로되 주여 내가 보니 선지자로소이다 우리 조상들은 이 산에서 예배하였는데 당신들의 말은 예배할 곳이 예루살렘에 있다 하더이다 예수께서 가라사대 여자여 내 말을 믿으라 이 산에서도 말고 예루살렘에서도 말고 너희가 아버지께 예배할 때가 이르리라 너희는 알지 못하는 것을 예배하고 우리는 아는 것을 예배하노니 이는 구원이 유대인에게서 남이니라 아버지께 참으로 예배하는 자들은 신령과 진정으로 예배할 때가 오나니 곧 이때라 아버지께서는 이렇게 자기에게 예배하는 자들을 찾으시느니라 하나님은 영이시니 예배하는 자가 신령과 진정으로 예배할지니라 여자가 가로되 메시아 곧 그리스도라 하는 이가 오실 줄을 내가 아노니 그가 오시면 모든 것을 우리에게 고하시리이다 예수께서 이르시되 네게 말하는 내가 그로라 하시니라 … 여자가 물동이를 버려두고 동네에 들어가서 사람들에게 이르되 나의 행한 모든 일을 내게 말한 사람을 와 보라 이는 그리스도가 아니냐 하니 저희가 동네에서 나와 예수께로 오더라.

요한복음 4:15~30

지금 우리 앞에 미친 듯이 보이는 한 여인이 있습니다. 이 여인은 물 길러 우물가로 왔다가 물동이마저 집어던지고 동네로 달려갔습니다. 만나는 사람들마다 붙잡고 흥분해서 소리치고 있습니다. 그렇다고 그가 무슨 횡재를 한 것도 아닙니다. 그의 손에 돈뭉치가 들려져 있는 것도 아니고, 신분이 갑자기 높아진 것도 아닙니다. 그럼에도 불구하고 그의 얼굴에는 기쁨이 충만하고 목소리는 떨리고 있습니다. 무엇이 이 여인을 이렇게 만들었을까요? 우리는 29절에서 그 해답을 찾을 수 있습니다.

"나의 행한 모든 일을 내게 말한 사람을 와 보라 이는 그리스도가 아니냐 하니"(29절).

　여인은 지금 누구에게도 말하지 못했던 자신의 부끄러운 과거의 모든 것을 낱낱이 다 알고 있는 분을 만났습니다. 그리고 여인은 자신을 그토록 자세하게 알 수 있는 분은 그리스도밖에 없다고 생각했습니다. 29절의 '그리스도가 아니냐'는 말은 '우리가 찾던 메시아가 아니냐?', '하나님의 아들이 아니냐?' 하는 뜻입니다. 그래서 여인은 하나님의 아들을 만나게 된 것이 너무도 기쁘고 감격스러워서 부끄러움을 잊고 만나는 사람들마다 붙들고 자신이 메시아를 만난 이야기를 하고 있는 것입니다.

　이 여인은 부끄러운 인생을 살고 있었던 사람입니다. 가급적이면 사람을 만나지 않으려고 숨어 사는 사람이었습니다. 그의 입장에서는 마음의 기쁨이나 평안 혹은 행복이라는 단어들은 사치스러운 말장난에 지나지 않았습니다. 이 여인은 정서적으로 병들어 있었습니다. 성격은 뒤틀려 있고 자기 생각에서 헤어나지 못하고 있었던 사람입니다. 첩으로 살면서 남편이 던져 주는 쥐꼬리만한 용돈에 목숨을 걸고 사는 여인입니다. 이런 여인이 갑자기 수치심을 잊어버리고 기쁨에 들떠 동네로 달려가서 만나는 사람마다 미친 듯이 붙들고 이야기하는 이변이 일어난 것입니다.

　당신은 여인의 이러한 언행을 이해하고 공감할 수 있습니까? 우리 중에는 메시아를 만나 기뻐서 어쩔 줄 모르는 여인의 감정을 자신의 것처럼 느끼는 사람도 있을 것입니다. 그러나 복권에 당첨되어서 펄펄 뛰는 사람은 이해해도 예수 만난 기쁨 때문에 펄펄 뛰는 사람은 도무지 공감할 수 없고 이해할 수도 없다는 분들도 있을 것입니다. 당신은 어느 편에 속한 사람입니까?

거듭남과 심령의 치유

　수가성의 여인은 복음서에서 성령으로 거듭나는 사람이 어떻게 변화되는가를 보여 주는 최초의 사례라고 할 수 있습니다. 우리는 이 여인을 보면서 구원받은 사람의 참 모습을 알 수 있습니다. 본문은 여인의 구원받은 것에만 초점을 맞추고 있지 않습니다. 자칫하면 우리는 이 여인이 구원받고 거듭났다는 것을 이해하는 것만으로 본문을 다 이해한 것으로 생각하고 성경을 덮어 버릴 수가 있습니다. 이것은 잘못된 것입니다. 본문의 메시지는 여인이 구원받았다는 것에만 집중되고 있지 않습니다. 본문이 제시하는 더 큰 도전은 예수를 믿으면 심령의 병이 고침을 받는다는 것입니다. 심령이라는 말은 영과 마음을 가리키는 혼합된 용어이지만 성경에서는 우리의 마음을 의미하고 있습니다.

　인간에게는 두 가지 병이 있습니다. 하나는 육신의 병이요, 또 하나는 마음의 병입니다. 마음의 병에는 현대 심리학이 말하는 여러 가지 정서적인 장애는 물론 생각이 잘못되고 가치관이 뒤집혀서 선한 것과 악한 것을 분별하지 못하고 행동하는 모든 것이 다 포함됩니다. 수가성 여인은 예수님이 우리 마음에 들어오셔서 영생하도록 솟는 생수가 되시면 이와 같은 마음의 병이 고침을 받는다는 것을 우리에게 이야기하고 있는 것입니다. 우리는 이와 같은 마음의 병의 치유를 일컬어서 '인격 변화'라고도 합니다.

　거듭난 사람은 구원을 받습니다. 동시에 거듭난 사람은 마음의 병까지 치유 받습니다. 마음이 건강해지면 다른 모든 면에서 변화가 일어납니다. 정서적인 혼란에서 해방이 되고, 억눌렸던 감정에서 자유롭게 되며, 비뚤어진 성격이 교정을 받습니다. 마음이 건강해지면 지금까지 몸담고 있던 더럽고 냄새나는 생활을 떨치고 일어날 수 있고, 상처받은 내면의 세계가 아물기 시작하며 왜곡되었던 대인 관계가 바로 펴집니다. 우리의 심령에 생수 되신 예수님이 계시면 이런 치유와 변화가 뒤따라옵니다.

이것은 예수님을 만난 수가성 여인이 우리에게 증거하고 있는 것입니다. 예수님 만나고 나서 너무나 감격하여 동네로 뛰어들어가 온 동네 사람들에게 메시아를 만났다고 소리치는 여인의 모습에서 그 여인은 자신의 변화된 모습을 분명하게 보여 주고 있습니다. 그런데 여인에 대한 우리의 시선은 여기서 멈추지 않습니다. 예수님을 만난 후에 그 여인의 삶이 과연 어떻게 변했을까요? 마치 복권에 당첨된 사람들처럼 하루 깜박 행복해 하다가 다시 옛날로 돌아갔을까요? 아니면 부끄러운 첩 생활을 계속하면서 사람들을 피하고 술이나 마시면서 하루하루를 보내는 여자로 다시 되돌아갔을까요? 아무리 생각하고 상상해 보아도 이 여인이 그 옛날 생활로 돌아간 것 같지는 않습니다. 만약 여전히 우울증에 시달리면서 밤이면 잠을 이루지 못하고, 낮에는 죄지은 사람처럼 가만히 물 길러 오는 그런 여자로 되돌아갔다면 우물가에서 메시아를 만난 의미가 어디에 있습니까?

만약 그가 다시 옛날 생활로 돌아가서 개가 토한 것을 다시 먹듯이 생활했다면 예수님이 말씀하신 생수가 그 속에서 영생하도록 솟는다는 그 말이 너무도 허황된 거짓말이고 무의미한 이야기에 지나지 않을 것입니다. 여인이 예수님을 만나고 나서 구원은 받았을지 모르지만 마음의 병은 그대로 안고 집에 틀어박혀서 병자처럼 지내고 있다면 "내가 주는 물을 먹는 자는 영원히 목마르지 아니하리라."는 예수님의 말씀은 아무런 의미도 없을 것입니다.

치유 받지 못한 마음의 병

목회를 하면서 늘 가슴 아프게 생각하는 것이 하나 있습니다. 구원을 받은 것은 틀림없는 것 같은데 십 년을 교회에 다녀도 달라지지 않는 사람이 있습니다. 아무리 교회에 나와서 예배를 드려도 병든 정서, 잘못된 성격은 그대로 남아 있고, 여전히 돈만 밝히는 사람이 있습니다. 그렇게 기도를 많이 한다고 하면서도 세상 욕심에서 헤어나지 못하고 날마다 목마른 사람처럼 세상에 갈증을 느끼는 사람이 있습니다. 자신에게 한 번 잘못한 사람은 끝까지 용서하지 못하는 사람이 있습니다. 과거에 입었던 상처가 집사나 권사가 되어도 여전히 쓴 뿌리로 남아 있는 사람들이 있습니다. 예수 믿는 것은 틀림이 없는데 마음의 병들은 치유를 받지 못하고 그대로 남아 있습니다. 이들에게 도대체 무엇이 문제입니까?

요즘 현대인들은 영양 과잉으로 살을 빼느라 전쟁을 치르고 있습니다. 운동을 하는 것으로는 부족해서 한증탕에 들어앉아 더운 땀을 흘리며 온갖 고생을 다하고 있습니다. 고대 그리스 사람들은 평균 수명이 십구 세에 불과하였습니다. 그런데 우리는 이미 팔십 세를 내다보고 있습니다. 그러니 육신의 건강은 최전성기를 맞이하고 있다고 볼 수 있습니다. 그럼에도 불구하고 이상하게도 마음의 건강은 육신의 건강과는 반대로 되어가고 있는 것처럼 보입니다. 육신이 건강할수록 마음은 점점 더 병이 들고 있습니다. 그렇게 많이 기도하고, 그렇게 성경을 잘 안다고 하는데도 마음의 병은 깊어지고 고침을 받지 못하고 있습니다.

시골에서 혼자 사는 어머니가 있었습니다. 어머니는 자식이 조금씩 보내 주는 용돈을 가지고 어렵사리 그저 매일 매일 살아가고 있었는데, 어느 날 도시에 사는 아들 집을 방문했다고 합니다. 하루는 며느리가 외출을 하게 되었습니다. 집안에 혼자 남아 있던 시어머니가 방 안에 물끄러미 앉아 있는데 갑자기 탁자 위에 놓인 노트 하나가 눈에 들어왔습니다. 무심결에 호기심도 발동하고 해서 펼쳐보니, 가계부였습니다. 거기에는 콩나물 산 것까지 자세히 기록되어 있었는데 매달마다 똑같은 이상한 항목이 눈에 들어왔습니다. '촌년'이라는 제목이 붙어 있고 그 옆에는 '5만 원'이라고 적혀 있었습니다. 한두 달도 아니고 꼬박꼬박 매달마다 그렇게 적혀 있었습니다. 한참을 보고 있던 시어머니는 그것이 며느리가 자신에게 용돈을 보낸 것을 기록한 것이라는 것을 깨닫고 충격을 받았습니다. 시어머니가 아무리 미워도 그렇게 노트에다 쓰는 여자는 그 마음이 완전히 뒤틀린 사람입니다.

언젠가 서울의 한 정신병동에 입원하고 있는 사람 중의 70퍼센트가 기독교 교인이라고 하는 말을 들은 적이 있습니다. 거듭난 것 같은데, 예수는 믿는 것 같은데, 마음의 병은 더 심해져서 건강의 균형이 깨어지는 정말 이해할 수 없는 일이 우리 가운데 일어나고 있습니다. 기독교에서 말하는 '거듭난다, 새로운 피조물이 된다, 영생을 얻는다'는 말은 '심령이 고침 받는다, 사람이 변한다, 행동이 달라진다'는 모든 내용을 수반하는 전인적인 구원을 가리키는 것이지 죽으면 천국 들어간다는 의미만을 이야기하는 것이 아닙니다. 그런데 많은 분들이 거듭났다고 하면 그저 천국 들어가는 것이 보장된 것으로 생각하고 내 마음의 병에 대해서는 부끄럽게 생각하거나 고민도 하지 않습니다. 이것은 우리 기독교인들 모두에게 너무도 고통스러운 문제가 아닐 수 없습니다.

죄 문제를 다루심

우리는 수가성 여인을 다루시는 주님의 말씀에서 문제의 해답을 얻을 수 있습니다. 예수님은 여인을 만나자마자 생수에 관한 이야기를 하셨고, 여자가 생수 얻기를 간구하자 주님은 이제 전능하신 하나님으로서 그 여인을 다루기 시작하십니다. 예수님은 먼저 여인이 죽어도 건드리고 싶어하지 않는 문제를 건드리십니다. 아마도 "가서 네 남편을 불러오라"는 예수님의 말씀은 그 여인에게 천둥 소리처럼 들렸을 것입니다. 우리는 여인이 예수님의 말씀을 듣고 얼마나 놀라고 정신이 없었을지 충분히 상상할 수 있습니다. 여인이 대답을 못하고 우물쭈물 하다가 "나는 남편이 없나이다"라고 말하자 주님은 이렇게 대답하였습니다.

"네가 남편 다섯이 있었으나 지금 있는 자는 네 남편이 아니니 네 말이 참되도다"(18절).

여인은 자신을 완전히 꿰뚫어 보시는 예수님의 이러한 말씀에 몸둘 바를 몰랐습니다. 그래서 빨리 화제를 바꾸고 싶었습니다. "제가 보니 선생님은 선지자시군요. 유대 나라 사람들은 예루살렘에서 예배해야 한다 하고 우리는 사마리아에 있는 그리심 산에서 예배해야 된다고 하는데 어느 것이 옳은 것입니까?" 예수님은 그가 말을 돌리는 것을 뻔히 아시면서도 나무라지 않았습니다. 일단 화제를 바꾸는 데는 성공하였지만 예수님 앞에서 드러난 자기의 추악한 모습을 감출 수는 없었습니다. 여인은 말을 하지는 않았지만 자신이 엄청난 죄인이며 어디 가도 용서받기 어려운 존재임을 느끼면서 보이지 않는 눈물을 마음으로 삼키고 있었습니다.

하나님 앞에서 자신이 죽어 마땅한 죄인이라는 것을 자각하는 것은 마음 밭 한가운데 있는 큰 바위를 드러내는 것과 같습니다. 그 바위를 움직여야 밑에서 샘물이 솟을 수 있습니다. 바위가 누르고 있는 이상 샘물은 솟아나지 않습니다. 주님께서 여인의 죄 문제를 거론하신 이유가 바로 여기에 있었습니다.

종교 문제를 다루심

죄 문제를 다루신 다음에 예수님은 여인이 평소에 마음에 두고 갈등하는 종교 문제를 다루셨습니다. 이 여인은 유대인과 사마리아인들이 자기들의 종교의 정통성 문제 때문에 수백 년 동안 반목하여 왔다는 사실을 귀가 아프도록 들었습니다. 유대 나라 사람들은 예루살렘에 계시는 하나님이 참 신이기 때문에 예루살렘에서 드리는 예배만 하나님께서 진정으로 받으시고, 사마리아인들이 찾는 하나님은 거짓 신이기 때문에 사마리아에서 드리는 예배는 거짓 예배라고 말하였습니다. 그러나 사마리아 사람들은 예루살렘 하나님은 거짓 신이며 그들이 섬기는 하나님이야말로 진짜 하나님이므로 예배는 사마리아에 있는 그리심 산에서 드려야 한다고 주장했습니다. 서로 한발자국도 양보하지 않고 대립해 오고 있었던 것입니다.

이런 와중에서 이 여인은 누구의 말이 옳은지 마음에 갈등이 있었습니다. 다시 말하면 여인은 일종의 종교적 의문과 갈등을 가지고 있었습니다. 예수님은 이 여인을 다루시면서 그 마음에 있는 종교적인 갈등 문제를 풀어 주십니다. 왜냐하면 종교적인 갈등과 문제가 풀리지 않은 심령에는 생수가 솟지 않기 때문입니다. 날마다 의심과 갈등으로 마음의 병이 깊어지는데 그 마음이 치유함을 받을 것으로 기대할 수는 없는 일입니다.

예수님은 예배의 장소 문제로 고민하는 여인에게 이제 새로운 시대가 열렸기 때문에 더 이상 그런 문제로 고통받지 말라고 말씀하십니다.

"예수께서 가라사대 여자여 내 말을 믿으라 이 산에서도 말고 예루살렘에서도 말고 너희가 아버지께 예배할 때가 이르리라"(21절).

그리고 22절에서 예수님은 사마리아 사람들은 유대 나라 사람들의 좋은 점을 인정해야 한다고 충고합니다.

"너희는 알지 못하는 것을 예배하고 우리는 아는 것을 예배하노니 이는 구원이 유대인에게서 남이니라"(22절).

구원이 유대인에게서 난다는 말은 인류를 구원하실 메시아가 유대인 혈통을 통해서 나지, 사마리아에서 나지 않는다는 말입니다. 그러므로 사마리아 사람들은 이 사실을 인정해야 한다고 말씀하십니다. 예수님께서 여인의 종교적인 갈등과 의문을 풀어 주신 것은, 그래야만 이 여인이 구원받을 수 있을 뿐만 아니라 심령의 병도 고침을 받을 수 있기 때문입니다.

진정한 예배

이어서 예수님은 그 여인이 하나님과 바른 관계를 갖고 있지 못하고 있음을 지적합니다. 여인의 관심사는 하나님을 예배하는 그 자체에 있지 않고 어디서 예배 드려야 하는가에 있었습니다. 예배가 무엇입니까? 여인은 예배를 단순히 모이는 장소나 의식으로만 알고 있었습니다. 그러나 주님께서는 성경에서 계시하신 하나님을 정확하게 알고 하나님을 찾는 것이 예배라고 말씀하셨습니다.

진정한 예배는 사람이 하나님을 영으로 만나 하나님의 사랑과 지혜와 아름다움과 진리와 거룩과 긍휼과 자비와 은총과 능력과 그에게 속한 모든 거룩한 속성들을 생각하면서 하나님에게 합당한 찬미와 경배를 드리는 것입니다. 그러므로 예배의 장소가 어디냐 하는 것은 큰 의미가 없습니다. 어떤 순서와 절차를 밟아 예배하느냐 하는 것도 큰 의미가 없습니다. 우리는 예배의 전통에 묶일 필요가 없습니다. 우리의 영이 하나님 자신으로 행복해지면 그 자체가 예배입니다. 이런 예배를 일컬어서 신령한 예배라고 합니다.

"아버지께 참으로 예배하는 자들은 신령과 진정으로 예배할 때가 오나니 곧 이때라 아버지께서는 이렇게 자기에게 예배하는 자들을 찾으시느니라 하나님은 영이시니 예배하는 자가 신령과 진정으로 예배할지니라"(23, 24절).

이런 점에서 이 여인은 하나님을 예배하고 있지 않았으며, 그 영은 하나님과 깊은 영교를 경험하지 못하고 있었습니다. 하나님을 높이고 그의 이름을 찬미하려는 영혼의 간절함을 그 여인은 느끼지 못하고 있었습니다. 그러므로 하나님과 자신은 먼 거리로 떨어져 있었습니다. 하나님과 진정한 예배 관계가 이루어지지 못하고 있을 때 그 심령은 고침을 받지 못합니다.

문제의 해답은 메시아

예수님은 이상과 같은 문제들을 지적하시면서 동시에 죄 문제, 종교적인 문제, 그리고 하나님을 예배하는 문제 등 이 모든 문제에 대해서 여자 스스로는 해답을 얻을 수 없다는 사실을 인식하게 하셨습니다.

"여자가 가로되 메시아 곧 그리스도라 하는 이가 오실 줄을 내가 아노니 그가 오시면 모든 것을 우리에게 고하시리이다"(25절).

여인은 마침내 자신의 힘으로는 그가 고민하는 문제들을 해결할 수 없음을 인식하였습니다. "나는 이 문제를 해결할 수 없어요. 그러나 메시아, 하나님의 아들이 오시면 이 문제를 해결할 수 있을 것입니다." 그리고는 마음의 눈을 열어 그 메시아를 고대하게 되었습니다.

이제 여인은 하나님의 구원을 받아들일 마음의 준비가 되었습니다. 그래서 예수님은 "네게 지금 말하고 있는 내가 메시아, 하나님의 아들이다"라고 말씀하셨습니다. 그 말을 듣는 순간 그 여인의 영안이 열렸습니다. 여인은 유대 청년 예수에게서 하나님의 아들의 영광을 보았습니다. 그 순간 예수님이 그의 심령을 가득히 채우는 생수가 되어 솟아오르는 것을 체험했습니다. 여인을 둘러싼 캄캄한 어둠이 물러가고 지금까지 어깨를 짓누르고 있던 무거운 짐은 굴러가고 없어졌습니다. 죄의 쇠사슬에서 풀려 난 것입니다.

그는 가만히 있을 수가 없었습니다. 치밀어 오르는 환희와 해방감을 억누를 수가 없었습니다. 이제 부끄러움은 사라졌습니다. 남이 무엇이라고 하든지 더 이상 그것은 문제가 되지 않았습니다. 자기가 왜 우물에 왔는지조차도 잊어버렸습니다. 그리고 사람들에게 자신이 발견한 메시아를 전하기 위해 달려갔습니다. 이 여인은 구원을 받은 사람일 뿐만 아니라 그 마음의 병까지 치유함을 받은 것입니다.

마음의 병을 고침 받으려면

주일 예배는 참석하지만 아직도 예수를 믿지 않는 분들은 이 여인처럼 거듭나서 하나님의 자녀로 태어나야 합니다. 그러기 위해서는 당신의 마음에 지금 어떤 변화가 일어나는가를 주목하시기 바랍니다. 마음속에 어떤 변화가 일어나는 것을 느끼십니까? 주님이 당신을 만져 주시기 때문에 그렇습니다. 당신의 마음에 나는 죄인이구나 하는 어떤 자각이 일어납니까? 그렇다면 당신은 생수의 샘 앞으로 지금 이끌려 나오고 있는 것입니다. 당신의 마음속에 종교적인 갈등이나 의심이 자꾸 고개를 들고 일어나면서 이것은 스스로의 힘으로는 도무지 풀 수 없는 어려운 문제임을 느끼십니까? 당신은 이미 주님의 인도를 받고 있는 것입니다. 예배하는 자리에 참석하지만 시간만 때울 뿐 하나님을 알지 못하는 것 때문에 마음에 갈등이 있습니까? 이미 주님께서 사마리아 여인을 다루듯이 당신을 다루고 계시다는 것을 아시기 바랍니다. 나의 모든 문제에 대한 해답을 예수님에게서 찾을 수 있을 것 같은 어떤 기대를 마음속에 가지고 있습니까? 당신은 이미 새 생명으로 태어날 순간이 다가오고 있다는 것을 믿으셔도 좋습니다. 주님이 당신을 그렇게 다루실 것입니다.

예수를 믿고 구원을 받은 것은 틀림없는데 마음의 병이 여전히 그대로 남아 있는 사람이 있습니다. 예수 믿은 후 오랜 시간이 지났지만 생각도 예전 그대로고 성격도 별로 달라진 것 같지 않으며, 행동도 다른 사람들 보기에 예수 믿는 사람처럼 보여지지 않는 사람들이 있습니다. 예수는 믿지만 정서적으로 불안을 느끼고 우울증으로 고생을 하는 사람들이 있습니다. 용서하지 못하는 고통과 미움 때문에 여전히 괴로워하고 죄를 끊어 버리지 못해서 정욕에 끌려 다니는 사람들이 있습니다. 수십 년 전에 입은 상처 때문에 아직도 고통받는 사람들이 있습니다. 이런 사람들은 자신을 수가성 여인과 비교해 보기 바랍니다. 그래서 지금 문제가 어디에 걸려 있는지를 찾으셔야 합니다.

당신은 기도할 때마다 입버릇처럼 죄인이라고 고백은 하지만, 실은 그 마음속에 깊은 죄의식이 없는 사람일 수 있습니다. 이런 사람은 심령의 병을 고침 받을 수가 없습니다. 그런 돌덩이 같은 심령을 가지고는 마음의 병이 치료되지 못합니다. 아무리 성경을 많이 읽었다고 하더라도 잘못을 항상 다른 사람에게 돌리는 사람은 심령의 병을 고침 받지 못합니다. 분명히 구원받은 것은 틀림없는데 아직도 하나님에 대해서, 예수님에 대해서, 성경에 대해서 의문 부호를 달아 놓고 의심하고 갈등하는 사람이라면 예수님께 당신이 갖고 있는 종교적인 문제, 갈등에 대해서 해답을 주시도록 기회를 드리십시오. 그래야만 심령의 병이 고침을 받습니다.

예배 시간에 사람만 눈에 들어오고 인간의 소리만 귀에 들어오는 사람이 있습니다. 하나님 자신을 나의 영으로 대면하지 못하는 예배를 드리는 데 습관화되어 있다면 그 사람은 심령의 병을 고침 받지 못합니다. 왜냐하면 영광의 주님을 직접 대면하지 않으면, 내 영이 신령과 진정으로 그분 앞에 엎드리지 못하면, 하나님의 능력이 나를 사로잡지 못하기 때문에 심령의 병이 치료될 수가 없습니다. 물론 예수님을 믿고 구원을 받았다고 해서 모든 사람이 이 수가성 여인처럼 한순간에 마음의 병까지 고침 받는 것은 아닙니다. 어떤 사람은 믿을 때 이 놀라운 축복을 누리지만, 어떤 사람은 마음의 병을 치료받는 데 5년이 걸릴 수도 있고 10년이 걸릴 수도 있습니다. 심지어 어떤 사람은 임종시에 마음이 고침 받는 일이 일어나기도 합니다.

사막이 꽃동산으로

예수를 오래 믿으면서도 마음의 병이 그대로 남아 있다는 것은 자신을 위해서 불행한 일이 아닐 수 없습니다. 에베소교회에는 예수를 믿고 구원을 받은 것은 틀림없는데 마음의 병이 고침을 못 받아서 문제를 일으키는 사람들이 있었습니다. 하나님이 그들을 이렇게 책망하십니다. "이제부터는 이방인이 그 마음의 허망한 것으로 행함같이 너희는 행하지 말라"(엡 4:17). 다시 말하면 안 믿는 사람과 똑같은 마음으로 말하고 행동하지 말라는 말씀입니다. 에베소서 4장 25절 이하를 보면 에베소 교인들은 거짓말, 도둑질, 음담패설, 더러운 말을 부끄러운 줄 모르고 하였습니다. 그리고 훼방하고 교회 안에서 수근거리고 패거리를 만들고 서로 상처 주고 용서하지 못했습니다. 왜냐하면 심령에 병이 들었기 때문입니다. 마음에 병이 들었기 때문에 생각이나 성격이 뒤틀리게 되고 정서가 불안합니다. 남을 해치면서도 양심의 가책을 받지 않습니다.

그러나 하나님은 이런 사람들을 향해서 "너는 이제 구원받기는 틀렸으니 내 앞에서 사라져라"고 말씀하지 않았습니다.

"너희는 유혹의 욕심을 따라 썩어져 가는 구습을 좇는 옛사람을 벗어 버리고 오직 심령으로 새롭게 되어 하나님을 따라 의와 진리의 거룩함으로 지으심을 받은 새사람을 입으라"(엡 4:22~24).

이것은 거듭나서 구원을 받으라는 말이 아닙니다. 이미 에베소 교인들은 예수를 믿은 사람들입니다. 그러면 여기서 '새사람을 입으라'는 말이 무슨 뜻으로 사용되고 있습니까? 마음의 병을 고치라는 뜻입니다.

우리 가운데도 에베소 교인들이 가졌던 문제들이 있을 수 있습니다. 믿음은 있는데 마음의 병은 여전히 치료를 받지 못하고 있고, 예수는 믿는데 내 마음에 생수가 솟아나지 않는다면 병 고침을 받아야 한다는 자각을 가질 필요가 있습니다. 물이 고갈된 땅을 사막이라고 부릅니다. 사막은 병든 땅이요 생명이 죽어가는 땅입니다. 그러나 이사야는 이 사막에 놀라운 일이 일어날 것이라고 이사야 35장에서 예언하였습니다. 하나님의 아들을 모신 자의 마음에는 광야에서 물이 솟고 사막에서 시내가 흐르는 경이로운 생명의 기적이 일어날 것이라고 예언하고 있습니다. 뜨거운 사막이 변하여 못이 되고 메마른 땅이 변하여 원천이 되고 시랑의 눕던 곳이 풀과 갈대와 부들이 날 것이며 광야와 메마른 땅이 기뻐하고 사막이 백합화같이 피어 즐거워할 것이라고 예언하고 있습니다.

생수 되신 예수님을 모신 사람의 마음에 이와 같은 놀라운 기적이 일어납니다. 우리의 마음은 다 사막같이 메마르고 갈라지고 뒤틀리고 죽고 황폐해져서 형편없이 되었지만, 생수 되신 예수님이 우리 마음에 오셔서 영원토록 솟아나는 생수가 되면 우리 마음에는 꽃동산을 이룬다는 말씀입니다.

이 말씀은 하나님의 나라가 임하는 미래만을 이야기하는 것이 아닙니다. 이것은 예수님을 모시는 자의 마음속에 일어나는 경이로운 사건을 가리키고 있는 것이기도 합니다. 수가성 여인의 마음에 이와 같은 놀라운 예언이 성취되는 것을 우리는 봅니다. 심령의 병을 고침 받습니다. 생수 되시는 예수님을 모시면 메마른 사막에 샘이 넘쳐 흐르고, 사막에 꽃이 피어 향내가 나고 사자들이 어린양과 뛰놀고 어린이들과 함께 뒹구는 참 사랑과 기쁨의 그 나라가 내 안에서 일어납니다. 이런 역사가 우리 속에서 일어나야 합니다. 이 세상에서부터 주님이 다스리는 천국이 그 마음에 임하면, 예수 믿는 사람은 심령의 병이 고쳐져서 사자처럼 날카롭고 까다롭고 남을 해치는 더러운 자아가 변화되어 어린양과 같이 되고, 갈라지고 거칠고 메마른 사막이 변하여 꽃동산이 됩니다.

그러므로 예수님을 샘물로 마시기를 바랍니다. 죄를 회개하고 의심을 버리고 이 생수 되신 주님을 마십시다. 신령과 진정으로 예배함으로 예수를 생수로 마십시다. 오직 그분만을 예배하고 사모함으로 생수 되신 주님을 내 마음에 모십시다. 영생하도록 솟아나는 샘물이 내 안에 퍼지면 병든 내 마음이 치유를 받습니다. 불안합니까? 두렵습니까? 죄책감이 짓누릅니까? 미운 사람들이 있습니까? 사람 만나기가 싫습니까? 기쁨이 없습니까? 감사가 사라졌습니까? 죽고 싶습니까? 이 모든 것은 다 마음의 병으로부터 오는 나쁜 것들인데, 하나님의 자녀의 마음으로는 합당치 않은 것입니다.

생수 되신 주님이 내 안에서 영생하도록 솟는 샘물이 되면 이 모든 마음의 병이 멀리 달아납니다. 그러면 당신도 수가성 여인처럼 동네로 뛰어가서 만나는 사람마다 붙들고 주님 앞으로 데려올 수가 있습니다. 이 놀라운 축복의 역사들이 당신과 당신의 가정과 한국 교회에 일어나기를 진심으로 축원합니다.

15. 하나님이 찾으시는 예배자

예수께서 가라사대 여자여 내 말을 믿으라 이 산에서도 말고 예루살렘에서도 말고 너희가 아버지께 예배할 때가 이르리라 너희는 알지 못하는 것을 예배하고 우리는 아는 것을 예배하노니 이는 구원이 유대인에게서 남이니라 아버지께 참으로 예배하는 자들은 신령과 진정으로 예배할 때가 오나니 곧 이때라 아버지께서는 이렇게 자기에게 예배하는 자들을 찾으시느니라 하나님은 영이시니 예배하는 자가 신령과 진정으로 예배할지니라 여자가 가로되 메시아 곧 그리스도라 하는 이가 오실 줄을 내가 아노니 그가 오시면 모든 것을 우리에게 고하시리이다 예수께서 이르시되 네게 말하는 내가 그로라 하시니라 이때에 제자들이 돌아와서 예수께서 여자와 말씀하시는 것을 이상히 여겼으나 무엇을 구하시나이까 어찌하여 저와 말씀하시나이까 묻는 이가 없더라 여자가 물동이를 버려두고 동네에 들어가서 사람들에게 이르되 나의 행한 모든 일을 내게 말한 사람을 와 보라 이는 그리스도가 아니냐 하니 저희가 동네에서 나와 예수께로 오더라.

요한복음 4:21~30

예수님은 사마리아 수가라는 마을에 잠깐 들러 한 여인을 만나셨습니다. 예수님은 여인과 두 가지 주제를 가지고 대화를 나누셨습니다. 하나는 영생에 관한 것이었고 또 하나는 예배에 관한 것이었습니다. 영생의 문제는 예수님이 끌어낸 주제였고 예배에 관한 것은 여인이 제시한 주제였습니다.

예수님께서 생수에 관한 말씀을 하신 후, 여인에게 다섯 남자가 있었고 지금 함께 있는 남자는 남편이 아니라는 말씀을 하셨습니다. 그러자 여인은 마치 낯선 남자 앞에 발가벗겨진 것 같은 처지가 되어 그 순간을 빠져 나가려고 예배 문제로 화제를 돌렸습니다.

평소에 마음속 깊이 간직하고 있던 예배에 관한 의문을 털어놓은 것입니다. 밑바닥 인생을 살고 있던 그 여인의 처지에서는 자신의 죄와 고통을 들고 가 하소연할 수 있는 진지한 예배의 대상이 누구인가 하는 문제가 큰 관심사가 아닐 수 없었을 것입니다. 누구든지 세상에서 버림받고 기댈 언덕을 찾지 못하면 하나님의 품을 그리워하게 됩니다. 그래서 예수님은 그런 자들을 먼저 찾으셨습니다. 그 가운데는 수가성 여인도 있었습니다. 사람들이 손가락질하는 창녀의 예배를 받으실 하나님이 어디 계십니까? 그런 자의 마음의 상처를 싸매는 하나님이 어디 계실까요? 이 해답을 찾고 싶어하는 자들이 세상에는 참 많습니다.

예배자의 조건

예배가 무엇입니까? 하나님께 합당한 예를 드리는 것입니다. 시편 29편 2절에 "여호와의 이름에 합당한 영광을 돌리라 거룩한 옷을 입고 여호와께 경배할지어다"라는 말씀이 나옵니다. 하나님의 이름에 합당한 영광을 돌리는 것이 예배입니다. 요한계시록에 보면 하나님의 보좌를 천천과 만만의 천사들이 둘러서서 이렇게 찬양하고 있습니다.

"죽임을 당하신 어린양이 능력과 부와 지혜와 힘과 존귀와 영광과 찬송을 받으시기에 합당하도다"(계 5:12).

종교 개혁자 루터의 말을 빌리면 "하나님을 모시고 있는 자는 반드시 그에게 예배해야 합니다." 그러나 막연한 신(神) 의식만 가지고는 예배할 수 없습니다. 예배자는 몇 가지 전제 조건을 구비해야 합니다. 요한복음 3장에서 예수님이 '반드시 하지 않으면 안 된다(must)'는 강한 조동사를 사용하여 말씀하신 몇 구절에 주의할 필요가 있습니다.

먼저 "거듭나야 하겠다"(7절)는 말씀입니다. 이것은 반드시 거듭나야 한다는 뜻입니다. 또 "모세가 광야에서 뱀을 든 것같이 인자도 들려야 하리니"(14절)라는 말씀인데 이것은 다시 말해 '반드시 들려야 한다' 즉, '예수님이 반드시 십자가를 져야 한다' 는 뜻입니다. 이상의 내용을 정리하면 예배자의 전제 조건이란 첫째는 중생이요 둘째는 죄 사함 받는 것입니다.

하나님 앞에 예배하는 자는 어떤 자여야 합니까? 성령으로 중생 받은 사람이어야 합니다. 다시 말해 하나님을 아버지라 부를 수 있는, 그의 자녀로 태어난 사람이어야 합니다. 그렇지 않고는 어떤 사람도 하나님을 예배할 수가 없습니다. 하나님을 예배하기 원합니까? 예수님의 십자가의 보혈로 죄 씻음 받아야 합니다. 용서받지 못한 죄인은 하나님 앞에 가까이 갈 수가 없기 때문입니다. 우리 모두가 하나님 앞에 진정한 예배를 드리게 하시려고 주님은 죽으셨습니다. 하나님이 거룩한 백성으로부터 영원히 찬양과 경배를 받으시기 위해, 광야에서 모세가 뱀을 장대에 단 것처럼 자기 외아들을 십자가에 높이 매달았습니다.

우리 가운데 중생 받지 못한 자가 있습니까? 죄 씻음 받은 확신이 부족한 자가 있습니까? 당신이 참 예배를 드리기 원하면 간절히 기도하십시오. 하나님의 은혜의 옷자락에 매달리십시오. "주여, 나의 죄를 용서하여 주십시오. 주님의 십자가를 볼 수 있는 믿음의 눈을 주시옵소서."

하나님을 예배한다는 것이 얼마나 영광스러운 일입니까? 나폴레옹이 이런 말을 했다고 합니다. "만약에 내 방에 소크라테스가 들어온다면 나는 자리에서 일어서서 인사할 것이다. 그러나 내 방에 예수님이 들어오신다면 나는 방바닥에 무릎을 꿇고 절할 것이다."

우리가 믿는 예수 그리스도는 예배를 받으시기에 합당하신 분이요 우리의 모든 것을 다 바쳐서 높이고 찬양하고 영광 돌려야 할 하나님 이십니다.

예배의 유일한 대상, 하나님

그러면 어떻게 예배해야 할까요? 바른 예배는 어떤 것입니까? 23, 24절의 말씀을 가까이 놓고 묵상하는 것이 좋습니다.

우선 먼저 예배하는 대상이 하나님이시라는 사실을 분명히 해야 합니다. 우리는 아버지께 예배하는 자들입니다. 요사이 예배가 많이 변질된 것 같습니다. 대상이 바뀐 예배가 많다는 말입니다.

미국의 예를 하나 들겠습니다. 19세기 중엽에 헨리 워드 비처라고 하는 유명한 설교자가 있었습니다. 그의 아버지도 유명한 설교자였습니다. 그의 누이동생은 미국 노예의 참혹상을 폭로한 유명한 소설 『톰 아저씨의 오두막집』을 쓴 스토우 부인이었습니다. 헨리 워드 비처 목사는 당시 많은 사람에게 영향을 끼쳤습니다. 그는 노예 제도를 신랄하게 비판하였습니다. 당시 사회 곳곳에 만연하고 있는 악들을 사정없이 폭로하고 사람들에게 회개를 촉구한 용감한 설교자였습니다. 자연히 많은 사람들이 그의 설교를 듣기 위해 모였습니다. 어떤 때는 교회 밖에서 장시간 기다려야 할 때도 있었습니다. 요사이처럼 사람들의 가려운 곳을 긁어 주는 설교를 하지는 않았지만 사람들의 가슴을 움직이는 능력이 있었던 것입니다.

어느 주일이었습니다. 설교 시간이 되었습니다. 교인들은 당연히 헨리 비처가 강단에 설 줄 알았는데 누군지 잘 알지 못하는 손님 목사님이 강단에 선 것입니다. 금방 반응이 나타났습니다. 청중들 가운데 얼마의 사람들이 실망을 하고 일어나 나가기 시작했습니다. 이 광경을 지켜보던 손님 목사님이 이렇게 말했습니다.

"여러분, 여러분 가운데서 헨리 비처 목사를 예배하기 위해서 오신 분들은 지금 다 나가십시오. 그러나 하나님 아버지께 예배 드리기 위해서 오신 분들은 그 자리에 앉으십시오."

이 말에 나가던 자들이 가책을 받고 대부분 다시 자리에 앉았습니다. 나간 사람은 소수의 사람에 지나지 않았다고 합니다.

이런 이야기를 들으면서 우리가 곰곰이 반성해야 할 구석은 없습니까? 주일날 우리는 무엇을 위해 예배 시간에 나옵니까? 하나님을 경배하기 위해서입니까? 설교를 듣기 위해서입니까? 물론 두 가지가 다 목적입니다. 그러나 설교만이 목적이요 대상이 된 자들이 많습니다. '어느 목사 설교 참 잘한다더라, 한번 들어 보자'는 생각으로 예배에 나온 자들이 적지 않습니다. 예수를 전혀 모르는 사람들이 그렇다면 나무랄 것이 못 됩니다. 신앙생활을 수십 년 한 사람들이 설교가 예배를 드리는 목적인 것처럼 여기고 교회에 나오니 문제라는 것입니다.

이것은 진정한 예배를 드린다고 할 수 없습니다. 설교는 예배의 한 요소입니다. 설교를 예배 자체라고 하기는 어렵습니다. 잘못하면 유명한 설교자가 하나님의 자리에 서기 쉽습니다. 많은 사람들이 설교자를 보고 예배에 나오기 때문입니다. 청중들이 그와 같은 의식에 젖어 있는 이상 하나님은 영광 받지 못하십니다. 유명한 설교자들은 자주 이렇게 가르쳐야 합니다. "여러분, 저를 보고 교회에 오시면 안 됩니다. 제 설교를 듣기 위해서 교회 오시면 안 됩니다. 하나님 앞에 예배하기 위해 오셔야 합니다.”

예배의 대상은 하나님이십니다. 하나님은 영이십니다. 우리 눈에 보이지 아니하는 존재란 뜻입니다. 사람에게 있어서 보이지 않는 존재에게 예배한다는 것만큼 어려운 일이 없을 것입니다. 정말 어려운 일입니다. 동서남북, 어느 쪽을 향해서 절을 해야 할지 우리는 전혀 모릅니다. 이스라엘의 역사를 훑어보면 이 사실을 피부로 느낄 수 있습니다. 왜 그들이 우상숭배를 그렇게 선호했을까요? 영이신 하나님보다 보이는 우상이 훨씬 예배하기 쉬웠기 때문입니다. 비슷한 위험은 우리가 드리는 예배에도 얼마든지 도사리고 있다는 사실을 잊으면 안됩니다.

신령한 예배는 형상이 없는 예배

영이신 하나님을 예배하기 위해 주님이 가르쳐주신 다음의 몇 가지 진리를 명심합시다. 먼저 신령한 예배를 드려야 합니다.

“하나님은 영이시니 예배하는 자가 신령과 진정으로 예배할지니라”(24절).

신령이란 말은 예배가 영적이란 의미입니다. 영적 예배라고 할 때 여러 가지를 생각할 수 있습니다. 우선, 하나님을 대신할 무슨 형상을 만들어서 예배할 수 없습니다. 가톨릭 교회처럼 예배당에 성화를 걸어 놓는다든지 사람의 모양을 한 상(像)을 만들어서 세워 놓는 것을 우리는 용납하지 않습니다. 영이신 하나님을 모독할 수 있기 때문입니다.

어린 손자가 갓을 쓰고 흰 수염을 기르고 도포를 입고 있는 점잖은 자기 할아버지를 연극 배우처럼 그려 놓고 할아버지에게 보라고 떠든다면 기분 좋을 할아버지가 어디에 있겠습니까? 그것은 할아버지의 인품을 모독하는 행동입니다.

신령한 예배는 형상이 없는 예배입니다. 영이신 하나님을 경배하는 것입니다. 어떤 형상이든 우리 눈을 가리지 않아야 합니다. 그러므로 교회 나와서 예배를 드릴 때 눈으로 무엇을 찾지 마십시오. 눈을 감고 조용히 마음의 문을 열고 하나님 앞에 서십시오. 이것이 신령한 예배입니다.

아프리카의 어느 토족이 처음으로 선교사한테서 복음을 들었습니다. 그리고 예수 그리스도에 대한 이야기를 쓴 작은 책자 하나를 얻었습니다. 그는 글을 읽지 못하는 사람이었습니다. 그는 이웃에 있는 다른 토족을 찾아가 자기가 발견한 예수님을 전했습니다. 놀랍게도 전도를 받은 사람들이 다 예수를 믿게 되었습니다. 그들은 예수님께 예배를 드려야 한다는 생각을 하게 되었습니다. 어떻게 예배를 드려야 할지를 잘 알지 못한 그들은 큰 돌을 하나 갖다 놓고 그 위에 선교사가 준 책을 얹어 놓았습니다. 그런 다음에 그것에 둘러앉아 눈을 감은 채 한 시간을 있었다고 합니다.

웃음이 절로 나오는 예배이긴 하지만 영이신 하나님을 예배하는 것이 인간에게 얼마나 당혹스러운 것인가를 잘 보여 주는 사례라 할 수 있습니다. 저는 왜 교회당 안에 요란한 장식을 그렇게 많이 하려고 하는지 이유를 잘 모르겠습니다. 왜 성가대원들이 그렇게 요란한 가운을 입어야 하는지 잘 모르겠습니다. 왜 목사가 화려한 줄무늬 가운을 입고 강대상에 서야 하는지 잘 모르겠습니다. 심지어 어떤 때는 왜 이렇게 좋은 꽃으로 강단을 치장해야 하는지도 잘 모르겠습니다. 물론 예배를 위한 최소한의 인간적 성의라는 것은 잘 알고 있습니다.

그러나 도가 지나쳐서 사람들의 눈을 끄는 무엇이 영이신 하나님을 예배하는 데 지장을 준다면 그것이 의식이든지, 프로그램이든지, 인간이든지 간에 우리는 단호히 경계해야 합니다. 초대 교회가 교회당도 없고 프로그램도 없고 주보도 없고 오르간도 없고 심지어 직분자도 없었을 때 그들이 얼마나 영이신 하나님과 만나는 아름다운 예배를 영감 있게 드렸는가를 기억해야 합니다. 지금 우리 예배에 영이신 하나님이 임재해 계십니다. 눈을 감아 보십시오. 그분이 우리와 함께하십니다. 우리 마음에 계십니다. 우리의 생각과 감정이 그분으로 충만하지 않습니까?

예배의 본질은 공동체로 드리는 것

신령한 예배를 위해 한 가지 더 생각할 것이 있습니다. 하나님을 어떤 장소에 국한시켜서는 안 된다는 것입니다. 수가성 여인에게 이것이 문제가 되었습니다. 유대 나라 사람들은 예루살렘에 있는 성전에서 예배해야 된다 하고, 사마리아 사람들은 그리심 산에서 예배해야 한다고 주장했습니다. 이런 주장은 이미 수백 년간 계속되어 온 것입니다. 수가성 여인의 입장에서는 누구의 말이 옳은지 알 수가 없었습니다. 여인은 사마리아 사람이라 그 동안 그리심 산에서 예배를 드렸는데 그때마다 예루살렘 성전으로 가야 하지 않을까 하는 고민을 가지고 있었던 것 같습니다.

예수님은 장소에 구애받는 예배는 이제 끝났다고 하십니다. 하나님
은 영이시기 때문에 온 우주에 충만하십니다. 어디나 계십니다. 이렇
게 광대하신 하나님을 한 공간에 한정시킬 수 있다고 생각하는 것은
하나님의 본성을 위배하는 것입니다.

"그러나 지극히 높으신 이는 손으로 지은 곳에 계시지 아니하시나
니 선지자의 말한 바 주께서 가라사대 하늘은 나의 보좌요 땅은 나의
발등상이니 너희가 나를 위하여 무슨 집을 짓겠으며 나의 안식할 처
소가 어디뇨 이 모든 것이 다 내 손으로 지은 것이 아니냐 함과 같으
니라"(행 7:48~50).

아마 우리 중에는 이런 생각을 하는 사람들이 있을지 모르겠습니
다. '그렇다면 꼭 예배당에 나와서 예배를 드려야 할 필요가 없지 않
은가? 가정에서도 예배 드릴 수 있고 봄날에 저 백운대에 가서도 예배
드릴 수 있지 않은가?'

예배는 본래 공동체로서의 교회가 드리는 것을 의미합니다. 다시
말하면 하나님의 백성들이 모여 드리는 것이 예배라는 말입니다. 왜
그렇습니까? 하나님은 어느 한 개인의 예배 대상으로 머물지 않으십
니다. 하나님은 구원 얻은 모든 백성이 경배드려야 할 만유의 주가 되
십니다. 그러므로 예배라는 것은 하나님의 자녀들이 교회를 통해서 한
무리가 되어서 하나님을 경배하는 행위입니다. 그런 의미에서 예배는
교회에서 드리는 것이 원칙입니다.

테오도르 루즈벨트 대통령이 했던 말을 들어 보십시오.

"여러분, 하나님은 영이시기 때문에 어느 장소에서나 하나님을 예

배할 수 있고 어떤 시간에도 하나님을 예배할 수 있습니다. 그러나 그 것은 한 가지 조건이 충족되어야 합니다. 당신이 어느 장소에서나 하나님을 예배하는 자가 되려거든 특정한 시간인 주일날, 특정한 장소인 교회에서 먼저 예배 드리는 사람이 될 때만이 그것이 가능합니다.”

교회가 이 땅에 존재하는 이유가 무엇입니까? 하나님 앞에 마땅히 드려야 할 예배를 드리기 위해서입니다. 그러므로 어떤 학자의 말대로 만약에 예배가 없어진다면 교회가 존재할 이유가 없어질 것입니다.

하나님을 아버지로 부르는 자들은 그 마음속 깊은 곳으로부터 성도와 함께 모이기를 원하는 본능적인 갈망을 가지고 있습니다. 함께 모여서 우렁차게 찬송하고 기도하는 그 아름다운 시간을 사모합니다. 이와 같은 거룩한 예배 본능을 교회에서 경험하지 않은 사람이 가정에서나 일터에서 자기 혼자 하나님 앞에 예배 드릴 수 있을까요? 다시 말해서 교회 생활을 등한히 하는 사람이 어디서나 영이신 하나님을 전심으로 예배 드리는 것 보셨습니까? 저는 한번도 본 일이 없습니다. 교회는 모든 경건 생활의 모체가 된다는 것을 잊지 말아야 합니다. 교회에 모여 바른 예배를 드리는 것을 통해 가정 예배가 이어지고 생활 예배가 이어지는 것입니다.

이런 의미에서 주일날 교회에서 드리는 예배가 중요한 것입니다. 봄이 성큼 다가오면 예배 정신을 시험하는 유혹의 손길을 보게 됩니다. 장미꽃을 가지고 찾아올 것입니다. 아름다운 새소리를 가지고 귀를 간지럽게 할 것입니다. 그러나 주일 예배를 빼먹고 들로 산으로 가는 일이 없기를 바랍니다. 산에 가서 예배 드리면 된다는 생각은 하지 마십시오. 예수님이 하신 말씀에 다시 한 번 주의를 기울이십시오. “너희가 아버지께 예배할 때가 이르리니”라고 하셨지 “네가 아버지께 예배할 때가 이르리니"라고 말씀하지 않으셨습니다.

예배의 본질은 혼자 드리는 데 있지 않습니다. 세상으로부터 부름받은 거룩한 성도들이 함께 드리는 것입니다. 교회에서 드리는 예배가 중요한 이유가 여기에 있습니다.

하나님은 영적 예물을 원하신다

신령한 예배를 이야기하면서 한 가지 더 살펴야 할 것이 있습니다. 하나님께 드리는 예물이 영적이어야 한다는 것입니다. 하나님은 우리의 옷을 보지 않습니다. 우리 손에 들고 있는 현금의 액수를 세고 계시지 않습니다. 하나님이 보시는 것은 영적인 예물입니다. 무엇이 영적 예물입니까? 우리의 진실하고 깨끗한 마음입니다. 하나님이 예배 시간에 받기를 원하시는 것은 바로 이 마음입니다. 마음을 다하고 힘을 다하고 뜻을 다하여 하나님을 사랑하는 마음을 원하십니다. 우리가 드리는 찬양에도 이 마음이 들어 있어야 합니다. 기도는 물론이고 헌금에도 이 마음이 담겨 있어야 합니다. 심지어 말씀을 들을 때에도 이 마음을 가지고 귀를 기울여야 합니다. 그렇지 않으면 하나님께 신령하게 드리는 예배라 할 수 없습니다.

주님이 탄식하시는 소리를 들어 보십시오. "이 백성이 입술로는 나를 존경하되 마음은 내게서 멀도다"(마 15:8). 이렇게 드리는 우리의 모든 예배 행위는 하나님을 슬프게 하는 것이 되어 버릴 것입니다.

하나님을 바로 알고 드리는 진정한 예배

끝으로, 진정한 예배가 무엇인지를 생각해 보겠습니다. 진정한 예배는 하나님을 바로 알고 드리는 예배를 의미합니다. 다시 말하면 무식한 예배는 안 된다는 것입니다. 분명히 알고 드리는 예배라야 한다는 말입니다. 하나님이 누구십니까? 하나님이 우리를 위해 무엇을 해 주셨습니까? 왜 하나님을 예배해야 합니까? 하나님이 기뻐하시는 예배가 무엇입니까? 이런 문제에 대답할 수 있는 지식을 가지고 드리는 예배라야 하나님이 받으십니다. 설교가 예배의 중요한 요소가 되는 원인이 여기에 있습니다. 설교는 하나님이 누구신가를 가르쳐 줍니다. 설교는 하나님의 뜻을 보여 줍니다. 설교는 어두운 사람들의 마음을 깨우쳐서 깨닫게 합니다. 이런 의미에서 설교는 예배의 요소 중에 지성소와 같다고 할 수 있습니다.

목사가 되면 가끔 중요한 모임에 초청을 받아 설교할 때가 있습니다. 저는 원래 텔레비전을 자주 보지 못합니다. 신문도 굵은 글자만 읽고 끝나는 때가 많습니다. 그래서 모임에 가서 서로 인사를 하다 보면 실례를 할 때가 더러 있습니다. 상대방이 얼마나 대단한 사람인가를 잘 몰라서 실수를 합니다. 그들을 잘 알아보지 못한다거나 명함을 받고서야 깜짝 놀라는 식입니다. 이런 태도는 유명 인사의 기분을 건드릴 수도 있습니다. 알아주어야 할 사람은 알아주는 것이 예의요 아름다운 미덕입니다.

제가 사는 아파트 바로 아래층에 천하가 다 아는 아나운서 차 모씨가 살고 있는데, 어느 날 엘리베이터에서 그를 만났습니다. 그런데 제가 그만 못 알아본 것입니다. 아마 그는 '이런 무식한 사람이 다 있나? 하고 생각했을 것입니다. 사회에서 알아주고 인정해 주어야 할 사람을 알아주지 못하는 것은 무례한 짓이요 부끄러운 일입니다. 유명 인사에 대해 무식해도 이렇게 실례가 되는데 우리가 예배 드리는 하나 님에 대해 잘 모른다면 이것만큼 무례한 일이 어디 있겠습니까? 무식 하면 하나님이 원하시는 예배를 드릴 수가 없습니다. 유명 인사를 잘 모르는 것과 영이신 하나님을 잘 모르는 것은 하늘과 땅 차이에 비교 할 수 있을지 모르겠습니다. 영이신 하나님을 잘 모른다고 할 때에는 그 무식의 깊이가 대단할 수 있기 때문입니다. 그러므로 우리는 성경 을 열심히 배워야 합니다.

제자훈련을 시키면서 발견한 사실이 있습니다. 말씀으로 은혜를 받 으면 하나님을 더 잘 알게 되고 하나님을 더 잘 알수록 정성스러운 예 배자가 된다는 것입니다. 예배 드리는 자세가 달라지는 것입니다. 이 런 자가 드리는 예배가 바로 진정한 예배입니다. 우리가 잘 알지도 못 하는 하나님, 잘 알고 싶은 관심조차 보이지 않는 하나님을 진정으로 예배 드릴 수 있다는 망상은 버리시기 바랍니다.

우리는 하나님께 너무나 큰 은혜를 받은 자들입니다.

"아버지께 참으로 예배하는 자들은 신령과 진정으로 예배할 때가 오나니 곧 이때라 아버지께서는 이렇게 자기에게 예배하는 자들을 찾으시느니라"(23절).

우리는 하나님이 찾고 계시는 예배자들입니다. 얼마나 영광스럽습 니까? 하나님이 우리를 사랑하십니다. 그렇기 때문에 수많은 사람들 가운데서 우리를 선택하셔서 중생을 얻게 하시고 예수 그리스도의 십자가의 보혈로 깨끗하게 하신 다음, 신령과 진정으로 자기를 예배하게 하신 것입니다.

북한에서 비행기를 몰고 월남한 이웅평 씨가 새문안교회를 방문한 적이 있었습니다. 그 교회는 이북에서 피난 온 사람들이 주를 이루고 있습니다. 그래서 특별히 그곳을 찾은 것 같습니다. 머리칼이 하얀 장로님들이 둘러서서 그 사람을 가운데 놓고 기도하는데, 그는 눈을 뜨고 있었다고 합니다. 그리고 하는 말이 이북에는 종교를 아편으로 가르치기 때문에 아무 교회도 없고 아무 예배도 없다고 했습니다. 그리고 이북은 지금 전쟁할 준비를 다 갖추고 있는데 이렇게 교회에 모여서 예배만 드린다고 전쟁에 이길 수 있느냐는 말을 했다고 합니다.

이런 말을 들으면 휴전선 너머에 지옥이 있다는 생각이 듭니다. 하나님을 예배하는 소리가 끊어진 곳은 지옥입니다. 지옥에는 예배가 없습니다. 찬송도 기도도 없습니다. 하나님이라는 이름도 없습니다. 아무것도 없습니다. 거기가 바로 지옥입니다. 우리에게는 이렇게 값진 자유와 평화를 주셔서 한자리에 모여 하나님을 찬송하고 경배할 수 있게 하셨으니 무엇으로 이 은혜에 감사할 수 있겠습니까? 하나님은 신령과 진정으로 예배하는 자들을 찾고 계십니다. 우리가 바로 주님이 찾으시는 예배자가 되어야 합니다. 이 세상 다할 때까지 주님만을 찬송하는 자가 됩시다.

16. 일어나 걸어라

그 후에 유대인의 명절이 있어 예수께서 예루살렘에 올라가시니라 예루살렘에 있는 양문 곁에 히브리 말로 베데스다라 하는 못이 있는데 거기 행각 다섯이 있고 그 안에 많은 병자, 소경, 절뚝발이, 혈기 마른 자들이 누워 (물의 동함을 기다리니 이는 천사가 가끔 못에 내려와 물을 동하게 하는데 동한 후에 먼저 들어가는 자는 어떤 병에 걸렸든지 낫게 됨이러라) 거기 삼십팔 년 된 병자가 있더라 예수께서 그 누운 것을 보시고 병이 벌써 오랜 줄 아시고 이르시되 네가 낫고자 하느냐 병자가 대답하되 주여 물이 동할 때에 나를 못에 넣어 줄 사람이 없어 내가 가는 동안에 다른 사람이 먼저 내려가나이다 예수께서 가라사대 일어나 네 자리를 들고 걸어가라 하시니 그 사람이 곧 나아서 자리를 들고 걸어가니라 … 그 후에 예수께서 성전에서 그 사람을 만나 이르시되 보라 네가 나았으니 더 심한 것이 생기지 않게 다시는 죄를 범치 말라 하시니 그 사람이 유대인들에게 가서 자기를 고친 이는 예수라 하니라.

요한복음 5:1~15

　요한복음을 보면 예수님께서 큰 명절이 있을 때마다 예루살렘에 올라가신 것으로 기록되어 있습니다. 본문에서도 명절을 맞아 예수님께서 예루살렘으로 올라가셨다고 했습니다. 이 명절은 오순절로 추측하고 있습니다.

　예루살렘에서 예수님은 일부러 사람들이 잘 가지 않는 베데스다라는 연못으로 발길을 옮기셨습니다. 이 연못은 성전에서 그다지 멀지 않은 곳에 위치하고 있었고, 근처에는 성전에서 제사를 지낼 때 쓸 양들을 몰고 들어가는 문이 있었습니다. 연못에서 얼마 떨어지지 않은 곳에는 시장이 있었는데 그곳에는 사람들이 성전에서 제사를 드릴 양이나 소를 사기 위해 늘 붐볐습니다.

　성지 순례차 예루살렘에 가면 세임트 에헴리라는 성당을 찾을 수가 있습니다. 성당 안으로 들어가면 움푹 파인 웅덩이를 볼 수 있는데, 그

곳이 옛날 예수님 당시의 베데스다 연못이었다고 합니다.

당시 베데스다 연못을 두고 이상한 소문이 돌고 있었습니다. 그 연못에는 한 번씩 밑바닥에서부터 물이 끓어오르는 현상이 있었는데, 과학적인 지식이 거의 없었던 당시의 사람들 눈에는 마치 하늘에서 천사가 내려와 물을 휘젓고 가는 것처럼 보였습니다. 그런데 천사가 와서 물을 휘저을 때 누구든지 먼저 연못으로 뛰어들기만 하면 어떤 병이라도 깨끗하게 낫는다는 소문이 돌고 있었습니다. 이 내용을 기록한 3, 4절이 괄호 안에 들어 있는데, 그 이유는 이 이야기가 사람들에게 널리 퍼져 있던 미신적인 이야기였기 때문입니다.

병이 낫는다는 소문을 듣고 많은 병자들이 가족들의 부축을 받아 그곳으로 몰려들었습니다. 그리고 연못 네 귀퉁이에 있는 기둥 아래에 자리를 깔고 천사가 내려와 물을 휘젓기를 밤낮없이 기다리고 있었습니다. 어쨌든 베데스다는 인생 비극의 전시장을 방불케 하는 장소였음에 틀림이 없습니다.

하나님의 아들로서 찾아오신 예수님

베데스다 연못에는 건강한 사람들은 잘 가지 않습니다. 그러나 예수님은 일부러 시간을 내어 혼자서 그곳으로 가셨습니다. 여기저기에 자리를 깔고 누워 있는 병자들의 틈을 비집고 한쪽 모퉁이에 홀로 누워 하염없이 하늘을 바라보고 있는 어느 남자 곁으로 걸어가셨습니다. 허리를 굽히고 그를 내려다보신 예수님은 그가 병을 얻은 지 38년이나 된 것을 아셨습니다. 이십 대 초반에 발병했다고 해도 벌써 회갑을 바라보는 나이에 접어든 비참한 사람이었습니다.

예수님이 수가성 여인을 일부러 찾아가셨던 것처럼 이 남자도 일부러 찾으신 것이 틀림없습니다. 주님은 허리를 굽히시고 물으셨습니다.

"네가 낫고자 하느냐"(6절).

아무도 말을 걸어 주지 않는 자기에게 다정하게 물으시는 주님의 말씀은 그를 퍽 감동시켰을 것입니다.

"병자가 대답하되 주여 물이 동할 때에 나를 못에 넣어 줄 사람이 없어 내가 가는 동안에 다른 사람이 먼저 내려가나이다"(7절).

그의 대답을 들으신 주님께서 작은 음성으로 명령하셨습니다. 아마 그 병자만 들을 수 있게 귀에 대고 말씀하셨는지도 모릅니다.

"일어나 네 자리를 들고 걸어가라"(8절).

얼마나 감동적이고 얼마나 가슴이 젖어 들어오는 장면입니까? 38년 동안 누워 있었으니 관절은 이미 돌처럼 굳어 버렸고 다리에는 아무 힘도 남아 있지 않았을 것입니다. 그런 사람이 어떻게 일어날 수 있었겠습니까? 주님이 말씀하시자 성령의 능력이 그를 일으킨 것입니다. 환자는 벌떡 일어나더니 누워 있던 자리를 둘둘 말아 걷었습니다. 예수님에게 고맙다는 인사도 제대로 못한 것 같습니다. 너무 흥분해서 환호성을 지르며 이리저리 뛰니까 순식간에 사람들이 몰려들었던 것 같습니다. 그 사이에 예수님은 자리를 피하셨습니다.

예수님이 행하신 많은 표적과 기사 중에서 요한이 이 사건을 특별히 기록한 이유가 어디에 있을까요? 우선 먼저, 예수님이 하나님의 아들로서 하나님의 일을 하고 계신다는 것을 선포하기 위해서였습니다. 또 하나는 유대인들이 예수님을 죽이려고 한 동기가 어디에 있었는지를 드러내는 중요한 사건이 되기 때문입니다. 그러므로 우리 모두는 이 이적을 통해 하나님의 아들의 영광을 보아야 합니다. 38년 된 병자를 일으키시는 예수님에게서 하나님의 아들 되심을 보아야 합니다.

성령이 마음을 열어 주실 때 우리는 볼 수 있습니다. 그때 우리는 모세처럼 신을 벗을 수 있을 것입니다. 엘리야처럼 얼굴을 가리고 땅에 엎드릴 수 있을 것입니다. 세례 요한처럼 "보라 세상 죄를 지고 가는 하나님의 어린양이로다."(요 1:29)라고 외칠 수 있을 것입니다. 하나님의 아들로서 베데스다를 찾으신 예수님은 오늘도 우리를 찾아오십니다. 38년 된 병자처럼 스스로 어찌할 수 없는 문제를 안고 신음하는 우리를 만나 주십니다.

생명을 걸고 찾아오신 은혜

우리 중에 예수님이 하나님의 아들 되심을 믿지 못하는 사람이 있다면 베데스다에 찾아오셨던 예수님과 만나는 은혜가 있기를 바랍니다. 그 육신은 38년 된 병자가 아닐 것입니다. 그러나 영혼은 38년 된 병자나 다름없습니다. 혼자서 예수 믿을 힘이 전혀 없는 사람입니다. 하나님이 원하시는 선한 것이나 의로운 것을 전혀 행할 수 없는 죄인에 불과합니다. 38년 된 병자와 다를 게 뭐가 있습니까?

예수님은 그 병자를 만나시자마자 "일어나라, 자리를 들고 걸어가라"고 말씀하셨습니다. 주님은 당신을 향해서 똑같은 말씀을 하고 계십니다. 하나님의 아들이 일어나라고 명령하시면 반드시 일어나게 됩니다. 빛이 있으라 말씀하시자 빛이 비쳤습니다. 해가 있으라 하시니 하늘에 광명한 해가 모습을 드러내었습니다. 나사로야 나오라 하시자 죽은 시체가 일어나서 걸어 나왔습니다. 하나님의 아들이 명령하시면 만물이 순종합니다.

그러므로 당신도 불신앙의 앉은뱅이였던 자리에서 '주여, 믿습니다' 라고 소리치며 일어나는 믿음의 사람이 될 수 있습니다. 당신의 영혼에 새로운 생명의 꽃이 피기 시작할 것입니다. 그리고 24절에 약속된 영생의 축복을 누리게 될 것입니다.

"내가 진실로 진실로 너희에게 이르노니 내 말을 듣고 또 나 보내신 이를 믿는 자는 영생을 얻었고 심판에 이르지 아니하나니 사망에서 생명으로 옮겼느니라"(24절).

본문을 보면서 이런 의문을 가질 수 있을 것입니다. 수많은 환자 중에서 예수님은 왜 38년 된 남자 한 사람만 고쳐 주시고 모습을 감추셨을까? 여기에 큰 진리가 숨어 있습니다. 예수님은 병이나 고쳐 주는 통속적인 의사로 세상에 오신 분이 아닙니다. 그분은 우리의 영혼을 구원하기 위해서 오셨습니다. 따라서 그가 병자를 고치실 때는 병 고침 자체가 목적이 아니었습니다. 세상을 구원하는 방편의 하나로 병을 고치셨습니다. 그러므로 그 자리에 있는 환자를 다 고쳐 줄 의무가 없었던 것입니다.

이 사실이야말로 38년 된 환자의 처지에서는 굉장한 복음이 아닐 수 없습니다. 예수님이 자기만 찾아와서 고쳐 주셨다는 사실 하나만으로도 그는 감당할 수 없는 은혜를 받은 것입니다. 누가 그를 향해 "왜 당신만 찍어서 고쳐 주셨다고 생각하는가?"라고 묻는다면 "나도 모르겠다."는 대답으로 일관할 것입니다. 이것이 복음이요, 이것이 은혜입니다.

우리도 마찬가지 아닙니까? 왜 많고 많은 사람 중에 나를 불러 하나님의 자녀가 되게 하셨는지 수없이 물어보지만 대답은 "모른다"입니다. 이것이 은혜입니다.

예수님이 38년 된 병자를 고쳐 주실 때에는 생명의 위험을 각오해야 했습니다. 그날은 안식일이었습니다. 당시 유대 나라는 안식일에 일을 할 수 없었습니다. 심지어 병자를 고치는 것까지도 일로 보고 금했습니다. 만약 환자를 고치면 그것은 고의로 안식일을 범하는 일이 되기 때문에 어떤 수모와 핍박을 당할지 모를 일이었습니다. 그럼에도 예수님은 그 환자를 찾아가 "일어나 네 상을 들고 걸어가라."고 하신 것입니다.

이 사실은 우리 모두에게 바로 적용될 수 있습니다. 예수님은 자기 생명을 내놓으시고 우리를 찾아주셨습니다. 우리가 하나님 나라에 들어갈 수 있는 축복을 누릴 수 있다면 자기는 어떤 희생을 치러도 만족하시는 분이십니다. 지금 예수님이 당신을 만나기 위해서 여기까지 오셨는데 마음을 닫고 계시겠습니까? 마음을 열고 그를 믿으십시오. 그러면 당신의 가슴에 생수의 강이 흐를 것입니다. 자리를 들고 일어나는 놀라운 기적을 체험할 것입니다.

절망의 자리에 함께 계시는 은혜

주님이 이 시간 찾기를 원하시고 만나기를 원하시는 또 다른 부류의 사람이 있습니다. 우리 중에는 수 년 동안 신앙생활을 해온 사람들이 많습니다. 그럼에도 38년 된 병자처럼 인생의 거센 폭풍 앞에서 날개가 꺾여서 좌절과 고통을 맛보고 있는 자들이 없지 않습니다. 믿음이 좋아도 호된 고통을 당할 수 있습니다. 38년 된 앉은뱅이가 느끼던 참담한 심정을 맛볼 때가 있습니다.

베데스다 못가에 와 있던 이 병자는 자기 병을 고칠 사람이 아무도 없다는 것을 알았을 때 이미 죽음을 맛보았습니다. 베데스다에 와서 물이 동하기를 기다리는 그날부터 그는 날마다 죽는 사람이 되고 말았습니다. 왜 그렇습니까? 물이 동할 때마다 다른 사람들이 먼저 뛰어들어갔기 때문입니다. 그에게는 하루하루가 죽음을 맛보는 절망의 삶이었습니다.

소망도 힘도 없는 자의 삶은 죽음의 연속에 지나지 않습니다. 이것은 오랜 역경에서 헤어나지 못하고 허우적거리는 우리 자신의 모습일 수 있습니다. 예수님은 이런 모습을 하고 있는 우리를 조용히 찾아오십니다. 당신이 절망하고 있는 그 자리에 주님이 와서 계신다는 사실을 믿으시기 바랍니다.

"네가 물 가운데로 지날 때에 내가 함께할 것이라 강을 건널 때에 물이 너를 침몰치 못할 것이며 네가 불 가운데로 행할 때에 타지도 아니할 것이요 불꽃이 너를 사르지도 못하리니"(사 43:2).

최용덕 씨가 작사 작곡한 복음 성가 중에 우리가 잘 부르는 찬송이
있습니다.

나의 등 뒤에서 나를 도우시는 주
평안히 길을 갈 땐 보이지 않아도
지치고 곤하여 넘어질 때면
다가와 손 내미시네 ….

그렇습니다. 건강하고 자식들이 잘 자라고 마음먹은 일들이 잘 풀
리면 예수님이 우리 눈에 보이지 않을 때가 많습니다. 그러나 38년 된
병자처럼 지치고 곤해서 일어날 힘조차 없게 되면 예수님이 다가와 손
을 내밀어 일으키십니다. 이 주님을 바라보시기 바랍니다.
　예수님은 말하지 않아도 우리의 형편을 다 알고 계신다는 사실을 잊
지 말아야 합니다. 예수님은 38년 된 병자의 병력(病歷)을 다 알고 계
셨습니다. 우리가 스스로 감당하기 어려운 고난에 처하면 누구한테 호
소할 기력마저 잃어버릴 때가 있습니다. 그러면 누구를 만난다거나 말
을 한다는 것 자체를 기피합니다. 처음에는 너무 가슴이 답답하여 떠
들지만, 그 고통이 계속 이어지면 결국에는 말을 잃어버립니다. 답답
해서 혼자 기도원에 가 무릎을 꿇고 "주여" 하고 불러 보지만 더 이상
말이 이어지지 않습니다. 그럴 때에 주님은 우리 사정을 다 알고 계신
다는 사실을 꼭 기억하십시오. 우리 사정을 속속들이 다 알고 계시는
그분이 곁에 와 계신다는 사실을 꼭 믿으시기 바랍니다.

예수님이 찾으시는 작은 소망의 불씨

우리가 기억해야 할 사실이 하나 더 있습니다. 아무리 어려운 처지에 놓여도 소망을 잃지 말아야 한다는 것입니다. 베데스다에 있는 그 환자를 보시고 주님이 던진 첫 번째 질문은 "네가 낫고자 하느냐" 하는 것이었습니다. 어떤 면에서는 쓸모없는 질문처럼 들립니다. 그 사람한테는 그런 질문이 기분 나쁜 말일 수도 있습니다. 그렇게 오랫동안 병상에 있으면서 낫고 싶지 않은 사람이 천하에 어디 있겠습니까? 그러나 그는 낫지를 않았습니다. 아무도 고쳐 주지 않았습니다. 그래서 희망을 버린 지 오래였습니다. 못가에 와서 앉아 있는 것도 행여나 하는 요행에서였지 꼭 나을 거라는 확신은 없었습니다. 이런 사람에게 낫고 싶으냐는 질문은 놀리는 것이나 별 차이가 없는 말이었습니다. 그런데도 주님은 왜 그런 질문을 던지셨을까요? 소망의 불꽃이 사그라진 그의 가슴에 작은 불씨를 심어 주기 위해서였습니다.

하나님의 능력은 완전히 좌절한 사람에게는 별 도움이 되지 못합니다. 실낱 같은 희망이라도 가지고 있는 사람에게 그 능력이 역사하기 때문입니다. 주님의 질문에 "저 물이 동할 때 뛰어가고 싶지만 아무도 나를 도와 주지 못해 못 들어가고 있습니다"라고 대답하는 것을 보아 그는 아직도 가냘픈 기대를 가지고 있었다는 것을 알 수 있습니다. 포기하지 않는 어떤 의지가 엿보였습니다. 주님은 이 작은 기대감을 발견하시자마자 일어나 걸으라고 명령하셨습니다. 사람이 힘든 고비를 만났을 때 끝까지 포기하지 않고 희망을 갖는 것이 얼마나 중요한가를 여기서 배울 수 있습니다.

예수를 안 믿는 사람들 중에도 절망스러운 처지에서 절대로 좌절하지 않고 승리하는 자들을 종종 봅니다. 미테랑은 1981년도에 프랑스 대통령으로 당선되고 나서 뼛속까지 암이 퍼져 있다는 의사의 진단을 받았습니다. 대통령에 당선된 사람이 암 환자라는 소문이 나 버리면 국가적으로 큰 어려움을 당할 것은 자명한 일이었습니다. 그래서 입을 막았습니다. 그리고는 다른 사람이 상상할 수도 없는 정신력으로 병과 싸웠습니다. 그 결과 재선까지 15년 동안 대통령으로서 거뜬하게 자기 일을 다한 후 명예롭게 퇴임했습니다.

믿지 않는 자도 이렇다면 예수를 믿는 우리가 쉽게 절망해서야 되겠습니까? 당신의 형편이 어떠하든지 절대 좌절하지 마십시오. 믿음을 잃지 마십시오. 포기하지 마십시오. 주님은 그런 사람을 원하십니다.

일어나 걷게 하시는 은혜

한 가지 더 생각할 것이 있습니다. 주님은 실제로 우리를 일으켜 걷게 하신다는 사실입니다. 주님은 고난당하는 사람 곁에 와서 단순히 위로만 하시는 분이 아니십니다. 실제로 일어나 걸으라고 하십니다. 그리고 일어날 수 있는 힘을 주십니다. 하나님의 아들이 명령하시면 아무리 불가능한 것도 가능하게 됩니다. 왜 불가능한 일이 가능하게 됩니까? 하나님의 아들이 명령하셨기 때문입니다.

우리가 어려움에 빠져 있을 때 성경을 읽으면 종종 일어나라고 하시는 주님의 음성을 들을 때가 있습니다. 너무 답답해서 새벽 일찍 교회에 나와 하나님을 찾으면 자리를 들고 일어나 걸어가라고 하시는 말씀을 들을 때가 있습니다. 이런 음성이 들리면 그동안 우리를 싸고 있던 어두움이 물러가는 것을 보게 됩니다. 이 음성이 들리는 순간부터 막혔던 담이 허물어지는 것을 보게 됩니다. 이 음성을 듣는 순간 내 몸의 병이 치유되는 것을 보게 됩니다. 이 음성을 듣는 순간 빗나간 자식이 회개하고 돌아오는 놀라운 기적을 보게 됩니다. 이 음성을 듣는 순간 등을 돌렸던 부부가 서로 손을 잡고 화합하는 은혜를 맛보게 됩니다. 이 음성을 듣는 순간 난감하던 생활고가 물러가고 하나님이 길을 열어 축복하시는 것을 보게 됩니다.

은혜로운 소설로 사람들에게 많은 감동을 주고 있는 김성일 씨의 글을 읽으면서, 베데스다를 찾으셨던 주님이 그를 만나 주신 아름다운 장면을 회상하게 되었습니다. 그는 어렸을 때 예수를 믿었지만 머리가 커지면서 믿음을 버렸습니다. 예수님을 저버린 직접적인 동기는 사르트르의 책을 읽고서였습니다. 사르트르가 주장한 '자유의 길'이라는 사상에 공감하게 되었던 것입니다.

이 사상은 누구든지 자기 식대로 살아야 하고 그러다가 저지르는 행동은 자기가 전적으로 책임을 져야 한다는 것입니다. 적어도 현대인이라고 하면 자신의 행동에 대해 그 정도의 책임은 질 줄 아는 사람이어야 한다는 것입니다. 이것이 사르트르가 말한 자유의 길의 의미였습니다. 그는 그 말이 너무나도 가슴에 와 닿았습니다. 그래서 쩨쩨하게 날마다 "주여" 하며 애걸할 필요 없이 자기가 하는 행동은 끝까지 책임질 줄 아는 자신감 있는 인생을 살아 보자고 결심했습니다. 그리고는 예수님을 마음속에서 지워 버렸습니다. 해방감과 자유를 누리면서 몇십 년을 보냈다고 합니다.

그러나 아내가 위암 선고를 받고 수술을 하게 된 바로 그 순간, 자신은 아무것도 책임질 수 없는 38년 된 병자와 같은 무력한 존재라는 사실을 깨닫게 되었습니다. 아내를 병들게 한 장본인은 바로 자신이라는 것을 알았습니다. 날마다 술 먹고 집에 오면 아내를 들볶았고 어떤 때는 외박을 해 아내한테 스트레스를 주었기 때문입니다. 아내가 심한 스트레스를 연일 받으니 위벽이 헐게 되었고 나중에는 암이 생기게 되었다는 결론을 얻은 것입니다. 아내를 병들게 한 사람이 자기였기 때문에 자신이 책임을 져야 했습니다. 그러나 자유의 길을 택했노라고 큰소리쳤지만 막상 아내가 병들자 아무 책임도 질 수 없었습니다. 그는 몹시 부끄러웠습니다. 가룟 유다처럼 목을 맨다고 해서 해결될 문제가 아니었습니다. 그렇게 매력적이었던 사르트르도 아내의 병 앞에서는 아무 도움이 못 된다는 것을 알고 그는 고통스러웠습니다.

바로 그때 그를 찾아온 분이 계셨습니다. 중학교 3학년 때 거침없이 발로 차 버렸던 예수라는 사나이였습니다. 그는 뼈아픈 고독 속에서 몸부림치는 그를 찾아와 함께 울어 주셨습니다. 함께 아파하셨습니다. 니체도 사르트르도 다 도망쳐 버린 그 자리에서 예수님이 자기를 위하여 십자가 위에서 신음하고 계시는 모습을 보았습니다. 그는 작심하고 새벽 기도 모임에 나가기로 했습니다. 예수님의 옷자락을 붙들고 매달렸습니다. 어느 새벽, 주님께서 "일어나 걸어라." 하는 음성을 들려주셨습니다. 그 후에 아내가 병에서 자유함을 얻었습니다. 그는 완전히 고침을 받은 아내와 함께 지금 15년이 넘도록 기쁘게 살고 있습니다.

받은 은혜를 쏟아 버리는 어리석음

끝으로 한 가지 더 생각할 것이 있습니다. 예수님은 한번 받은 은혜를 쉽게 쏟아 버리는 어리석은 사람이 되지 말라고 경고하고 계십니다. 병을 고친 환자가 며칠 후에 성전에서 예수님을 만났습니다. 그때 예수님께서 기가 막힌 말씀을 하셨습니다.

"그 후에 예수께서 성전에서 그 사람을 만나 이르시되 보라 네가 나았으니 더 심한 것이 생기지 않게 다시는 죄를 범치 말라 하시니"(14절).

이 남자는 38년 전에 어떤 죄를 짓고 병이 들었던 모양입니다. 예수님은 그에게 언제 무슨 죄를 지었느냐고 캐묻지는 않으셨습니다. 그러나 주님은 다 알고 계셨습니다.

주님은 이 사나이가 건강을 회복하면 옛날의 죄를 다시 지을 가능성이 있다는 것을 아셨습니다. 이적을 체험한다고 사람이 다 변하는 것이 아닙니다. 은혜를 받아 변해도 완전히 변해야지 적당하게 변하면 옛날 버릇이 또 나오게 마련입니다.

주님은 우리에게도 똑같이 말씀하고 계십니다. 우리는 고통을 당할 때는 자신을 돌아보면서 회개를 잘합니다. 그러면 주님은 불쌍히 여기셔서 그 깊은 수렁에서 우리를 건져 주십니다. 그러나 고난의 기억이 희미해지면 자신도 모르게 건방진 생각을 할 때가 있습니다. 손을 대서는 안 될 일에 손을 댑니다. 절대 생각하지 말아야 할 것을 마음에 두고 생각하게 됩니다.

이런 잘못은 대단히 위험한 것입니다. 왜냐하면 첫 번째 잘못해서 맞는 매는 그렇게 아프지 않지만 두 번 세 번 반복해서 맞는 매는 피멍이 들 만큼 아프게 마련입니다. 한번 은혜 받았으면 그 은혜를 쏟아 버리는 어리석은 짓은 하지 말아야 합니다. 악인 줄 알면서 손을 대고 있습니까? 하나님이 기뻐하지 않으시는 일인 줄 알면서 아직도 끌려가고 있습니까? 매를 맞기 전에 빨리 돌아서기 바랍니다.

　이 시간 당신의 모습이 38년 된 병자와 흡사합니까? 주님을 만나 자리를 들고 돌아가는 자가 되기를 바랍니다.

17. 하나님의 아들과 심판

그러므로 안식일에 이러한 일을 행하신다 하여 유대인들이 예수를 핍박하게 된지라 예수
께서 저희에게 이르시되 내 아버지께서 이제까지 일하시니 나도 일한다 하시매 유대인들
이 이를 인하여 더욱 예수를 죽이고자 하니 이는 안식일만 범할 뿐 아니라 하나님을 자기의
친아버지라 하여 자기를 하나님과 동등으로 삼으심이러라 그러므로 예수께서 저희에게 이
르시되 내가 진실로 진실로 너희에게 이르노니 아들이 아버지의 하시는 일을 보지 않고는
아무것도 스스로 할 수 없나니 아버지께서 행하시는 그것을 아들도 그와 같이 행하느니라
아버지께서 아들을 사랑하사 자기의 행하시는 것을 다 아들에게 보이시고 또 그보다 더 큰
일을 보이사 너희로 기이히 여기게 하시리라 아버지께서 죽은 자들을 일으켜 살리심같이
아들도 자기의 원하는 자들을 살리느니라 아버지께서 아무도 심판하지 아니하시고 심판을
다 아들에게 맡기셨으니 … 내가 아무것도 스스로 할 수 없노라 듣는 대로 심판하노니 나는
나의 원대로 하려 하지 않고 나를 보내신 이의 원대로 하려는 고로 내 심판은 의로우니라.

요한복음 5:16~30

예수님이 베데스다 못을 찾아가 38년 된 병자를 고쳐 주신 날은 안식일이었습니다. 그 당시에 유대인들은 안식일에 해서는 안될 백여 가지를 법으로 정해 놓고 있었습니다. 그 가운데 안식일에 병을 고치는 것도 들어 있었습니다. 병자가 누워 있던 자리를 들고 가는 것도 허용되지 않았습니다. 이런 형편인지라 안식일에 병을 고쳤다는 이유로 예수님은 핍박을 받으셨고(16절), 고침을 받은 환자는 누웠던 자리를 들고 간다고 해서 많은 말을 들어야 했습니다(10절).

기독교의 생명, 하나님의 아들 되심

예수님은 비판하는 자들을 향해 "내 아버지가 안식일에 일하시기 때문에 나도 일한다"(17절)고 말씀하셨습니다. 이 대답은 대단히 예민한 두 가지 문제를 야기시켰습니다. 하나는 하나님을 '내 아버지' 라 부른 것이고 다른 하나는 '병을 고치는 것은 안식일을 범하는 것이 아니라' 고 한 것이었습니다. 예수님은 하나님 아버지가 지금도 병든 자, 가난한 자, 세상에서 천대받는 자들을 위하여 일하고 계시는데, 아들인 자기가 왜 그 일을 못하느냐고 반문하신 것이나 다름이 없었습니다. 이 말을 들은 유대인들은 예수님이 고의적으로 안식일을 범하고 있으며 자신을 하나님으로 주장하고 있다는 결론을 내렸습니다. 그래서 예수님을 죽이려는 결심을 하게 됩니다(18절).

예수님은 왜 이처럼 생명의 위험을 무릅쓰면서 자신이 하나님의 아들이라는 주장을 굽히지 않으셨습니까? 요한복음 5, 6장을 보면, 예수님은 자기를 죽이려는 자들 앞에서 한치의 양보도 없이 자신이 하나님의 아들이라고 말씀하고 계십니다. 우리가 잘 알고 있는 것처럼, 하나님의 아들이라는 주님의 주장은 십자가에서 죽임을 당하게 하는 가장 큰 원인이 되었습니다.

기독교의 생명은 '예수님이 하나님의 아들 되심' 에 있습니다. 만일 예수님이 하나님의 아들이 아니라면 기독교는 세기적인 사기극에 지나지 않을 것입니다. 만일 예수님이 하나님의 아들이 아니라면 그는 세상을 구원할 자격이 전혀 없는 사람일 것입니다. 만일 예수님이 하나님의 아들이 아니라면 그는 구약의 선지자들이 예언한 성경적인 메시아가 절대 아닐 것입니다. 만일 그가 하나님의 아들이 아니라면 그가 한 모든 말은 신성모독죄에 걸릴 것입니다. 조쉬 맥도웰 목사님이 말한 것처럼, 만약 예수님이 하나님의 아들이 아니라면 예수님은 거짓을 말했기 때문에 마귀일 것이며, 만약에 예수 그리스도가 하나님의 아들이 아니라면 죽을 줄 뻔히 알면서 끝내 하나님 아들이라고 주장한 바보일 것입니다.

예수님이 하나님의 아들이라는 사실이 부정되면 기독교는 쓰러집니다. 예수님은 분명히 하나님이 보내신 그의 아들입니다. 이 사실은 누가 뭐라고 하든 양보할 수 없는 진리였습니다. 기독교 역사를 보면 사탄과 그 무리들이 기독교를 박멸하려고 제일 먼저 그리고 가장 끈질기게 물고늘어진 교리가 바로 '예수님은 하나님의 아들이다' 라는 것이었습니다. 얼마나 자주 교회를 공격하고 얼마나 많은 피해를 입혔는지 모릅니다.

예수님의 신성에 대한 도전과 응전

로마시대 초대 교회가 오랜 핍박에서 벗어나 부흥기로 접어들면서 예수님의 신성을 부인하는 이단들이 등장하기 시작했습니다. 그들은 예수님이 하나님의 아들이 아니라는 주장을 폈습니다. 이런 사탄의 공격에 많은 성도들이 미혹되어 잘못된 길로 빠져 들었습니다. 여기에 위기를 느낀 교회 지도자들은 로마 황제의 도움을 받아 기독교 역사상 처음으로 종교 회의를 개최하게 되었는데, 이것이 주후 352년에 열린 유명한 니케아종교회의였습니다. 주제는 예수님이 하나님의 아들이냐 아니냐 하는 것이었습니다. 300명의 감독들이 모여 연일연야 토론을 하였지만 대립된 두 견해가 팽팽하게 맞서고 있었습니다.

아리우스 감독은 예수님이 하나님의 아들이 아니라고 주장했습니다. "만약에 예수님이 하나님의 아들이라고 한다면 이것은 하나님이 둘이라는 의미이다. 구약에 보면 나 외에 다른 신이 없다고 했는데 하나님 외에 다른 하나님은 있을 수가 없다. 그러므로 예수님은 하나님의 아들이 아닐 뿐만 아니라 하나님은 더 더욱 아니며 단지 하나님과 비슷한 분일 뿐이다.” 반면에 아다나시우스 감독은 “예수님은 하나님의 아들이다. 나는 그가 나의 구속자임을 믿는다. 예수님은 하나님과 동등하신 분이다”라고 주장했습니다. 결국 투표를 하여 결론을 내리게 되었는데 아다나시우스 감독 쪽이 승리를 했습니다. 그때부터 세계 모든 교회가 예수님은 하나님이시요, 예수님은 하나님과 그 본성이 동등하시다고 하는 교리를 함께 고백하게 된 것입니다.

그러나 사탄은 한번 패했다고 해서 호락호락 물러서는 그런 존재가 아닙니다. 끈질기게 발악하는 것이 사탄입니다. 우리가 잘 아는 대로 1900년대 초반만 해도 영국 교회가 얼마나 부흥했습니까? 교회마다 사람들로 가득 찼습니다. 그런데 오늘날 영국 교회는 텅텅 비어 있습니다. 영국 교회를 저렇게 송장으로 만들어 버린 것은 독일에서 일어난 자유주의 신학이었습니다. 자유주의 신학의 핵심은 ‘예수님은 하나님의 아들이 아니다’ 라는 것입니다. 이 사실을 그럴듯한 신학적 이론으로 증명하는 신학자들의 농간에 수많은 영국의 신학자, 목회자들이 놀아나고 말았습니다. 따라서 하나님의 아들이 아닌 예수를 반드시 예배해야 할 명분과 신앙을 잃어버리게 되었습니다. 썰물처럼 사람들이 교회에서 빠져나가 버렸습니다. 오늘날 영국 교회를 가 보십시오. 텅텅 빈 건물밖에 남아 있지 않습니다. 지금도 사탄은 발악을 하면서 예수님이 하나님의 아들이 아니라는 생각을 갖게 하려고 온갖 수단을 다 동원하여 공격하고 있습니다. 우리는 예수님이 하나님의 아들 되심을 철저하게 믿는 믿음을 가져야 합니다. 큰 소리로 이 신앙을 어디에서든지 고백할 수 있어야 합니다.

19절 이하를 보면, 예수님은 자기만 알고 계시던 비밀을 말씀하고 계십니다. 그것이 무엇입니까? 자기가 하나님 아버지와 함께 계시면서 하나님 아버지가 하시는 일을 다 보셨다는 사실입니다. 그리고 자기는 본 그대로 지금 일하고 계신다는 것입니다. 이것은 아버지와 아들만 알고 계신 비밀이었습니다. 그리고 20, 21절에서는, 아버지께서 자기를 사랑하셔서 이 세상을 심판하는 권세를 자기에게 맡기셨다고 합니다. 살릴 자는 살리고 죽일 자는 죽이는 막강한 권세를 하나님께서 사랑하는 독생자에게 위임하셨다는 것입니다. 더 나아가 23절을 보면, 누구든지 아들을 공경하면 아버지를 공경하는 것이 되고 아들을 배척하면 아버지를 배척하는 것이라고 말씀합니다. 이 모든 내용은 예수님께서 자신이 하나님과 동등하다는 것을 말씀하는 것입니다. 아마도 유대 나라 지도자들은 그 말씀에 기절초풍했을 것입니다.

이미 시작된 심판

저는 예수님께서 이 세상을 심판할 권세를 가지셨다는 것에 큰 감동을 받습니다. 24~30절까지 보면 예수님의 심판이 어떤 것인가를 알 수 있습니다. 예수님이 심판주로서 이 세상을 주관하고 계신다는 것을 생각하면 얼마나 마음이 든든한지요. 예수님이 위임받으신 심판권은 전 인류를 놓고 생명의 길로 갈 자들과 죽음의 길로 갈 자를 갈라놓는 권세를 의미합니다. 예수님 앞에서는 중간 길이 없습니다. 살든지 죽든지 양자택일만 있을 뿐입니다. 그의 판단은 한번 내려지면 영원히 되돌릴 수 없는 완전한 심판이요, 최후의 심판입니다. 이 심판권이 우리가 믿고 사랑하는 하나님의 아들 예수 그리스도의 손에 있습니다. 얼마나 감사한 일입니까?

그러면 예수님께서 무엇을 기준으로 심판을 하십니까? 그 기준은 자기에게 대한 인간의 반응입니다. 예수님을 하나님의 아들로 믿는 반응을 보인 자들에게는 천국에서 영원히 살 것이라고 선언하십니다. 예수님이 하나님의 아들이심을 부인한 사람에게는 영원한 죽음을 선언하십니다.

여기서 예수님의 심판에 대해서 기억해야 할 중요한 사실이 있습니다. 심판이라고 하면 흔히들 세상 마지막 날, 천사의 나팔 소리가 울릴 때 있을 일로 생각합니다. 그러나 성경을 보면 그렇지가 않습니다. 예수님의 심판은 이미 시작되었고 지금 진행 중에 있습니다. 살 자와 죽을 자가 지금부터 이미 갈라지고 있습니다. 살 자는 벌써 생명을 얻고 있습니다. 죽을 자는 지금부터 사망을 가슴에 안고 있습니다. 그러므로 이미 진행 중에 있는 심판입니다. 이것을 24절에서 명료하게 말씀하고 있습니다.

"내가 진실로 진실로 너희에게 이르노니 내 말을 듣고 또 나 보내신 이를 믿는 자는 영생을 얻었고 심판에 이르지 아니하나니 사망에서 생명으로 옮겼느니라"(24절).

본문에서 과거 시제로 나오는 '영생을 얻었고'가 원문에서는 현재 동사로 사용되고 있습니다. 이것은 벌써 우리가 영생을 가지고 있다는 것을 의미합니다. 따라서 우리는 사망에서 생명으로 옮겼습니다. 이것은 앞으로 될 일이 아니라 이미 시작된 일입니다. 그러므로 이 심판은 우리가 이미 체험하고 있는 사건이라 할 수 있습니다.

25절 말씀은 영적 부활을 이야기하고 있습니다.

"진실로 진실로 너희에게 이르노니 죽은 자들이 하나님의 아들의 음성을 들을 때가 오나니 곧 이때라 듣는 자는 살아나리라"(25절).

이것은 마지막 날 일어날 사건이 아니라 지금 일어나고 있는 사건입니다. 왜냐하면 이 말씀은 예수 믿자마자 우리의 죽은 영혼이 살아나는 중생의 축복을 가리키고 있기 때문입니다. 지금도 예수님을 믿으면 누구든지 중생하는 은혜를 누릴 수 있습니다.

반면에, 예수님이 하나님의 아들이심을 믿기를 거부하면 그는 이미 영원한 사망을 선고받는 자가 됩니다. 죽음의 심판 역시 이미 시작되었고 진행 중에 있습니다.

"믿지 아니하는 자는 하나님의 독생자의 이름을 믿지 아니함으로 벌써 심판을 받은 것이니라"(요 3:18).

"아들을 믿는 자는 영생이 있고 아들을 순종치 아니하는 자는 영생을 보지 못하고 도리어 하나님의 진노가 그 위에 머물러 있느니라"(요 3:36).

하나님의 진노가 그 위에 머물러 있다는 말씀은 심판을 받고 있다는 것을 의미합니다.

그러므로 이 세상 마지막 때에 예수님이 재림하셔서 베풀 그 심판은 새삼스러운 것이 아니고 이미 세상에서 진행된 심판을 마무리하는 작업입니다. 다만 지금과 차이가 있다면 그때는 육신이 부활한다는 것입니다. 28, 29절은 마지막 때에 육신이 부활하는 것을 말씀합니다.

"이를 기이히 여기지 말라 무덤 속에 있는 자가 다 그의 음성을 들을 때가 오나니 선을 행한 자는 생명의 부활로 악한 일을 행한 자는 심판의 부활로 나오리라"(28, 29절).

인류에게 있어서 영원히 죽느냐 영원히 사느냐에 관한 문제는, 오늘이 내일을 좌우하는 양태로 나타납니다. 오늘 예수님에 대해 어떤 반응을 보이느냐에 따라서 내일의 운명이 판가름 나는 것입니다. 예수님의 심판은 정확합니다. 거기에는 억울하다는 말을 할 여지가 전혀 없습니다. 예수님은 사람의 마음을 정확하게 꿰뚫어 보십니다. 입으로만 '주여, 주여' 하는 사람인지 마음으로 '주여, 주여' 하는 사람인지 주님은 분명하게 알고 계십니다. 그 고백의 진의에 따라서 주님은 심판하십니다.

사람의 재판은 가끔 오판을 할 때가 있습니다. 1975년부터 1985년까지 10년 사이에 서울구치소에서 사형 선고를 받고 형장의 이슬로 사라진 사형수들이 여러 명 있었는데 그 가운데서 두 사람은 자기 목에 오랏줄이 매이는 순간까지 "나는 억울합니다. 내가 죽어서라도 재심을 원합니다."라고 하소연하며 숨을 거두었다고 합니다. 그것을 보고 당시 법조계에서는 그 두 사람의 재판이 오판이 아니었는지 모른다는 말을 많이 했다고 합니다. 사람이 하는 재판에는 오판이 있을 수 있습니다. 그러나 예수 그리스도께서 내리는 판결에 오판이라는 것은 절대 있을 수 없습니다.

우리는 예수님이 하나님의 아들이심을 믿습니다. 이미 시작된 예수님의 심판에 의해서 우리는 벌써 영생을 얻은 하나님의 자녀입니다. 그 생명이 우리 안에 뛰고 있습니다. 이제는 내가 사는 것이 아니요, 내 안에 그리스도께서 사신 것입니다. 멸망은 벌써 우리로부터 멀리 옮겨 갔습니다. 남은 것은 마지막 날 우리 몸이 부활하면서 하나님이 준비하신 천국으로 향하는 거룩한 백성들의 행렬에 줄을 서는 것뿐입니다.

우리 가운데는 이 놀라운 은혜에 감격해서 사는 사람들이 많이 있습니다. 아무것도 가진 것이 없지만 얼굴은 환하고 모든 것을 다 가진 것처럼 만족해하며 사는 사람들이 있습니다. 어떻게 그럴 수가 있을까요? 이미 주님이 주신 영생의 축복을 체험하고 살기 때문에 그렇습니다. 환난과 핍박 중에 생명을 바친 위대한 믿음의 선배들을 보면 불꽃 속에서도 하나님을 찬송하는 일들이 많았습니다. 영생을 주신 하나님의 은혜에 감격했기 때문입니다.

지옥의 유행어 '걸걸'

사람들은 영생과 멸망에 대해서 설마 하는 경향을 보입니다. 멸망한다, 영생한다 해도 그런 일이 일어나리라고는 생각하지 않습니다. 이러한 태도는 500년 전에 스페인 사람들이 보인 모습과 비슷합니다. 그때만 해도 스페인은 대서양을 지배하고 유럽을 호령하던 강대국이었습니다. 스페인 동전에는 지브롤터 해협이 그려져 있었고 그 밑에는

'네 플루스 울트라' 라고 새겨져 있었습니다. 이 말은 '저 너머에는 없다' 는 뜻입니다. 다시 말하면 지브롤터 해협이 있는 대서양 너머에는 땅이 없다는 말이었습니다. 많은 사람들이 그대로 믿고 살았습니다. 아무도 대서양 너머에 갈 생각을 하지 않았습니다.

그때 콜럼버스는 배를 타고 대서양을 횡단하여 바다 너머에 아메리카 대륙이 뻗어 있는 것을 보았습니다. 그가 아메리카 대륙을 발견하고 돌아와서 보고를 하자 스페인 사람들의 생각이 바뀌었습니다. 그래서 동전의 글귀를 '네 플루스 울트라' 에서 저 너머에도 있다는 뜻의 '플루스 울트라' 로 바꾸었습니다. 그리고 많은 사람들이 대서양을 건너 신대륙으로 몰려갔습니다.

스페인 사람들이 콜럼버스의 말을 듣고 생각을 바꾼 것처럼 이 세상 사람들도 하나님의 아들의 말씀을 듣고 생각을 바꾸어야 하는데, 항상 그 말을 듣지 않고 '저 너머에는 없다, 아무것도 없다, 죽으면 다 끝이다.' 라는 생각만 하고 삽니다. 참으로 가슴 아픈 일입니다. 이런 사람들이 우리 주변에 너무도 많습니다.

지옥에 가면 사람들이 전부 다 '걸걸' 한다고 합니다. 그것은 '이웃집에서 전도를 할 때 믿을 걸', '친구가 예수 믿으라고 할 때 믿을 걸' 하며 후회의 나날을 보내고 있는 것을 빗대어 만들어 낸 말입니다. 웃고만 넘기기에는 너무 심각한 경고가 들어 있는 것 같습니다.

운명을 바꿀 기회

예수님을 하나님의 아들로 믿기만 하면 죽음은 물러가고 지금 당장 영원한 영생이 축복으로 임합니다. 지금은 누구든지 자기 운명을 바꿀 수 있습니다. 그러나 마지막 날에는 자기 운명을 스스로 바꾸지 못합니다. 천사가 지시하는 대로 오른쪽 아니면 왼쪽으로 가야 합니다.

빅터 프랭클이라고 하는 사람의 이야기를 읽은 일이 있습니다. 그 사람은 정신과 의사로서 제2차 세계대전 때 독일군에게 체포되어 악명 높은 아우슈비츠수용소로 끌려간 유대인이었습니다. 그는 다른 사람들과 함께 몇 날 며칠을 열차 속에서 짐짝 취급을 받으면서 실려 가고 있었습니다. 도착을 해서 내리자 독일군 장교 하나가 오른쪽 팔꿈치를 왼쪽 손바닥으로 괴고 서 있었습니다. 그는 한 사람씩 내릴 때마다 손가락으로 오른쪽 왼쪽을 가리켰습니다. 그 손가락의 방향에 따라 기차에서 내린 사람들은 오른쪽으로 가고 왼쪽으로 가야 했습니다. 나중에 알고 보니 오른쪽으로 간 사람들은 당일 가스실에서 다 죽었고 왼쪽으로 간 사람들은 살아남은 것입니다. 살아 남은 자들도 제2차 세계대전이 끝날 무렵에는 10퍼센트만이 밝은 세상을 볼 수 있었습니다. 어쨌든 그 장교의 손가락의 향방이 사람의 운명을 좌우한 것입니다.

프랭클은 이런 말을 했습니다. "이쪽 혹은 저쪽을 가리키는 손가락의 단순한 동작에 의해 개개인의 운명이 결정된다면 그것은 정말 불공평하고 어처구니없는 일이 아닐 수 없다. 그러나 그것이 바로 우리의 현실이었다. 누군지 모르는 낯선 사람의 손가락에 의해서 우리의 운명이 결정되었던 것이다." 얼마나 숨막히는 순간입니까?

마지막 날 예수님이 재림하시는 그때에 비슷한 순간이 우리 눈앞에 벌어집니다. 물론 심판석에 앉으신 그분은 낯선 분이 아닙니다. 예수님이기 때문입니다. 그는 자기 마음대로 오른쪽 왼쪽을 가리키는 그런 일을 하시는 분이 아닙니다. 세상에 살면서 사람들이 스스로 결정한 운명대로 오른쪽 왼쪽을 가리키실 뿐입니다. 예수님을 하나님의 아들로 믿었으면 오른쪽으로, 믿지 않았으면 왼쪽으로 가라고 지시할 것입니다. 아무도 그것을 놓고 불공평하다고 말할 사람이 없습니다. 믿어도 내가 믿은 것이고 안 믿어도 내가 안 믿은 것입니다. 영생을 얻은 것도 내가 믿어 얻은 것이요, 영생을 거부한 것도 내가 안 믿어 거부한 것입니다.

나가서 믿지 않는 이웃을 만날 때마다 예수님이 하나님의 아들이라고 선언하십시오. 그리고 그 음성을 듣는 자는 살아난다고 말씀하십시오. 이미 하나님의 아들의 음성이 온 세상에 퍼지고 있습니다. 귀를 막지 않는 이상 다 들을 수 있습니다. 우리 주위에 죽어 있는 수많은 영혼들이 우리가 선포하는 하나님의 아들의 음성을 듣고 살아나는 역사가 일어나도록 기도합시다.

18. 성경은 예수를 증거한다

내가 만일 나를 위하여 증거하면 내 증거는 참되지 아니하되 나를 위하여 증거하시는 이가
따로 있으니 나를 위하여 증거하시는 그 증거가 참인 줄 아노라 너희가 요한에게 사람을 보
내매 요한이 진리에 대하여 증거하였느니라 그러나 나는 사람에게서 증거를 취하지 아니
하노라 다만 이 말을 하는 것은 너희로 구원을 얻게 하려 함이니라 요한은 켜서 비취는 등
불이라 너희가 일시 그 빛에 즐거이 있기를 원하였거니와 내게는 요한의 증거보다 더 큰 증
거가 있으니 아버지께서 내게 주사 이루게 하시는 역사 곧 나의 하는 그 역사가 아버지께서
나를 보내신 것을 나를 위하여 증거하는 것이요 또한 나를 보내신 아버지께서 친히 나를 위
하여 증거하셨느니라 너희는 아무 때에도 그 음성을 듣지 못하였고 그 형용을 보지 못하였
으며 그 말씀이 너희 속에 거하지 아니하니 이는 그의 보내신 자를 믿지 아니함이니라 너희
가 성경에서 영생을 얻는 줄 생각하고 성경을 상고하거니와 이 성경이 곧 내게 대하여 증거
하는 것이로다 그러나 너희가 영생을 얻기 위하여 내게 오기를 원하지 아니하는도다 ….

요한복음 5:31~47

30여 년 전의 일입니다. 시골에서 보낸 돈을 찾기 위해 우체국에 가서 송금 증서와 도장을 창구에 있는 여직원에게 내밀었습니다. 여직원은 신분 확인을 위해서 신분증을 요구했습니다. 그런데 서둘러 옷을 갈아입고 오는 통에 주민등록증이 든 지갑을 집에 두고 왔다는 것을 그때서야 알게 되었습니다. 그래서 사정을 했습니다. "내가 본인이 틀림없으니 지불을 해주세요." 그랬더니 여직원이 저를 똑바로 쳐다보며 "제가 그 말을 어떻게 믿어요? 주민등록증을 가지고 오세요. 그렇지 않으면 돈을 지불할 수 없어요"라고 하는 것이었습니다. 난감해하고 있는데 마침 남자 직원이 나오다가 저를 알아보았습니다. 그 직원이 저의 사정을 듣더니 여직원에게 "이 청년은 내가 잘 아는 사람인데 내가 보증하지. 돈을 내줘요"라고 했습니다. 물론 여직원은 두말없이 돈을 내주었습니다.

세상에서는 종종 말로 통하지 않는 경우를 당합니다. 뭔가 객관적인 증거를 보이기 전에는 통하지 않는 일들이 생깁니다. 예수님도 비슷한 일을 당하셨습니다. 우리가 펴놓은 본문이 그 이야기를 하고 있습니다. 유대인들은 예수님이 안식일에 병 고치는 것을 보고 안식일의 규율을 어겼다고 생각했습니다. 특히 예수님이 자기를 하나님의 아들이며, 하나님은 자기 아버지라고 하시자 그 말씀을 믿으려 하지 않고 증거를 내놓으라고 요구했습니다.

이에 대해 예수님은 대답하십니다.

"내가 만일 나를 위하여 증거하면 내 증거는 참되지 아니하되"(31절).

다시 말하면 예수님이 만일 하나님의 아들이라고 스스로 주장을 하면 그 증거는 거짓으로 오해를 받을 수 있다는 뜻입니다. 예수님께서도 자신이 하나님의 아들이라는 주장을 하기 위해서는 객관적인 증거가 필요하다는 것을 간접적으로 인정하신 말씀입니다. 예수님은 세 가지의 명확한 증거를 가지고 자신이 하나님의 아들 되심을 입증하셨습니다. 세례 요한의 증거, 이적 기사, 구약 성경 이렇게 세 가지였습니다.

세례 요한의 증거와 이적 기사

세례 요한은 예수님이 하나님의 아들이심을 충실하게 증거한 위대한 선지자였습니다. 그는 예수님이 하나님의 아들로서 영광을 받으시도록 하기 위해 자신은 철저하게 작아지기를 원했고 결국은 조용히 무대 뒤로 사라졌던 인물입니다. 경건한 사람들은 세례 요한의 말을 듣고 예수님을 찾아왔고, 예수님을 하나님의 아들로 고백했으며, 예수님에게서 하나님의 영광을 보았습니다.

그러나 세례 요한의 증거(33절)를 받고도 많은 사람들은 고개를 흔들면서 예수님을 받아들이지 않았습니다. 그래서 하나님께서는 더 큰 증거를 주셨습니다.

"내게는 요한의 증거보다 더 큰 증거가 있으니 아버지께서 내게 주사 이루게 하시는 역사 곧 나의 하는 그 역사가 아버지께서 나를 보내신 것을 나를 위하여 증거하는 것이요"(36절).

세례 요한의 증거보다 더 큰 증거가 있는데 하나님께서 이루신 역사라는 것입니다. 이것은 예수님이 이 세상에 계실 때 행하신 수많은 이적 기사를 가리킵니다. 예수님은 세상에 계실 때 많은 이적을 행하셨습니다. 요한은 예수님의 행하신 일을 책에 낱낱이 기록한다면 이 세상에 그 책들을 쌓아 둘 자리가 부족할 것이라고 말했습니다.

예수님이 이적 기사를 행하신 이유는 자신이 하나님의 아들이라는 사실을 증거하기 위한 것이었습니다. 하나님께서는 예수님이 자신이 보낸 아들이요 세상의 구원자라는 것을 사람들이 분명히 확인할 수 있도록 예수님의 손에서 초자연적인 이적이 일어나게 하셨습니다. 그리고 요한은 그 많은 이적 기사 가운데서 우리가 예수님을 하나님의 아들로 믿는 데 결정적인 증거가 될 몇 가지만 정리하여 기록하였습니다. 물로 포도주를 만든 이적, 왕의 신하의 아이를 멀리서 말씀으로 고치신 이적, 38년 된 병자를 고치신 이적, 떡 다섯 덩이와 물고기 두 마리로 오천 명을 먹이신 이적, 죽은 지 나흘이 되어 부패한 나사로를 무덤에서 불러내 살게 하신 이적, 그리고 십자가에 죽은 지 삼 일 만에 부활하신 이적 등이 요한복음에 기록되어 있습니다.

예수님의 이적을 본 많은 사람들은 처음 얼마 동안은 믿는 듯이 보였습니다. 분명히 이적은 믿음을 고무시키는 힘을 가지고 있고 이적을 보면 약한 믿음이 강해지기도 합니다. 이적이 일어나는 현장에서는 돌같이 굳은 마음도 부드러워질 수 있습니다. 그러나 이적은 뿌리를 깊이 내리는 믿음을 심어 주지는 못합니다. 복음서를 보면, 이적 기사에 감동한 수많은 사람들이 호산나를 외치면서 예수님을 따라다녔지만 결국은 떠나고 말았습니다. 이적 기사에 근거한 그들의 믿음은 돌밭에 뿌려진 씨앗처럼 싹이 나다가 말라서 쓰러지고 말았습니다. 왜냐하면 이적 자체가 우리에게 믿음을 보장해 주지 못하기 때문입니다.

마지막 증거인 성경

하나님께서는 예수님이 하나님의 아들되심을 입증하는 두 가지 증거 즉, 세례 요한의 증거와 예수님의 이적 기사를 보고도 사람들이 믿기를 거부하자 최종적인 증거를 내놓으셨습니다.

“또한 나를 보내신 아버지께서 친히 나를 위하여 증거하셨느니라”(37절).

하나님이 어떻게 증거하시는 것일까요?

"너희가 성경에서 영생을 얻는 줄 생각하고 성경을 상고하거니와 이 성경이 곧 내게 대하여 증거하는 것이로라"(39절).

하나님은 예수님이 자기의 아들임을 입증하는 마지막 증거로서 구약 성경을 사용하셨습니다. 그러나 성경에 대한 전문적인 지식이 없는 우리가 창세기에서 말라기까지 읽어도 예수라는 이름을 발견할 수 없을 것입니다. 당신은 하나님께서 예수님을 자기 아들로 증거하시는 말씀을 찾는 일이 쉽지 않다는 것을 느낄 것입니다. 레위기를 읽으면서 십자가에 못 박히신 예수님을 만나는 것은 쉬운 일이 아닙니다. 사사기를 읽으면서 그 많은 이야기들이 예수님과 무슨 관계가 있는지 이해가 잘 안 되는 것이 사실입니다.

그러나 사복음서를 통해 예수님께서 구약 성경을 가지고 자기가 하나님의 아들인 것을 어떻게 입증하고 계시는가를 살펴보면 구약 성경이 예수님을 증거하고 있음을 어렵지 않게 발견할 수 있습니다. 요한복음은 12장까지의 전반부와 13장 이하의 후반부로 나눌 수 있는데, 전반부는 예수님이 하나님의 아들이심을 증거하는 이적 기사들을 중심으로 다루어지고 있습니다. 이 이적 기사들을 설명하면서 '기록되었으되' 라는 말을 아홉 번 정도 사용하고 있습니다. 어디에 기록되었다는 것입니까? 구약 성경에 기록되어 있다는 말입니다.

요한복음의 후반부로 가면 여덟 번 내지 열 번 정도 반복하여 나오는 어구가 또 하나 있는데 '이루려 하심이니라' 하는 것입니다. 후반부는 예수님이 십자가에 못 박히시는 수난을 기록하고 있는데 그 수난의 사건들이 모두 다 구약에 기록된 예언의 말씀이 성취되고 있다는 점을 강조하고 있습니다. 예를 들어 가룟 유다가 예수님을 배반한 사건은 시편 41편 9절에 "내 신뢰하는 바 내 떡을 먹던 나의 가까운 친구도 나를 대적하여 그 발꿈치를 들었나이다." 하는 말씀이 이루어진 것으로 보았습니다.

이와 같이 예수님은 구약 성경에 기록된 구절 구절을 자신이 하나님의 아들됨을 증거하는 말씀으로 보셨습니다. 다시 말하면 하나님께서는 최종적으로 예수님이 자기의 아들임을 구약 성경으로 증거하고 계셨다는 것입니다.

최고의 권위, 성경

하나님께서는 이상의 세 가지 증거를 가지고 예수님이 하나님의 아들이심을 입증해 보이셨습니다. 지금은 우리가 광야에서 외치는 세례 요한의 증거를 들을 수가 없습니다. 예수님이 직접 행하시는 이적을 볼 수도 없습니다. 그 대신 이 두 가지 증거는 신약 성경에 기록되어 있습니다. 그러므로 우리가 신구약 성경을 가지면 예수님이 하나님의 아들임을 입증하는 세 가지 증거를 다 가지는 셈이 됩니다. 그러므로 구약의 예언, 세례 요한의 증거, 예수님 자신의 이적 기사 이 세 가지 증거를 보여 주는 성경 말씀을 보면서도 예수님이 하나님의 아들이심을 믿지 못하면 소망이 없는 사람이요 정말 불행한 사람이라 해야 할 것입니다.

누구든지 마음을 열고 하나님의 말씀을 읽으면 하나님의 아들이신 예수 그리스도를 만날 수 있습니다. 러시아 문호 도스토예프스키는 사회주의 운동에 뛰어들었다가 체포되어 사형을 선고받았습니다. 그가 사형수들을 실은 기차에 실려 수용소로 가는 도중 기차가 간이역에서 잠깐 정차를 하게 되었습니다. 이때 어떤 부인이 조그마한 책 한 권을 죄수들에게 넣어 주었는데, 그것이 도스토예프스키의 손에까지 들어가게 되었습니다. 다름아닌 신약 성경이었습니다. 그는 사형이 집행되는 당일까지 그 성경을 읽고 또 읽었습니다. 그리고는 이런 고백을 했습니다. "누군가가 내게 그리스도는 진리가 아니라고 증명한다 하더라도 나는 그리스도와 함께 있고 싶다. 나는 진리보다도 차라리 예수와 함께 있고 싶다. 예수님이 진리인지 아닌지는 지금 내게 중요하지 않다. 중요한 것은 내가 신약을 읽다가 만난 그 예수와 함께 살고 싶다는 사실이다." 그가 예수님을 만날 수 있었던 것은 신약 성경이 예수님이 하나님의 아들이심을 증거하고 있기 때문입니다.

예수님께서는 성경을 살아 계신 하나님의 말씀으로 믿었고 절대적인 권위로 받아들이셨습니다. 일점 일획이라도 땅에 떨어지지 않고 다 이루어진다고 확신하셨습니다. 예수님에게 있어서 성경은 모든 문제에 대한 최종적인 대답이었습니다. 그래서 생명을 걸고 말씀에 순종하셨습니다. 사탄의 시험을 이기는 유일한 무기도 하나님의 말씀이었습니다. 하나님의 뜻을 찾는 유일한 수단도 하나님의 말씀이었습니다. 성경은 예수님에게 최고의 권위였던 것입니다.

당신은 어떤 마음으로 성경을 대하고 있습니까? 어거스틴은 "내가 성경책을 펴놓고 읽을 때는 글을 읽는 것이 아니라 하나님이 직접 하늘에서 들려주시는 음성을 듣고 있는 것이다"라고 고백하였습니다. 성경 말씀을 절대적인 권위로 받아들이십시오. 그러면 말씀 속에서 그리스도를 만날 것이며 인생의 모든 문제에 대한 궁극적인 해답을 발견할 것입니다.

현대판 바리새인

그러나 여기서 한 가지 주의해야 할 점이 있습니다. 성경책이 우리의 우상이 되면 안 된다는 사실입니다. 예수님 당시에 바리새인들이나 율법사들이 저지른 치명적인 실수는 구약 성경을 우상화했다는 데 있습니다. 성경 자체가 하나님이 되어 버렸던 것입니다. 성경의 글자를 베낄 때에도 어느 글자가 중앙에 와야 되느냐 끝에 와야 되느냐 하는 문제 따위로 씨름하였습니다. 이런 이유로, 구약 성경에 정통한 율법사들과 서기관들이 평생을 바쳐 읽고 베끼고 가르쳤지만 구약의 주제인 예수 그리스도는 발견하지 못하였습니다.

요즘도 가끔 보면 성경책을 우상시하는 경향이 없지 않습니다. 예를 들면, 성경을 창세기부터 요한계시록까지 열 번만 통독하면 신경통이 사라지고 만병에서 벗어날 수 있다는 식의 말이 교회 내에 떠돌고 있습니다. 창세기 1장부터 요한계시록 22장까지를 직접 쓰면 가정에 우환이 사라진다는 말을 듣고 날마다 성경을 베끼는 데 몰두하는 사람들이 있습니다.

물론 성경을 읽거나 베끼는 것 자체가 잘못된 것은 아닙니다. 그러나 중요한 것은 아무리 성경을 처음부터 끝까지 백 번을 쓴다고 해도 말씀 안에서 살아 계신 예수 그리스도를 만나고 그분의 음성을 듣고 그분 앞에서 무릎 꿇는 은혜가 없으면 다 헛된 것에 지나지 않는다는 사실입니다. 어떤 사람들은 성경 지식만 있으면 모든 문제가 해결될 것처럼 생각합니다. 그런데 가만히 보면 성경은 많이 아는 것 같은데 예수 그리스도를 만난 증거는 보이지 않습니다. 이런 사람들은 현대판 바리새인과 다를 바 없습니다. 예수님을 안다는 것과 성경을 안다는 말이 반드시 일치하는 것은 아닙니다. 성경을 많이 읽는다고 반드시 영적으로 성장하는 것도 아닙니다. 성경을 매일 몇 시간씩 읽어도 예수님을 만나지 못하는 사람들이 있습니다. 이런 자들은 하나님의 아들의 발에 입 맞추지 못합니다. 그의 영광을 보지 못하기 때문입니다.

주님의 음성이 들릴 때까지

우리는 성경을 펼 때마다 주님의 음성을 들어야 합니다. 우리가 하나님의 말씀을 읽고 배우고 기억하면 예수님의 음성이 들리고 그 음성이 우리 생각을 지배하고 우리 마음을 사로잡게 됩니다. 그 음성 때문에 행동이 달라지고 다른 사람들이 보지 못하는 것을 보게 됩니다. 이것이 성경을 통해서 하나님의 아들을 만나는 사람의 특징입니다.

리빙스턴은 일세기 전에 죽음의 대륙 아프리카에 성경 한 권 들고 들어가서 평생을 흑인들에게 복음을 전하며 문명의 길을 열어 주는 데 헌신한 위대한 인물입니다. 그가 가장 좋아했던 성경 구절이 "볼지어다 내가 세상 끝날까지 너희와 항상 함께 있으리라."라는 마태복음 28장 20절입니다. 그는 이 말씀을 수십 년 동안 가슴에 안고 살았습니다. 말라리아에 걸려 사경을 헤맬 때에도 이 말씀을 기억하면서 병상에서 일어났고, 독사에게 위협을 당하는 순간에도 이 말씀을 기억함으로 그는 담대할 수 있었습니다. 그는 선교 활동을 하면서 수없이 직면했던 생명의 위기 앞에서 이 말씀을 통해 주님의 음성을 들을 수 있었습니다. 조그만 오두막에서 임종하던 그날 밤에도 그는 이 말씀을 곁에 두고 있었습니다. 그 이유가 어디에 있었습니까? 예수님은 오늘도 살아 계셔서 말씀을 통해 자신이 하나님의 아들이심을 증거하고 계시기 때문입니다.

마음에 슬픔을 가지고 있습니까? 남이 모르는 무거운 걱정을 안고 잠을 이루지 못합니까? 주님의 음성이 들릴 때까지 성경을 읽으시기를 바랍니다. 리빙스턴에게 "볼지어다 내가 세상 끝날까지 너희와 항상 함께 있으리라."라는 말씀이 평생 그를 떠나지 않는 음성이 된 것처럼, 근심 걱정에 빠진 당신을 바로 일으켜 세우는 하나님의 말씀이 성경 속에 있습니다.

문제는 하나님께서 성경을 통해서 말씀하고 계시지만 우리가 듣지 못하는 데 있습니다. 말씀 속에서 주님의 음성을 듣기만 하면 그 말씀은 내 모든 근심 걱정을 날려 버릴 것입니다. 고통 속에서 십자가를 지고 찬송할 수 있는 사람으로 바뀔 것입니다. 성경 말씀은 문자화된 고상한 책이 아니라 살아 계신 주님의 음성입니다. 그 말씀이 하나님의 아들이신 예수 그리스도를 증거하고 있기 때문입니다. 모두가 성경 속에서 주님의 음성을 듣고 날마다 주님을 만나는 기쁨을 누릴 수 있기를 바랍니다.

19. 보리떡 다섯 개로 오천 명을

… 예수께서 눈을 들어 큰 무리가 자기에게로 오는 것을 보시고 빌립에게 이르시되 우리가 어디서 떡을 사서 이 사람들로 먹게 하겠느냐 하시니 이렇게 말씀하심은 친히 어떻게 하실 것을 아시고 빌립을 시험코자 하심이라 빌립이 대답하되 각 사람으로 조금씩 받게 할지라도 이백 데나리온의 떡이 부족하리이다 제자 중 하나 곧 시몬 베드로의 형제 안드레가 예수께 여짜오되 여기 한 아이가 있어 보리떡 다섯 개와 물고기 두 마리를 가졌나이다 그러나 그것이 이 많은 사람에게 얼마나 되겠삽나이까 예수께서 가라사대 이 사람들로 앉게 하라 하신대 그곳에 잔디가 많은지라 사람들이 앉으니 수효가 오천쯤 되더라 예수께서 떡을 가져 축사하신 후에 앉은 자들에게 나눠 주시고 고기도 그렇게 저희의 원대로 주시다 저희가 배부른 후에 예수께서 제자들에게 이르시되 남은 조각을 거두고 버리는 것이 없게 하라 하시므로 이에 거두니 보리떡 다섯 개로 먹고 남은 조각이 열두 바구니에 찼더라 ….

요한복음 6:1~15

요한복음을 쓴 사도 요한은 예수 그리스도가 하나님의 아들이심을 증거하기 위해서 네 번째 표적을 우리에게 소개하고 있습니다. 배고픈 군중을 보리떡 다섯 개와 물고기 두 마리로 배불리 먹이고 열두 바구니를 남겼다는 이적입니다. 이 사건이 얼마나 충격적이고 감동적이었는지 사복음서를 기록한 저자들은 이 사건을 빠짐없이 다루고 있습니다. 먹은 사람의 수를 들으면 입이 딱 벌어집니다. 남자 성인만 줄잡아 오천 명으로 계산을 했으니까 부인들과 자녀들을 다 합하면 만 단위가 넘는 어마어마한 인파였습니다. '어떻게 이런 일이 있을 수 있을까? 어떻게 사실로 믿을 수 있을까?' 하는 생각들을 사람들이 자주 합니다.

이 표적을 믿지 못하겠다며 고개를 설레설레 흔드는 현대인들의 비위를 맞추기 위해 기발한 해석을 하는 사람들도 가끔 있습니다. 예를 들면 이런 것입니다. 예수님의 표적과 기사를 보기 위해서 수많은 군중이 갈릴리 바다 북쪽에 있는 평지에 몰려들었습니다. 그 지역은 먹을 것이 없는 빈들이었기 때문에 성격이 치밀한 유대인들은 나름대로 먹을 것을 준비해서 왔다는 것입니다. 물론 그렇지 못한 사람들도 얼마는 있었겠지요. 시간이 흘러 다들 시장기를 느끼고 있었지만 얼른 자기 도시락을 꺼내는 자가 없었습니다. 입에 넣기 전에 빼앗길지 모른다는 불안감 때문이었습니다.

그런데 어린 소년이 자기 도시락을 예수님에게 드렸습니다. 이것을 받아 드신 예수님은 너무 감격하시면서 무리 앞에서 감사 기도를 드렸습니다. 이 광경을 본 사람들은 비로소 숨겨 놓았던 자기 도시락을 꺼내어 먹기 시작했다는 것입니다. 간혹 도시락을 가지고 오지 않은 자가 보이면 나누어 먹었는데 그러다가 보니까 자연히 그 자리에 있던 모든 사람들이 시장기를 때우게 되었다는 것입니다. 오랜 후에 제자들이 그 당시의 일을 회상하면서 예수님이 마치 보리떡 다섯 개와 물고기 두 마리를 가지고 무리들을 배불리 먹이신 것처럼 과장해서 기록해 놓았다는 것입니다.

사람들은 이런 식으로 말을 해야 '그러면 그렇지. 어떻게 보리떡 다섯 개를 가지고 오천 명을 먹였다는 소리를 할 수 있어?' 라고 하면서 고개를 끄덕입니다. 그러나 이런 식으로 예수님을 이해하려는 자들은 아무도 그를 하나님의 아들로 믿을 수 없을 것입니다. 우리와 똑같은 능력을 가진 그를 하나님의 아들로 믿고 경배할 이유가 없는 것입니다. 예수님이 하나님 되심을 철저하게 부인하는 자들이 모이는 교회에 가 보세요. 사람들이 남아 있습니까? 없습니다. 미국이나, 한국이나, 유럽이나 어디든지 가 보십시오. 다 떠나고 말았습니다. 믿을 이유가 어디 있습니까? 자기나 예수나 똑같은데 말입니다.

예수님은 태초에 하나님과 함께하신 분이요, 만물이 그로 말미암아 지은바 되었기 때문에 지은 것이 하나도 그가 없이는 된 것이 없습니다. 이것은 사도 요한이 1장 초두에서 선언한 영구불변의 진리입니다. 예수님은 친히 만드신 모든 육체에게 먹을 것을 주시는 하나님이십니다. 들짐승과 우는 까마귀 새끼에게까지 먹을 것을 주시는 하나님이십니다(시 147:9). 하나님 되신 그분이 어떻게 배고픈 군중을 앞에 놓고 떡 다섯 덩이를 가지고 먹이지 못한다고 말할 수 있습니까? 예수님을 하나님으로 고백하는 자에게 오병이어의 기적은 너무나 자연스러운 것이 아닐 수 없습니다.

영혼뿐 아니라 육신까지

배고픈 군중을 먹이신 예수님을 통해서 우리가 배울 수 있는 몇 가지 교훈이 있습니다. 우선 먼저 예수님은 배고픈 군중을 불쌍히 여기시고 먹이셨다는 사실입니다. 넓은 초원 가득히 메우고 있던 사람들, 그 장면을 한번 마음에 그려 봅시다. 틀림없이 사람들은 예수님의 은혜로운 말씀에 푹 젖어 있었고 즉석에서 고침 받은 환자들이 환호하는 뜨거운 열기 속에 묻혀 해가 지는 줄을 모르고 있었을 것입니다. 그런 분위기에서는 배고픔을 잘 느끼지 못할 것입니다. 비슷한 일이 몇 달 후에 또 한 번 있었습니다. 그때는 무리들이 빈들에서 사흘을 예수님과 함께 있었습니다. 얼마나 은혜에 깊이 젖었던지 시간 가는 줄도 배고픈 줄도 모르다가, 예수님이 이제는 돌아갈 때가 되었다고 하시자 비로소 시장기를 느꼈습니다. 그때에 예수님은 떡 일곱 개로 사천 명을 먹이는 기적을 행하셨습니다.

종종 풍성한 은혜는 먹고 마시는 것을 잊게 합니다. 해방 후 박재봉 목사님이라고 하는 유명한 부흥사가 전국을 다니면서 집회 인도를 했는데, 가끔 앉은뱅이가 일어나고 눈먼 사람이 눈을 뜨는 기적들이 일어났습니다. 초등학교 4학년이던 저는 어른들 틈에 끼어서 은혜를 받았습니다. 시간마다 은혜가 넘치니까 사람들이 일어날 줄 모르고 먹을 생각도 안 하는 것을 보았습니다. 아침 10시에 시작된 집회가 오후 2시나 3시가 되어도 끝이 나지 않았습니다. 강사가 설교를 마치고 교회를 떠나도 청중들은 일어날 줄 몰랐습니다. 기도하는 사람, 찬송하는 사람, 끼리끼리 모여 서로 받은 은혜를 나누는 아름다운 장면들이 이어졌습니다. 가끔 환자가 고침 받는 일이 발생하면 마치 변화산에 올랐던 세 명의 제자들처럼 세상일을 망각한 것처럼 보였습니다. 하물며 하나님의 아들을 모시고 빈들에 머물렀던 사람들이야 그 은혜가 오죽했겠습니까?

우리가 이 말씀을 읽으면서 감격하는 것은 예수님이 배고픈 군중의 심정을 아시고 그들의 어려움을 덜어 주셨다는 것입니다. 가끔 은혜를 좀 받았다고 티를 내고 다니는 사람들을 보면 약간 잔인한 데가 있는 것 같습니다. "하나님 말씀 듣고 그만큼 은혜 받았는데 배가 좀 고프면 어때요. 금식해요. 먹고 마시는 것이 우상이 되면 안 돼요." 이런 식으로 말을 하면서 배고픈 것, 고달픈 것, 잠 못 자는 것 등은 아무것도 아닌 것처럼 취급하려 듭니다.

예수님은 그렇지 않으셨습니다. 아무리 은혜를 많이 받아도 배고프면 먹어야 한다는 것을 주님은 너무 잘 알고 계셨습니다. 군중들이 배고프다는 말을 하기 전에 예수님은 그들의 배고픔을 아셨습니다. 영혼만 아니라 육신까지 중요하게 보시는 자비로우신 하나님을 우리는 예수님을 통해서 봅니다. 사천 명을 떡 일곱 덩이로 먹이시던 날 주님이 하시던 말씀을 우리는 잊을 수가 없습니다. 마태복음 15장 32절을 봅시다. "내가 무리를 불쌍히 여기노라 저희가 나와 함께 있은 지 이미 사흘이매 먹을 것이 없도다 길에서 기진할까 하여 굶겨 보내지 못하겠노라." 얼마나 인자하시고 자상하신 하나님이신가를 느끼지 않을 수가 없습니다.

아무도 장담하지 못한다

떡 다섯 덩이로 큰 무리를 먹이시는 예수님을 보면서 크게 깨닫는 또 하나의 진리가 있습니다. 먹고 마시는 것 모두가 하나님의 손에서 온다는 것입니다.

지금처럼 풍요로운 세상을 사는 우리들에게는 먹고 마시는 문제가 옛날처럼 절실하게 마음에 와 닿지 않을 수 있습니다. 돈이 많으면 많은 대로 좋은 것 골라 먹을 수 있고, 돈이 적으면 적은 대로 배를 채울 수 있습니다. 끼니마다 하나님이 주신 것이라는 믿음을 가지고 먹고 마실 필요를 느끼지 못하고 넘길 때가 많습니다. 먹고 마시는 것이 하나님의 손에서 왔다는 믿음이 왜 필요한지 어떤 때는 잘 모르고 넘어갈 때가 있습니다. 그러나 이것은 하나님의 자녀로서 마땅한 자세가 아닙니다. 예수님이 바로 이것을 우리에게 교훈하고 계시는 것입니다.

우리 중에는 아무도 평생 이런 풍요로운 세상을 살 수 있을 것이라 장담할 수 없습니다. 사람이 살다 보면 입에 풀칠하는 일로 하루 해를 다 넘겨야 하는 절박한 상황을 만날 수 있습니다.

어떤 부인은 사업하는 남편과 함께 평생을 돈 아쉬운 줄 모르고 살았다고 합니다. 그러다가 남편이 먼저 돌아가셨습니다. 세상을 떠난 남편은 아내가 남에게 천대받지 않을 정도로 재산을 남겨 놓고 갔습니다. 그러나 못난 자식들이 이거 한다고 돈 달라, 저거 한다고 돈 달라 하면서 계속해서 돈을 뜯어 갔습니다. 그러다 보니 가진 돈이 거의 다 바닥이 나고 말았습니다. 가슴 아프게도 자식들이 하던 일도 다 망해 버렸습니다. 결국 그 부인은 오갈 데 없는 신세가 되어 어느 달동네에서 연탄불도 제대로 때지 못하는 방을 얻어 고생하고 있다는 말을 들었습니다. 사람일이라는 것은 아무도 장담할 수 없습니다. 그러므로 하나님의 은혜를 망각하는 교만한 자가 되면 안 됩니다.

비관론과 낙관론

21세기는 어떤 일이 일어날지 예측하기 어려운 불안한 시대입니다. 우리는 지난 백여 년 동안 하나님이 선물로 주신 자원들을 너무 탕진하고 고갈시켰습니다. 얼마 안 가서 석유가 바닥이 난다고 합니다. 나무를 너무 베어 버렸기 때문에 지구의 허파가 호흡 곤란을 일으키는 날이 올지 모른다고 합니다. 벌써부터 식량 위기를 예고하는 소리들이 높아 가고 있습니다. 비축량이 여러 해의 가뭄과 한발로 인해서 점점 감소되고 있어서, 잘못하면 식량을 무기로 이용하는 살벌한 세상이 우리 눈앞에 올 수 있다고 경고하는 소리를 듣고 있습니다.

물론 이와 같은 비관론을 일축하려는 사람들도 있습니다. 사람은 태어날 때 자기 먹을 것은 다 가지고 나온다는 옛말처럼, 인구가 늘면 느는 만큼 식량도 증산될 수 있다고 보는 것입니다. 어느 시대나 낙관론과 비관론은 항상 대립해 왔습니다. 미래에도 그럴 것입니다.

스탠포드대학의 생물학 교수였던 폴 얼릭 박사는 비관론자였습니다. 인구 폭발로 인해서 세계는 점점 위기를 맞을 것이라고 보았습니다. 세계적으로 인구 증가는 매 3년마다 미국이 하나씩 더 생기고 있다고 보면 됩니다. 2억이 넘게 불어난다는 말입니다. 그렇게 되면 필연적으로 식량 위기가 올 것이고, 자원은 고갈될 것이고, 지구촌은 오염이 되어 끔찍한 재앙을 불러올 것이라고 얼릭 박사는 자기 책에서 경고하고 있습니다.

반면에 메릴랜드대학의 경제학 교수인 줄리안 사이먼 박사는 전혀 다른 입장을 펴고 있습니다. 세상은 점점 더 살기 좋아질 것이라는 것입니다. 물론 먹어야 할 입들이 많아지면 그만큼 더 많은 양식이 필요하겠지만, 사람은 누구나 일할 손과 창조할 머리를 가지고 태어나기 때문에 단기적으로는 약간 어려움을 당한다 하더라도 장기적으로 보면 반드시 자급자족할 수 있게 된다는 것입니다.

이 주장을 뒷받침하듯 1965년부터 1990년까지 15년 동안 세계 인구가 갑절로 늘었지만 이와 동시에 식량 생산도 갑절 이상으로 늘었습니다. 희한하게도 인구 밀도가 높은 나라일수록 더 잘산다는 통계가 나오고 있습니다. 세계의 석유 소비가 1970년도에 비해서 7배로 늘었지만 매년 기름 소비량의 2퍼센트가 더 많이 개발되고 있습니다. 이런 증거들을 등에 업고 1980년도에 사이먼 박사가 비관론을 제기한 얼릭 박사에게 도전장을 던졌습니다. 앞으로 10년 동안 누구 주장이 옳은지를 놓고 내기해서 지는 쪽이 돈을 내자는 것이었습니다. 물론 낙관론을 편 쪽에서 승자가 되었습니다.

그래서 그런지 현대인들은 부에 대해 점점 자신 있어 하고 있습니다. 먹고 마시는 것이 하나님의 손에서 오는 것이 아니고 마치 자기 손으로 만들어 내는 것처럼 착각하고 있습니다. 사람은 낙관주의자가 될수록 하나님보다 인간의 창조적 재능과 자립심을 더 의존하게 됩니다. 자신의 잠재력에 기초한 장미빛 시나리오를 계속 쓰려고 합니다. 따라서 하나님과는 거리가 자꾸 멀어져 가는 것입니다.

일용할 양식은 하나님 손에서

그러면 예수 믿는 우리는 어떻습니까? 낙관론자입니까, 비관론자입니까? 성경을 보면 인류의 미래가 결코 밝지 않다는 것을 알 수 있습니다. 물질적으로 풍요해지면서 인간성은 더 악해질 것이라고 예언합니다. 세계적인 기근과 지진과 전쟁이 우리를 기다리고 있다는 경고를 모른 체하면서 성경을 읽을 수가 없습니다. 언젠가는 인간이 의존했던 모든 것을 송두리째 뺏기는 날이 온다는 것을 성경을 통해서 경고 받고 있습니다.

그러므로 우리는 배고픈 군중을 손수 먹이시는 예수님을 통해 일용할 양식이 전적으로 하나님 손에서 온다는 것을 다시 한 번 고백할 수 있어야 합니다. 일용할 양식은 하나님의 손에서 옵니다. 그가 거두시면 우리는 모든 것을 한순간에 잃어버릴 수 있습니다. 우리가 풍요로운 생활을 누리고 있을 때 하나님이 주셔서 먹고 마신다는 확실한 믿음을 가져야 합니다. 그렇게 해야 끼니를 때우기가 어려운 역경을 당해도 두려워하지 않을 수 있습니다. 부유할 때 먹이시는 하나님이시라면 가난할 때도 먹여 주신다는 것을 의심하지 아니하고 믿을 수가 있는 것입니다. 형통할 때 하나님이 주시는 은총을 믿지도 의지하지도 않은 사람이 어떻게 가난할 때 그의 손길을 의지할 수 있겠습니까?

진정한 감사는 기적을 낳고

한 가지 더 우리가 배워야 할 진리가 있습니다. 예수님께서 떡과 물고기를 손에 들고 하늘을 향해 축사하셨다는 것입니다. 축사라는 말은 감사 기도를 가리킵니다.

보리떡은 유대 나라에서 가장 값싼 음식 가운데 하나입니다. 그래서 주로 가난한 사람들이 많이 먹는다고 합니다. 웬만큼 살면 안 먹습니다. 부잣집에서는 보리를 거의 다 가축에게 먹이는 사료로 사용합니다. 이처럼 천한 음식이라, 간음을 범한 여자가 자기 죄를 용서받기 위해 바치는 재물용으로 사용되기도 했습니다. 짐승에게 주는 사료를 가지고 와서 제사를 드림으로 자신이 짐승처럼 천하다는 것을 고백하는 셈이 되었던 것 같습니다.

물고기 두 마리라고 하니까 굴비 두 마리를 들고 온 것처럼 생각할지 모르지만 그렇지 않습니다. 갈릴리 바다에 흔하게 잡히는 피라미나 멸치 같은 작은 생선들입니다. 메마른 보리떡을 입에 넣으면 목에 걸려 잘 넘어가지 않습니다. 그래서 소금에 절인 작은 물고기를 밑반찬으로 곁들여 싸 가지고 온 것입니다. 그러니 보리떡이나 물고기가 얼마나 초라한 음식입니까? 이런 것들이 감사할 거리가 되겠습니까?

그럼에도 불구하고 우리 예수님은 하나님께 감사를 드렸습니다. 이 것은 무엇을 교훈합니까? 아무리 초라한 음식이라도 먹을 때마다 하나님을 기억해야 되고 감사해야 된다는 것입니다. 아무리 메마른 떡 한 조각이라도 감사 없이 입에 넣을 수 없다는 것입니다.

우리는 식사 기도를 합니다. 그런데 식사 기도가 너무나 습관화되어 있지는 않습니까? 정말 하나님이 주신 일용할 양식으로 알고 감사하는 것인지, 우리 모두 새삼스럽게 물어보아야 할 것입니다.

외국 사람들은 식당이나 공식 만찬 같은 데서 그렇게 감사 기도를 요란하게 하지 않습니다. 몇 마디 간단히 기도하고 맙니다. 그러나 그들의 삶을 보면 본받을 점이 한두 가지가 아닙니다. 식사 기도 요란하게 하는 것으로는 한국 교인을 따라갈 자가 없는 것 같습니다. 미국 교포들이 모이는 곳에 가 보면 그 넓은 식당에서 큰 소리로 감사 기도를 드립니다. 그게 나쁜 것은 아닙니다. 단지 우리 모두가 기도를 요란하게 하는 데 비해 구린 데가 많다는 것이 문제입니다.

보리떡 다섯 개와 물고기 두 마리는 하나님께 축사하신 주님의 손에서 오천 명을 배불리 먹이고 열두 바구니를 남기는 기적을 일으켰습니다. 감사를 잊지 아니하는 자의 손에서는 아무리 보잘것없는 것이라도 기적을 일으킬 수 있다는 것을 보여 준다고 믿습니다. 작은 빵 한 조각을 들고 감사하면 먹는 식구들이 모두 건강하게 되는 축복을 누릴 수 있습니다. 우리나라가 한참 어려웠던 반 세기 전에는, 밥상을 받으면 영양가로 따져 모자라는 것이 한두 가지가 아니었지만 눈물로 감사 기도를 드린 부모 밑에서 자녀들이 건강하게 자랐습니다. 감사하는 자의 밥상에 하나님의 기적이 임한다는 사실을 의심할 수 없습니다.

남편이 들고 오는 얇은 월급 봉투지만 그것을 손에 들고 감사하는 자에게는 모자람이 없도록 하시는 하나님의 기적을 체험합니다. 계산을 하면 턱없이 부족할 것 같지만 써 보면 그렇게 모자라지 않습니다. 하나님이 역사하시는 것입니다.

"기록한 것같이 많이 거둔 자도 남지 아니하였고 적게 거둔 자도 모자라지 아니하였느니라"(고후 8:15).

낭비는 하나님을 모욕하는 것

마지막으로 한 가지 교훈을 더 배우도록 합시다. 예수님은 작은 떡 조각이라도 버리지 못하게 하셨습니다.

"저희가 배부른 후에 예수께서 제자들에게 이르시되 남은 조각을 거두고 버리는 것이 없게 하라 하시므로"(12절).

먹어 보셨는지 모르지만, 보리떡은 먹다가 남기면 다시 먹을 생각이 들지 않습니다. 요즘 보리떡은 건강식품이라고 해서 먹기 좋게 잘 만들어 냅니다. 값도 비쌉니다. 그러나 제가 어릴 때만 해도, 보리떡을 먹다 남겨 두면 굳어 버리는데 그것을 다시 먹기는 어려웠습니다. 저는 많이 먹어 보았기 때문에 잘 압니다. 먹다 남은 것은 마당에 있는 강아지에게 던져 주는 일이 많았습니다.

그럼에도 불구하고 예수님은 버리지 말라고 하셨습니다. 천지를 만드시고 모든 생물들을 먹이고 입히시는 하나님이 명령하십니다. 보리떡 한 조각이라도 허비하지 말고 모으라고 말입니다. 우리는 진지하게 들어야 합니다.

절약은 부단히 저축을 하는 것이라기보다는 부단히 낭비하지 않는 것이라는 말이 있습니다. 아껴 쓰고 나누어 쓰고 바꾸어 쓰고 다시 쓰는 것이 절약이라고 합니다. 앞으로 인류가 당할 재해가 있다면 거의가 하나님이 주신 선물을 아껴 쓰지 않고 함부로 버리고 없애는 데서 자초하는 인재라고 생각합니다. 먹다 만 보리떡 한 조각을 버리지 말아야 하고, 먹다 만 작은 생선 한 조각을 버리지 말아야 한다면, 이것이 하나님이 우리에게 명령하시는 것이라고 한다면, 우리가 그동안 얼마나 많은 것을 낭비하고 살았는가를 반성해야 합니다. 자식 중 하나가 돈을 얻어 가는 대로 낭비하고 다시 와서 또 내놓으라고 떼를 쓴다면 어떻게 하겠습니까? 더 주고 싶지 않을 것입니다. 낭비하는 자에게는 하나님 역시 인색하실 것입니다.

미국에 가면 가끔 한식 뷔페 식당에 들어갈 때가 있습니다. 깔끔하고 한국처럼 그렇게 턱없이 비싸지 않은 음식이어서 편리합니다. 식당 문을 열고 들어갈 때마다 금방 눈에 들어오는 쪽지가 하나 있습니다. "음식을 남기면 벌금 5불입니다." 오죽하면 그런 것을 써 붙였을까요? 한국 사람들은 음식 욕심이 많아서 막 담아 옵니다. 두 번, 세 번 가지고 와서 먹다 보면 나중 접시는 반 이상을 못 먹습니다. 대대로 가난하게 산 것이 한이 되어 그런지 있는 대로 먹어 보자는 식입니다. 이런 태도는 하나님이 주신 것을 낭비하는 악이라는 사실을 알아야 합니다.

한번 생각해 보세요. 빈 들판은 보리떡 다섯 개와 물고기 두 마리를 가지고 만여 명에 가까운 사람들을 배불리 먹인 하나님의 아들이 계시는 자리였습니다. 이제 먹을 것 걱정할 일이 뭐가 있습니까? 배고플 때마다 그분 손에서 기적이 일어날 것인데 말입니다. 그 자리에 있던 청중들이 나중에는 예수님을 임금 삼으려고 했습니다. 충분히 이해가 되는 행동입니다. 이런 기적의 하나님이 계시는 자리에서 먹다가 남은 보리떡 조각을 주우러 다니는 제자들을 한번 상상해 보세요. 얼마나 어울리지 않는 장면입니까? 얼마나 모순처럼 보입니까? 그러나 여기에 중요한 진리가 있습니다.

빵 한 조각이라도 함부로 버리면 그것을 주신 하나님을 모욕하는 것이 됩니다. 마구 사서 냉장고에 쌓아 놓았다가 유효 기간이 넘으면 내버리는 것도 하나님이 좋아하지 아니하는 행동임을 알아야 합니다. 꼭 기억하십시오. 풍요할 때 낭비하면 가난할 때 달라는 소리를 할 자격이 없습니다. 남아돌 때 절약해서 그 남은 것을 선한 일에 쓸 줄 알아야 모자랄 때 달라고 하는 말을 떳떳하게 할 수 있습니다. 예수님이 우리에게 가르쳐주시는 교훈이 바로 이런 것입니다. 보리떡 한 조각이라도 하나님에게는 천한 것도 없고, 버릴 것도 없다는 것을 우리는 배워야 합니다.

배고플 때 먹이시는 예수님, 보잘것없는 보리떡과 물고기 두 마리를 들고 하나님 앞에 감사 드리신 예수님, 남은 떡 조각을 거두고 버리는 것이 없도록 하라고 권면하시는 예수님, 그 예수님을 우리가 조용히 마음에 모시고 성령이 들려주시는 그의 음성을 들어 봅시다. 우리가 깊이 깨달아야 할 진리가 무엇입니까? 고쳐야 할 잘못이 무엇입니까? 자녀들에게 가르쳐야 할 교훈이 무엇입니까? 세상 사람들 앞에 모범으로 보여 주어야 할 행동이 무엇입니까? 조용히 성령께서 들려주시는 음성을 듣는 시간이 될 수 있기를 바랍니다.

20. 풍랑 중에 찾아오신 예수님

저물매 제자들이 바다에 내려가서 배를 타고 바다를 건너 가버나움으로 가는데 이미 어두
웠고 예수는 아직 저희에게 오시지 아니하셨더니 큰 바람이 불어 파도가 일어나더라 제자
들이 노를 저어 십여 리쯤 가다가 예수께서 바다 위로 걸어 배에 가까이 오심을 보고 두려
워하거늘 가라사대 내니 두려워 말라 하신대 이에 기뻐서 배로 영접하니 배는 곧 저희의 가
려던 땅에 이르렀더라.

요한복음 6:16~21

떡 다섯 개와 물고기 두 마리로 오천 명을 배불리 먹이시는 기적을
직접 목격하였던 유대인들이 예수님을 왕으로 추대하려고 하자, 예수
님은 그들을 피하여 산으로 올라가셨습니다. 한편 예수님의 제자들은
해가 기울고 호수 위에 밤의 그림자가 조금씩 드리우기 시작할 무렵,
배에 몸을 싣고 노를 저어 갈릴리 호수를 건너기 시작하였습니다. 장
정이 열두 명 정도 타는 배라면 작은 배가 아닙니다. 저도 노를 저어
보았지만 그만한 규모의 배를 노로 저어서 간다는 것은 쉬운 일이 아
닙니다.

때는 마침 유월절을 앞두고 있어서 둥근 달이 물속에도 휘영청 떠
있었고, 노를 저을 때마다 삐걱거리는 소리와 함께 바닷물이 부서지면
서 마치 은가루를 뿌려 놓은 듯한 장관을 이루어 갈릴리 호수는 그 아
름다움을 한껏 뽐냈을 것입니다.

그러나 노를 저은 지 얼마 지나지 않아 맞바람이 세차게 불기 시작했습니다. 바다에서는 바람의 방향이 대단히 중요합니다. 뒤에서 바람이 불어 주면 노 젓는 것도 쉽고 빨리 갈 수 있지만 맞바람을 안고 가면 아무리 저어도 힘만 들고 배는 잘 나가지 않습니다. 제자들이 교대로 노를 저으면서 열심히 배를 저었지만 파도가 점점 거세게 일어나면서 배는 제자리를 벗어나지 못하고 있었습니다. 밤이 깊어 갈수록 풍랑은 거세만 가고 제자들은 더 이상 노를 저을 기력조차 남아 있지 않을 만큼 지쳐 버렸습니다. 그때 예수님은 기도를 마치시고 언덕에서 제자들이 풍랑과 싸우는 모습을 내려다보고 계셨습니다. 마가복음에는 예수님께서 제자들이 매우 힘겹게 노 젓는 것을 보셨다고 기록하고 있습니다(막 6:48).

예수님은 언덕에서 내려와 풍랑과 싸우고 있는 제자들을 향해 물 위로 걸어가셨습니다. 한밤중에 사람이 물 위로 걸어온다는 것은 상상할 수도 없는 일이었기에 제자들은 처음에 유령인가 하고 소리를 질렀습니다. 주님은 두려움으로 떨고 있는 제자들에게 부드러운 음성으로 "내니 두려워 말라"고 말씀하시면서 배에 오르셨습니다. 그가 배에 오르시자 바다는 잠잠해지고 어느덧 배는 건너편 벳세다 해안 가까이 접어들고 있었습니다. 상상하는 것만으로도 우리의 가슴을 뛰게 하는 아름다운 장면이 아닐 수 없습니다.

표적의 의미

이 표적은 예수님이 하나님의 아들이심을 다시 한 번 제자들에게 보여 주는 의미를 갖습니다. 욥기 9장 8절을 보면, 하나님은 홀로 하늘을 펴시며 바다의 물결을 밟으시는 분이라고 말씀하고 있습니다. 하늘과 바다와 육지를 창조하시고 보존하시며 그 생명을 공급하시는 창조자 하나님이 아니시면 누가 바다 위를 걸어갈 수 있습니까? 그러므로 예수님이 바다 위로 걸어오신 것은 제자들에게 예수님이 하나님의 아들이심을 보여 주시기 위한 것입니다. 마태복음을 보면, 예수님이 배에 오르시자마자 제자들이 그 앞에 무릎을 꿇고 절하면서 진실로 하나님의 아들이시라고 고백하였습니다(마 14:33). 우리도 예수님의 제자들처럼 하나님 되신 예수님 앞에 마음의 무릎을 꿇고 그분이 나의 하나님 되심을 고백할 수 있기를 바랍니다.

이 표적은 오늘을 사는 우리들에게 하나님이 주시는 풍성한 영적인 메시지를 담고 있습니다. 인생살이는 풍랑이 일고 있는 캄캄한 갈릴리 바다와 같습니다. 너무 어두워서 앞이 잘 보이지 않습니다. 맞바람이 불어와서 아무리 노를 저어도 배가 잘 나가지 않습니다. 결국은 너무나 피곤해서 살고 싶지 않다는 생각까지 듭니다. 이것이 우리가 살아가는 인생 길입니다. 그러므로 갈릴리 바다는 우리의 험한 인생을 상징하는 좋은 비유가 될 수 있습니다.

제자들이 풍랑과 오랜 시간 동안 씨름하고 있을 때, 예수님은 그들을 위해서 기도하고 계셨습니다. 갈릴리 바다의 풍랑과 싸우는 제자들처럼 우리가 인생을 살면서 고생하고 힘들어할 때, 예수님은 우리를 위해 기도하고 계십니다. 기도를 마치신 예수님은 괴롭게 노를 젓는 제자들을 보고 계셨다고 했습니다. 제자들이 얼마나 고생하는가를 훤히 알고 계셨다는 말입니다. 제자들의 모든 형편을 주님은 다 알고 계셨습니다. 오늘도 주님은 우리의 고통스러운 형편을 낱낱이 꿰뚫어 보시고 다 알고 계십니다.

　예수님은 풍랑이 치는 바다 위를 걸어오셔서 고통 속에 있는 제자들을 건져 주셨습니다. "내니 두려워 말라." 이 한마디에 바다만 고요해진 것이 아니고 제자들의 마음에도 평화가 찾아왔습니다. 지금도 예수님은 인생의 풍랑을 만나 땀과 눈물로 얼룩져 있는 그의 자녀들을 찾아오셔서 "내니 두려워 말라"고 말씀해 주십니다. 그러므로 하나님을 진실로 사랑하고 예수님이 나의 구주임을 확신하는 사람들은 예수님 없이 고요한 바다를 건너가는 것보다 차라리 예수님을 모시고 풍랑이 이는 바다를 건너가는 것이 더 좋다고 생각합니다. 참으로 성숙한 믿음을 가진 사람은 예수 없는 행복한 인생을 살다가 죽는 것보다 예수 모시고 고생하면서 사는 것이 훨씬 낫다고 생각합니다.

　예수님은 이 세상에서 고통 중에 있는 우리를 보시고 기도하고 계십니다. 우리의 형편을 사람들은 알아주지 못해도, 예수님은 속속들이 알고 계셔서 때가 되면 찾아오시어 위험에서 건져내십니다. 길이 없으면 바다 위를 걸어서라도 찾아오셔서 도와 주십니다. 이러한 말씀의 은혜를 마음에 담고 기도하면, 마치 피난처를 찾아 몸을 숨긴 사람처럼 마음이 편안해지고 알 수 없는 새 힘이 우리 안에서 솟아오르는 것을 느낄 수 있습니다.

　우리 가운데는 인생의 풍랑을 잔잔케 하시고 그 마음에서 공포를 쫓아 주신 예수님을 체험한 이들이 많이 있습니다. 병상에 누워 있을 때 주님의 도우심을 체험한 분들도 있고, 사랑하던 가족이 내 곁을 떠나 눈물짓고 잠을 이루지 못할 때 주님께서 바다 위를 걸어오셔서 위로의 음성을 들려주시는 경험을 한 분들도 있습니다.

이해할 수 없는 고통, 하나님의 무관심

그러나 풍랑 속에 있는 모든 사람들이 주님의 손길을 체험하는 것은 아닙니다. 우리가 어려운 풍랑을 만나고 있을 때 아무리 주님을 찾아도 보이지 않는 것처럼 생각되는 때가 있습니다. 믿음이 좋고 신실한 사람들 가운데는 풍랑을 만나 죽을 고생을 하고 있는데도, 예수님이 기도를 들어주시지 않는 것 같고 그 사람에게 무관심하신 것 같은 경우가 있습니다. 심지어 예수님이 그 사람과 아무 관계도 없다는 듯이 냉정하게 대하시는 것처럼 보일 때도 있습니다. 눈물로 침상을 적시며 많은 기도를 하고 한결같이 변함없는 믿음으로 주님을 바라보며 기다렸지만, 바람은 잔잔해지지 않고 배는 여전히 나가지를 않습니다. 그러다가 이제는 아예 배가 뒤집혀서 물에 빠져 허우적거리며 살려 달라고 비명을 질러 댑니다. 그런데도 예수님은 어느 곳에도 보이지 않는 것 같은, 너무도 안타까운 경우를 당한 사람들이 우리 주변에 많이 있습니다.

이런 사람들에게, 주님은 우리가 풍랑 속에 있을 때 오셔서 건져 주신다는 말씀이 무슨 위로가 될까요? 아직도 제 귀에 맴돌고 있는 목소리가 있습니다. "목사님! 저는 하나님한테 버림받고 사람한테 버림받은 사람입니다." 얼마나 충격적인 말인지 지금도 제 마음의 벽을 이리 치고 저리 치면서 돌아다니는 메아리가 되어 있습니다. 그것도 평범한 부인이 아닌 유명한 목사님의 부인한테서 들은 말이었습니다. 남편 목사님은 18년 전 한창 일할 나이에 하나님의 부름을 받고 세상을 떠났습니다. 아버지의 이해할 수 없는 죽음에 몸을 가눌 수 없도록 충격을 받은 둘째 아들은 하나님을 욕하면서 교회를 등지고 말았습니다. 18년

이 넘도록 어머니는 밤낮없이 눈물로 기도하면서 아들이 돌아오기를 기다렸지만 얼마 전에 변사체로 발견되고 말았습니다.

남편이 2년 동안 병상에 누워 있을 때에는 그래도 믿음으로 이겨 나갔습니다. '하나님의 뜻이 있을 것이다, 하나님이 선하게 인도하실 것이다' 라고 믿고 모든 슬픔을 참고 견디었습니다. 그러나 눈물의 아들은 망하지 않는다는 말을 붙잡고 기도하며 하나님이 언젠가는 책임져 주실 것이라고 굳게 믿은 것이 다 허사로 돌아가 버렸습니다. 싸늘한 시체가 되어 돌아온 아들 앞에 섰을 때는 이 사모님의 믿음도 절망 속으로 빠지고 말았습니다. 인생의 모든 것을 하나님께 걸었지만 하나님은 그를 파산시켜 버렸다고 느꼈습니다. 이런 형편에 놓여 있는 믿음의 형제 자매들에게는 물 위로 걸어오신 예수님이 나와 무슨 상관이냐는 생각을 할 수도 있을 것입니다.

며칠 전에 어떤 형제로부터 편지를 받았습니다. 그 형제는 지방의 유수한 회사의 중견 간부로서 행복하게 살고 있었습니다. 그러나 사업을 하던 셋째 동생을 위해 빚보증을 서 준 것이 잘못되어 하루아침에 부모의 재산을 다 날려 버리고 자기가 땀 흘리며 모아둔 재산도 송두리째 빼앗겼습니다. 이제는 봉급마저 압류를 당해 버렸습니다. 그 형제가 편지에 이렇게 썼습니다. "목사님, 저희는 5대째 내려오는 기독교 집안입니다. 아버지는 장로이고 어머님은 권사이고 저는 유아 세례를 받았습니다. 이런 집안에 하나님의 심판이 이렇게 임할 수 있는지 저는 이해할 수 없습니다."

그 형제는 자기 집안에 임한 풍랑을 하나님의 심판으로 해석했습니다. 심판이라는 말을 쓴 그 심정을 이해할 수 있습니다. 너무나 견디기 어려운 고통 앞에서 하나님이 자기를 심판하시는 것처럼 느껴진 것입니다. 그런 어려운 중에 그 형제는 저의 책 『고통에는 뜻이 있다』를 읽으면서, 서울에 가면 제가 시무하는 교회로 나가야겠다는 생각을 했다고 합니다. 마침 직장이 서울로 발령이 나서 교회에 등록을 하게 되었습니다. 지금도 하루하루 살기가 얼마나 힘이 드는지 날이 밝는 것이 겁이 날 정도라고 합니다. 빚쟁이한테 시달리지, 당장 필요한 것은 많은데 부족한 것뿐이지, 월급도 그대로 압류당해서 돈 구경이라고는 전혀 못하지, 얼마나 가슴 아프고 괴롭겠습니까?

다 알 수 없는 하나님의 뜻

이처럼 격심한 풍랑 속에서도 건짐을 받지 못하는 듯이 보이는 형제자매들에게, 제자들을 도와주시기 위해 물 위를 걸어오신 예수님이 어떻게 위로의 메시지가 될 수 있을까요? 실제로 우리의 현실은 믿음이 참 좋은 사람들도 이해할 수 없는 풍랑을 만나서 배가 뒤집히는 어려움을 당하게 함으로써 당혹스럽게 만듭니다.

이런 질문들을 쏟아 내놓도록 우리를 몰아 세웁니다. '내가 아는 예수님, 내가 경험한 예수님은 그런 분이 아닌데 왜 저 형제에게는 그토록 무심하실까? 왜 그렇게 냉정하실까? 왜 몸을 숨기고 계실까? 주님을 향해 가슴을 쥐어뜯으며 부르짖어 기도하는데도 왜 실망만 안겨 주실까? 왜 그들의 많은 기도가 주소 불명으로 되돌아오는 편지처럼 보이게 만들까?' 그런데 제가 이런 생각을 가지고 성경을 읽다 보니 하나님에 대해서 비슷한 실망을 느낀 사람들이 구약에도 많았고 신약에도 많았다는 것을 알게 되었습니다.

시편의 기자는 인생의 풍랑을 만났을 때 아무리 주님께 기도하여도 응답이 없자 "주여 깨소서 어찌하여 주무시나이까 일어나시고 우리를 영영히 버리지 마소서 어찌하여 주의 얼굴을 가리우시고 우리 고난과 압제를 잊으시나이까"(시 44:23, 24)라고 부르짖었습니다.

이해할 수 없는 고통을, 그것도 한순간으로 끝나는 것이 아니라 오래오래 지속되는 고통을 당해야 할 때 형제들이 저에게 와서 묻습니다. "목사님, 왜 그렇습니까? 왜 이렇죠? 하나님의 뜻이 무엇일까요?" 그러면 "저도 모르겠습니다."라는 말로 대답을 대신합니다. 주님을 그 무엇보다 사랑하며 주님의 뜻대로 살아 보겠다고 애를 쓰는 사람들이 그처럼 이해할 수 없는 고통을 안고 씨름하는 것을 보면 저는 정말 그들이 왜 그런 고통을 당해야 하는지 알 수가 없습니다. 욥의 고난을 다 이해하지 못하듯이, 하나님의 숨은 선한 뜻이 있다는 것은 분명히 알겠지만, 그것이 구체적으로 무엇인지 대답할 수가 없습니다.

이와 같이 거룩한 백성들이 이 세상에서 고통당하는 이유를 우리는 다 설명할 수는 없습니다. 그러나 분명히 우리가 말할 수 있는 몇 가지 진리가 있습니다.

하나님과 세상을 혼돈하지 말라

첫째는, 하나님과 세상을 혼돈하지 말라는 것입니다. 세상은 불공평한 일들, 이해할 수 없는 일들이 얼마든지 일어날 수 있는 장소입니다. 이 세상에 태어난 사람 치고 예수님처럼 억울한 일을 많이 당한 자가 어디에 있을까요? 처음부터 끝까지 정말로 이해할 수 없는 일들만 당하시다가 억울한 누명을 쓰고 십자가에서 죽으신 분이 예수님이십니다. 그러므로 하나님도 억울하게 대접받은 곳이 세상이라면 누구나 다 억울한 일을 당할 수 있다는 사실을 분명히 아셔야 합니다.

양심이라고는 전혀 찾아볼 수 없고 바늘로 찔러도 피 한 방울 나지 않을 만큼 냉혈 동물과 같은 사람들은 잘살고 장수하는가 하면, 하나님의 뜻대로 살려고 하는 선한 사람들은 비참하게 살다가 짧은 인생으로 세상에서 모습을 감추는 비극을 봅니다. 이처럼 불공평하고 억울한 것이 이 세상의 삶입니다.

그렇지만 세상이 아무리 요지경처럼 보인다고 하더라도 세상과 하나님을 혼돈하여 하나님이 불공평하다고 생각하면 안 됩니다. 만약에 우리가 이것을 혼돈하면 우리의 믿음이 뿌리째 뽑혀 버립니다. 시편 103편 6절의 말씀처럼 우리 하나님은 불공평하신 분이 아닙니다.

"여호와께서 의로운 일을 행하시며 압박 당하는 모든 자를 위하여 판단하시는도다"(시 103:6).

이해할 수 없는 고통 속에서 하루하루를 힘겹게 살고 있다고 하더라도 하나님은 불공평하지 않다고 하는 진리만은 인정하고 있어야 믿음으로 견딜 수가 있습니다.

하나님은 쉬지 않고 돌보신다

둘째는, 우리가 심한 풍랑을 만나 괴로워할 때 예수님은 우리의 고통을 알고 계시고 우리와 함께 계시며 도우신다는 것입니다. 풍랑을 만나 씨름하였던 제자들은 예수님께서 물 위로 걸어오실 때 눈으로 볼 수 있었고 위로의 말씀을 하실 때 들을 수 있었습니다. 그러나 죽음을 이기고 부활하신 예수 그리스도는 영으로 계시기 때문에 눈에 보이는 모습으로 찾아오실 필요가 없습니다. 그러므로 보이지 않는다고 그가 멀리 계시는 것이 아니고 들리지 않는다고 말씀하지 않으시는 것이 아닙니다. 또한 도와주시는 손이 보이지 않는다고 해서 팔짱을 끼고 계시는 것이 아닙니다. 우리가 고통 속에 있을 때에도 이미 주목하시고 곁에 계십니다. 지금 어떤 도움도 전혀 없는 것처럼 보일 때에도 주님은 여전히 나를 돕고 계십니다.

요한복음 14장 18절을 보면 "내가 너희를 고아와 같이 버려 두지 아니하고 너희에게로 오리라"고 말씀하고 있습니다. 세상에서 고아만큼 불쌍한 아이가 어디 있습니까? 내 품에 안겨 쌔근쌔근 잠들어 있는 아이를 보면서, 내가 죽으면 이 아이는 어떻게 될까 하는 생각만으로도 저절로 눈물이 핑 돌 때가 있습니다. 아무리 불쌍하다고 해도 부모 없는 고아만큼 불쌍한 사람은 없다고 생각합니다. 그런데 주님께서는 우리를 고아와 같은 처지에 내버려두지 않겠다고 분명히 말씀하셨습니다.

우리가 어떤 형편에 놓이든지 간에, 하나님은 나를 아시고 나와 함께 계시고 나를 보이지 않는 손으로 도와주고 계십니다. 만약 그분의 도움이 없었다면 지금 우리 모두는 현재와 같은 형편에도 서 있을 수 없었을 것입니다. 우리가 하나님을 향해서 불평하고 상한 마음을 털어 놓을 수 있는 지금 이 자리에까지 오게 된 것도 보이지 않는 하나님의 손이 나를 떠받치고 있었기 때문에 가능한 것입니다. 만약 그렇지 않았다면 우리는 지금의 처지에도 있지 못할 것입니다.

우리의 기대와는 다르게 주시는 하나님

셋째로, 잃는 것이 있으면 얻는 것도 있다는 사실을 기억해야 합니다. 불과 몇 시간 전만 해도 제자들은 무리들과 함께 예수님을 둘러싸고 "나사렛 예수 우리의 왕!"이라고 소리를 지르며 환호했을 것입니다. 이때 흥분을 감추지 못하고 예수님이 백성들의 요구를 받아들이기를 누구보다도 더 간절한 마음으로 소망한 사람들은 바로 예수님의 제자들이었습니다. 그들은 예수님이 이 무리들의 요청을 받아들여서 이스라엘의 왕이 되시기만 하면 이제 자기들의 신세는 활짝 펴는 것으로 생각했을 것입니다. 너무나 간절한 기대를 가지고 주님의 입에서 나오는 말씀을 기다렸는데, 예수님은 백성들의 요구를 일언지하에 거절하시며 훌훌 털어 버리고는 산으로 올라가셨습니다. 제자들이 얼마나 실망했을지 상상이 가지 않습니까? 그들은 너무도 낙심한 채 배를 탔을 것입니다. 게다가 이제 풍랑까지 만났으니 제자들의 심정이 어떠했을까요?

예수님께서는 이와 같은 제자들의 마음을 꿰뚫어 보시고 그들을 위로하기 위해서 또 그들에게 더 나은 것을 주기 위해서 바다 위로 걸어가셨습니다. 제자들은 세상 임금을 잃어버림으로써 세상에서 꿈꾸고 있던 그 영화를 한순간에 다 놓쳐 버렸습니다. 그러나 바다 위로 걸어오시는 예수님을 보면서 영원한 임금을 만났습니다. 영원한 나라의 영광을 회복했습니다. 제자들은 작은 것을 잃었지만 훨씬 큰 것을 얻었습니다.

하나를 잃으면 다른 것을 얻는 영적 원리를 일컬어서 '모든 것이 합력하여 선을 이룬다'는 말을 합니다. 그런데 이것은 말처럼 그렇게 단

순하지가 않습니다. 우리는 돈을 잃으면 돈이 다시 손에 쥐어져야 주
님이 나를 도와주셨고 내 기도에 응답하셨다고 고백합니다. 건강을 잃
으면 건강을 다시 찾았을 때에야 비로소 주님이 바다 위를 걸어서 나
를 찾아오시고 도와주셨다고 고백하고 찬양합니다. 잃어버린 것을 그
대로 회복해야만 주님이 도우셨다고 생각합니다. 조금도 틀린 생각이
아닙니다. 또 그와 같이 해주실 때도 참 많이 있습니다.

그러나 중요한 것은 그렇게 되지 아니할 때도 굉장히 많다는 것입니
다. 내가 갑을 잃어버리고 갑을 다시 얻기를 소원했지만, 주님은 갑을
주시지 아니하고 을을 주실 때가 있습니다. 돈을 잃었습니까? 돈을 잃
어버린 대신에 건강을 주실 때가 있습니다. 돈이 없어서 출셋길이 막
혔습니까? 출세 대신에 능력 있는 하나님의 자녀로서의 삶을 살게 하
시는 경우도 많이 있습니다. 그러므로 세상에서 하나를 잃었습니까?
그러면 하나님으로부터 더 큰 하나를 얻게 될 것입니다. 내게 중요한
어떤 것을 잃어버려서 괴로워하고 슬퍼하면서 주님께 기도할 때가 있
습니다. 그러나 아무리 믿음으로 매달리고 기도해도 주님께서 그것을
회복시켜 주지 않는 경우가 있습니다. 그럴 때에 내가 주님의 도움을
받지 못했다고 낙심해서는 안 됩니다. 내가 모르는 다른 것을 주님이
주고 계시는 것을 믿어야 합니다.

새 하늘과 새 땅에서의 회복

또 하나, 기억해야 할 것이 있습니다. 새 하늘과 새 땅이 우리 앞에
임하면, 우리가 잃었던 것을 철저하게 보상해 주시고 우리가 회복하지

못한 것을 완전하게 회복해 주십니다. 역사의 시간은 주님이 오시는 그날 멈추게 될 것입니다. 그때 새 하늘과 새 땅이 우리 앞에 펼쳐지면 우리는 예수님처럼 신령한 몸을 입고 부활해서 주님과 영원히 사는 백성으로 그 신분과 형편이 바뀌게 됩니다. 그런 날이 오면 우리의 마음을 괴롭히던 슬픔도 눈 녹듯이 사라질 것입니다. 마음속에 숨어 있던 하나님에 대한 섭섭한 감정도 설 땅을 잃어버리고 쫓겨날 것입니다. 모든 상한 감정이 완전하게 치유받을 것입니다. 그날에는 잃어버린 것처럼 보였던 것들이 다시 회복되고 불완전한 것들이 완전하게 되는 기쁨을 맛보게 될 것입니다.

이 영광스러운 나라가 우리 앞에 기다리고 있기에 하나님은 이렇게 말씀하십니다. "만일 그리스도 안에서 우리의 바라는 것이 다만 금생뿐이면 모든 사람 가운데 우리가 더욱 불쌍한 자리라"(고전 15:19). 이것을 달리 표현하면, 하나님의 자녀는 이 세상에서 어떤 꼴이 되어도 세상 사람들로부터 불쌍하다고 동정받아서는 안 된다는 말입니다.

가난 때문에 고통받고 있습니까? 그러나 그것 때문에 세상 사람들에게 동정을 받지 마십시오. 우리 가정에 내가 이해할 수 없는 어려운 고통이 불어 닥쳤습니까? 부끄러워하지 마십시오. 왜냐하면 우리 앞에 새 하늘과 새 땅의 영광이 놓여 있기 때문입니다.

"생각건대 현재의 고난은 장차 우리에게 나타날 영광과 족히 비교할 수 없도다"(롬 8:18).

수년 동안 죽도록 사랑했던 남자와의 결혼을 하루 앞둔 처녀가 가슴을 설레고 있었습니다. 그런데 자기를 질투하던 두 여자가 찾아와서 머리를 쥐어뜯고 발로 차면서 "너 어디 제대로 시집이나 갈 수 있나 한번 보자. 네가 행복하게 살도록 우리가 가만히 둘 줄 알아?" 하면서 온갖 행패를 부렸습니다. 밤새도록 시달리면서 얼마나 많이 울고 불안에 떨었는지 모릅니다. 그런데 누군가 흔들어서 눈을 떴더니 꿈이었습니다. 눈부신 햇살이 창 틈으로 들어와 연분홍빛 볼을 살살 간지르는 감미로운 아침이었습니다. 이럴 때 이 신부의 마음이 어떠할까요? 그 꿈 때문에 오히려 그 처녀의 마음은 더욱 기쁨이 넘치고 더 행복함을 느낄 수 있습니다. 꿈속에서 머리를 뜯겼든지 밤새 괴롭힘을 당했든지 그게 무슨 상관입니까? 모든 것은 다 꿈에서 일어난 것이고, 이제는 결혼식장으로 가는 행복만이 남아 있을 뿐입니다.

새 하늘과 새 땅에서 주님 앞에 서면 이 세상에서 고통을 많이 당한 사람일수록 더 행복할 수 있습니다. 그리고 모든 고통, 모든 서러움은 꿈에 본 듯 잊을 수 있습니다.

순교자가 하나님 나라에서 제일 행복한 자로 하늘의 별처럼 빛나는 이유가 있습니다. 세상에서는 이해할 수 없는 고통으로 너무나 시달렸지만, 끝까지 그 믿음을 잃지 않고 주님을 바라보았더니 세상에서의 모든 고통은 꿈에 본 듯 잊을 수 있기 때문입니다. 이 세상에서 주님을 위해 겪은 고생이 크면 클수록 천국에서 주님과 누리는 행복도 커져 갈 것입니다.

하나님은 세상에서 고통당하는 자녀가 "하나님, 어찌하여 나를 버리시나이까. 나를 도와주옵소서."라고 하면 "애야, 내가 재림하는 날 새 하늘과 새 땅이 임하면 너의 모든 고통은 다 보상 받게 될 거야. 그때가 되면 내가 갑절로 채워 주마."라고 대답하십니다. 하나님은 어떤 숨은 뜻을 가지고 그 자녀가 고생하는 것을 잠깐 그대로 두는 것인데 그 이유는 천국에 가야 알 수 있습니다.

우리 가운데 이해할 수 없는 고통을 짊어지고 하루하루 사는 분들이 많이 있습니다. 그러나 결코 세상과 하나님을 혼돈하지 마십시오. 세상은 불의하지만 하나님은 공의로우신 분입니다. 세상은 불평등하지만 하나님은 공평하신 분입니다. 어떤 처지에 있든지 주님께서 내 곁에 계시고 나를 돕고 계신다는 사실을 믿으시기 바랍니다.

또 한 가지 기억해야 할 것은 세상에서 한 가지를 잃으면 하나님으로부터 더 큰 것을 얻는다는 사실입니다. 하나님 앞에 결코 손해보는 법이 없습니다. 하나님의 말씀대로 새 하늘과 새 땅이 오면 모든 것이 회복됩니다. 말로 다할 수 없는 행복이 우리를 기다리고 있습니다. 세상에서 주님을 위하여 고생하고 고통당한 사람일수록 그를 위해 준비하신 기가 막힌 큰 위로가 있을 것입니다. 이것을 믿고 오늘도 바다 위를 걸어오신 주님을 마음에 모시고 남은 여생을 찬송하면서 사는 당신이 되기를 바랍니다.

21. 무엇을 위해 찾는 예수인가?

예수께서 대답하여 가라사대 내가 진실로 진실로 너희에게 이르노니 너희가 나를 찾는 것은 표적을 본 까닭이 아니요 떡을 먹고 배부른 까닭이로다 썩는 양식을 위하여 일하지 말고 영생하도록 있는 양식을 위하여 하라 이 양식은 인자가 너희에게 주리니 인자는 아버지 하나님의 인치신 자니라.

요한복음 6:26, 27

사랑에 깊이 빠진 남녀는 황홀한 감정을 가지고 결혼을 하게 됩니다. 결혼만 하고 나면 마냥 행복하고 온 세상이 항상 장밋빛처럼 보일 줄로 생각합니다. 1, 2년을 함께 살아 본 후에야 비로소 결혼의 진면목이 서서히 보이게 됩니다. 서로 맘에 안 드는 것도 자주 눈에 띄고, 생각이 달라서 다투기도 하고, 또 어떤 경우에는 성격 차이가 너무 커서 진통을 겪기도 합니다. 더욱이 결혼은 인생의 고달픈 노정을 언제나 함께해야 하는 책임을 서로가 떠맡는 것인데, 그런 것은 미처 깊이 생각해 보지도 않고 일단 결혼부터 합니다. 그래서 조금만 험한 파도를 만나도 함께 노를 젓는 것이 괴롭고 힘들다며 그만 포기하고 파경에 이르기도 하는 것입니다. 결국 인생의 중요한 순간이자 행복해야 될 첫 고비를 비참하게 끝내는 경우들을 종종 보게 됩니다.

황홀하게 시작하였던 사랑이 깨진 유리 조각처럼 서로에게 상처만 안겨 주는 것으로 끝나게 되는 이유가 어디에 있습니까? 이것은 결혼의 목적이 무엇인가를 사전에 정확하게 숙지하지 못하고 흥분된 감정에 들떠서 결혼을 하기 때문입니다. 목적을 정확하게 알지 못할 때 오는 비극은 단지 결혼에서만 일어나는 일이 아닙니다. 인생을 살 때에도 목적 의식이 없는 사람들은 결국 후회하고 절망에 빠지는 경우를 주변에서 많이 볼 수 있습니다.

예수 믿는 것도 마찬가지입니다. 우리가 예수님을 믿는 목적이 무엇입니까? 처음부터 그것을 분명히 알고 시작하는 사람은 많지 않습니다. 그러나 적어도 세례를 받았거나 신앙생활을 한 지 4, 5년 정도 되었으면 예수 믿는 목적이 무엇인가를 성경을 통해서 분명하게 알고, 그것을 붙들고 신앙생활을 해야 합니다. 그런데 그렇지 못한 분들이 적지 않습니다.

자기 배와 수준 낮은 신앙

본문에는 제대로 알지도 못한 채 예수님을 따르다가 나중에 실망하는 무리들이 나옵니다. 배가 고플 때 예수님께서 떡 다섯 덩이와 물고기 두 마리를 가지고 그들을 배불리 먹이시는 이적을 베풀자, 사람들은 이제 예수만 있으면 먹을 걱정은 안 해도 될 것이라 생각하고 크게 흥분하였습니다. 다음날도 오늘처럼 기적의 식사를 할 수 있을 것이라는 들뜬 마음으로 잠자리에 들었습니다. 날이 새자마자 그들은 배를 타고 어제 모였던 곳으로 벌떼처럼 달려왔습니다. 지난밤에 예수님이 제자들만 건너편으로 보내시고 혼자 산으로 올라가시는 것을 보았기 때문에 예수님이 분명히 그곳에 계실 줄 알았습니다. 그러나 아무리 찾아도 예수님을 발견할 수가 없었습니다.

그래서 다시 배를 타고 건너편 가버나움 동네로 몰려갔습니다. "예수님을 본 일 없소? 여기 예수님 안 왔소?" 하고 수소문하면서 이리저리 찾다가 드디어 예수님을 만났습니다. 사람들의 어투에서 예수님을 만난 것이 너무나 반가운 나머지 어린애처럼 좋아하고 있다는 느낌을 받습니다.

"랍비여 어느 때 여기 오셨나이까"(25절).

그들은 예수님을 다시 만난 것이 너무도 감격스러워서 반갑게 인사를 했는데, 이들의 인사를 받는 예수님의 태도는 너무도 차가웠습니다. 그들이 예수님을 찾는 목적이 빵을 먹는 데 있다는 것을 아셨기 때문입니다. 아마 그들은 지금 배가 고팠을 것입니다. 날이 새기가 바쁘게 바다를 건너가면서까지 한참 예수님을 찾다보니 시간은 벌써 10시, 11시 가까이 되었을 것입니다. 아침도 못 먹었는데 점심 때가 다가오니 아마도 배가 많이 고팠을 것입니다. 오늘도 예수님이 빵 한 조각을 가지고 우리에게 얼마나 풍성한 식사를 대접하실까 하는 생각만이 그들의 관심사였습니다. 그들의 마음을 읽으신 예수님께서 냉정하게 말씀하였습니다.

"내가 진실로 진실로 너희에게 이르노니 너희가 나를 찾는 것은 표적을 본 까닭이 아니요 떡을 먹고 배부른 까닭이로다"(26절).

예수님은 그들에게 썩을 양식을 위해서 부지런히 좇아다니지 말고 영생의 양식을 구하는 데 열심을 내라고 말씀하신 것입니다.

이 무리들은 예수님께서 보시기에 가장 저급한 수준의 사람들이었습니다. 차라리 이적 기사를 행하는 것을 보기 위해서 예수님을 좇아다니는 사람은, 여기에 비하면 오히려 수준이 높은 편에 속할 정도입니다. 물론 다른 성경에 보면, 이적 기사만을 추구하고 거기에 흥미를 느끼고 좇아다니는 군중들을 향해 주님께서 "왜 이적 기사를 보고도 믿지 않느냐"고 책망하시는 말씀이 나오기는 합니다(마 11장). 그러나 이적 기사를 보기 위해서 따라다니는 것은 떡을 얻어먹기 위해 따라다니는 사람보다는 그래도 수준이 높다는 말입니다. 지금 모인 사람들은 순전히 자기의 배를 채우기 위해서 따라다니는 사람들입니다. 주님께서 보시기에 가장 질이 낮은 사람들입니다.

무엇을 위해 좇는가

오늘날 많은 사람들도 처음에는 자신의 이기적인 욕심을 채우기 위해서 교회에 드나듭니다. 병 고침을 받기 위해서 나올 수도 있고, 세상에서 출세하는 데 도움이 될까 하여 교회를 찾을 수도 있습니다. 이것이 꼭 나쁘다고 말할 수는 없습니다. 우리는 인간이기 때문에 현실적인 욕구나 필요를 완전히 초월하고 사는 사람은 아무도 없습니다. 처음에는 그렇게 교회에 나오기도 하는 것입니다. 그러나 예수를 오래 믿었으면서도 여전히 떡을 찾는 사람으로 머물고 있는 사람들이 있습니다. 예수님은 이런 사람들을 책망하십니다. 이들에게는 하나님이 중심이 아니라, 영생을 얻는 것이 목적이 아니라 마음에 원하는 육신적인 욕구가 우상이 되어 버렸습니다. 문제는 하나님 중심으로 신앙생활을 하는 것이 아니라 자기 중심으로 신앙생활을 한다는 데 있습니다.

우상이 무엇입니까? 교회를 다니고 예수를 믿는다고 하면서도 마음에 예수님보다 더 귀한 것이나 사랑하는 것이 있다면 그것이 바로 우상입니다. 이것은 육신의 떡을 찾아서 예수님을 찾아온 사람들의 마음과 다를 바가 없습니다. 에스겔서에 이것이 잘 표현되어 있습니다.

"그 입으로는 사랑을 나타내어도 마음은 이욕을 좇음이라"(겔 33:31).

입으로는 아무리 '하나님 사랑합니다, 예수님 사랑합니다.' 해도 그 마음은 자기의 욕심을 좇고 있다는 말입니다. 예수님께서 이것을 나무라고 계시는 것입니다.

우리도 자칫하면 예수 믿는다고 하면서도 실제로는 떡을 위해 예수님을 좇는 무리들처럼 될 수 있습니다. 사도행전 8장을 보면, 마술사 시몬이 점쟁이 노릇을 집어치우고 예수를 믿는 사건이 나옵니다. 시몬은 예수님을 믿었고 세례를 받았습니다. 그리고 전심으로 전도자 빌립을 따라다니며 표적과 큰 능력을 체험했던 사람입니다. 이 정도로 예수를 믿으면 하자가 없는 것처럼 보입니다. 그러나 사람이 보기에는 하자가 없는 것 같았던 시몬이지만, 그 마음에 예수님을 좇는 동기와 목적이 잘못됐다는 것이 백일하에 드러나게 되었습니다. 그래서 베드로가 그의 마음을 들여다보고 "너는 악독이 가득하여 불의에 매인 바 되었도다"라고 책망하였습니다(행 8:23).

성숙한 신앙인 만들기

오랜 시간 신앙생활을 했어도 마음은 여전히 자기 중심적인 사람이 있습니다. 자신의 욕심을 위해 예수님을 찾는 것은 비극이 아닐 수 없습니다. 이런 사람을 일컬어서 예수님은 썩을 양식을 위해서 예수 믿는 사람이라고 말씀하셨습니다.

자녀가 어릴 때에는 "아빠, 아이스크림 사 먹게 500원만 주세요." 하면 "오냐, 가서 사 먹어라." 하고 돈을 줍니다. 아이들이 어릴 때에는 돈을 달라고 하면 귀여워서 주지 않습니까? 그러나 고등학생이 "아빠, 친구들과 놀게 만 원만 주세요." 하면 처음에는 주지만, 날마다 친구들과 놀기 위해서 돈을 달라고 한다면 더 이상 주지 않을 것입니다. 부모라면 누구나 자녀가 원하는 대로 다 해주는 것은 자녀를 망치는 지름길이라는 것을 알기 때문에, 때로는 자녀가 원하지만 거절함으로써 사람을 만들려고 하는 것입니다.

C. S. 루이스는 하나님은 처음 믿은 초신자에게는 굉장히 관용하시고 너그러우신 것 같다는 말을 했습니다. 초신자들이 "주님, 주세요"라고 기도하면 하나님이 그것을 손에 쥐어 주십니다. 그래서 예수 믿은 지 얼마 되지 않는 사람들을 보면 처음에는 너무나 행복해 합니다. "목사님, 제가 기도했는데 얼마나 응답을 잘 받는지 모릅니다. 예수 믿고 나서 다섯 가지도 더 응답받았어요." 하고 자랑스럽게 말을 하면, "정말 감사한 일입니다. 하나님께 영광 돌리십시오." 하면서도 속으로는 이 사람은 아직도 많이 자라야겠구나 하는 생각이 드는 것이 사실입니다.

그러나 우리가 예수를 믿고 믿음이 자라서 대학교 1학년 수준이 되면 하나님께서는 우리를 성숙한 신앙인으로 만드시기 위해서 구하는 대로 주시지 않을 때가 많습니다. 그런 나이에 있으면서도 계속 떡을 얻어먹겠다고 하나님께 보채면 하나님은 안 주십니다. 그러면 그는 하나님께 반드시 실망합니다. 그런 사람은 심령의 고침을 받지 못한 상태로 시간이 흐르면 나중에는 예수님을 떠나게 됩니다. 66절을 보십시오. "이러므로 제자 중에 많이 물러가고 다시 그와 함께 다니지 아니하더라." 한때는 그렇게 좇아다녔던 사람들이 다시는 예수님과 함께 하지 않았습니다.

예수님을 믿는 목적을 분명히 해야 합니다. 당신이 예수님을 믿는 목적은 영원한 형벌을 면치 못할 우리를 구원하기 위해서 십자가에 죽으신 예수님을 붙듦으로 내 죄를 용서받고, 하나님의 자녀가 되고, 영생을 얻는 복을 누리기 위해서입니다. 그러므로 이 복을 소유하고 사는 거룩한 백성이 되기 위해서 때로는 예수 믿는 것 때문에 세상에서 가진 것을 빼앗기는 일이 있어도 뒤로 돌아서는 어리석은 자가 되어서는 안 됩니다. 예수님이 당신에게 주신 이 놀라운 영생의 축복, 하늘의 축복, 하나님의 자녀로서의 영광을 놓치지 않기 위해서 좁은 길도, 험한 길도, 기도 응답이 없어도, 환난 중에라도 기뻐하면서 끝까지 예수님을 좇으리라는 마음을 가지고 살아가야 합니다.

예수를 믿는 이유와 목적을 분명히 아는 자로서 날마다 믿음을 지키며 살아가는 하나님의 아들, 딸이 되시기를 주님의 이름으로 축원합니다.

22. 믿는 것이 하나님의 일

이튿날 바다 건너편에 섰는 무리가 배 한 척밖에 다른 배가 거기 없는 것과 또 어제 예수께서 제자들과 함께 그 배에 오르지 아니하시고 제자들만 가는 것을 보았더니 (그러나 디베랴에서 배들이 주의 축사하신 후 여럿이 떡 먹던 그곳에 가까이 왔더라) 무리가 거기 예수도 없으시고 제자들도 없음을 보고 곧 배들을 타고 예수를 찾으러 가버나움으로 가서 바다 건너편에서 만나 랍비여 어느 때에 여기 오셨나이까 하니 예수께서 대답하여 가라사대 내가 진실로 진실로 너희에게 이르노니 너희가 나를 찾는 것은 표적을 본 까닭이 아니요 떡을 먹고 배부른 까닭이로다 썩는 양식을 위하여 일하지 말고 영생하도록 있는 양식을 위하여 하라 이 양식은 인자가 너희에게 주리니 인자는 아버지 하나님의 인치신 자니라 저희가 묻되 우리가 어떻게 하여야 하나님의 일을 하오리이까 예수께서 대답하여 가라사대 하나님의 보내신 자를 믿는 것이 하나님의 일이니라 하시니.

요한복음 6:22~29

6 · 25 전쟁이 터지고 한두 달이 지나지 않아 많은 피난민들이 거제
도 바닷가로 몰려들었습니다. 제가 자랐던 곳이기 때문에 처참한 몰골
을 한 피난민들이 잘 곳과 먹을 것을 구하러 다니던 모습들을 지금도
생생하게 기억합니다. 그들이 겪은 가난과 절망은 저처럼 바로 옆에서
지켜본 세대가 아니고서는 결코 상상할 수도 없는 것이었습니다. 얼마
나 참혹하고 처절했는지 모릅니다. 이때 세계 각국에서 보낸 구호 물자
들이 도착하기 시작했는데, 교회가 그 구호 물자를 배급해 주는 창구
역할을 하기도 했습니다. 미국의 교회들이 구호 물자를 모아서 보낼 때
는 주로 한국에 있는 교회를 통해서 배급하도록 했기 때문입니다.

그래서 많은 사람들이 교회를 찾아왔습니다. 겉으로 보기에는 다
하나님을 참되게 믿는 것 같았고 또 그들 중에는 주일 예배만이 아니
라 새벽 기도회까지 열심히 다니는 사람들도 있었습니다. 목사님에게

믿음 좋은 사람으로 인정을 받으면 옷가지 하나라도 더 얻을 수가 있었고 우유통 하나라도 더 배급받을 수 있었던 것도 사실입니다. 전쟁이 막바지에 이르자 구호 물품이 줄어들었고, 나중에는 교회에서 구호 물자를 나누어 주는 일도 사라지게 되었습니다. 그러자 교회를 다녀봐야 더 이상 옷가지도 얻을 수 없다고 생각했던 사람들은 하나씩 둘씩 떠나기 시작했습니다. 그렇게 잘 믿는 것처럼 보였던 사람들이 언제 그랬냐는 식으로 교회를 떠났습니다. 이런 사람들을 보면 본문에 나오는 무리들과 비슷하다는 생각을 합니다. 눈을 뜨자마자 배를 타고 갈릴리 바다 건너편으로 달려가 예수님을 찾아 헤매던 군중들은 거기서 예수님을 찾지 못하자 다시 배를 타고 가버나움으로 가서 동네 이곳저곳을 찾아 헤매다가 드디어 예수님을 만났습니다. 그들은 너무나 반가운 나머지 "오! 선생님, 언제 여기 오셨습니까." 하고 인사를 하였습니다. 그러나 예수님께서는 이렇게 반가워하는 무리들의 마음속에 무엇이 있으며 그들이 소원하는 것이 무엇인가를 꿰뚫어 보셨습니다. 예수님의 눈에는 그들이 구호 물자 하나라도 더 얻기 위해서 교회를 열심히 다닌 사람들과 똑같아 보였을 것입니다. 보리떡 다섯 개와 물고기 두 마리로 배불리 먹었던 그들은 오늘도 무언가 먹을 것을 주실 것이라는 기대를 가지고서 예수님을 찾았습니다. 그들은 예수님에 대해서는 흥미가 없고 오직 먹는 일에만 관심을 가졌던 사람들이었습니다. 예수님께서는 자신을 반기는 무리들을 보시고 냉정하게 말씀하셨습니다.

"썩는 양식을 위하여 일하지 말고 영생하도록 있는 양식을 위하여 하라 이 양식은 인자가 너희에게 주리니 인자는 아버지 하나님의 인치신 자니라"(27절).

"썩는 양식을 위해서 일하지 말라"는 말씀은, 먹어도 먹어도 배가 고픈 빵 조각 때문에 예수님을 찾아다니지 말고 영원히 살 수 있는 생명을 얻기 위해서 예수님을 찾으라는 뜻입니다.

위임받은 구원자

영생을 얻기 위해서 예수님을 찾는 것은 바른 행동입니다. 왜냐하면 예수님은 하나님이 인치신 자이기 때문에 그렇습니다. 인쳤다는 말은 하나님께서 세상을 구원하기 위하여 모든 권리를 대신할 수 있도록 자기 도장을 찍어서 위임장을 주셨다는 뜻입니다. 옛날에 왕이 특사를 보낼 때 자기 반지에 있는 도장을 찍어서 위임을 표시해 주었습니다. 왕의 도장을 찍은 이 위임장만 가지고 있으면 어디서든지 왕이 보낸 특사로서의 권한을 행사할 수 있었습니다. 예수님이 바로 이와 같으신 분입니다. 하늘과 땅의 모든 권세를 위임받고, 이 세상의 모든 죄인을 구원할 수 있는 특권을 위임받아서 오신 유일한 구원자입니다.

그러므로 예수님 외에는 어떤 구원자도 이 세상에 없습니다.

"내가 곧 길이요 진리요 생명이니 나로 말미암지 않고는 아버지께로 올 자가 없느니라"(요 14:6).

예수님이 이와 같이 분명하게 자기만이 세상의 구원자라고 말씀하신 이유는, 하나님의 인치신 자가 예수 외에는 없기 때문입니다.

그러므로 예수님을 찾았던 무리들은 배가 고플 때는 빵도 요구하고 몸이 아플 때는 병도 고쳐 달라고 해야 되겠지만, 그러나 궁극적으로는 죄 사함 받고 구원받기 위해서 예수님을 찾아야 했습니다. 예수님으로부터 "썩는 양식을 위하여 일하지 말고 영생하도록 있는 양식을 위하여 일하라"는 말씀을 듣자 그들은 이렇게 물었습니다. "우리가 무엇을 하여야 하나님의 일을 하는 것이 됩니까? 하나님이 요구하시는 일을 우리가 어떻게 하면 할 수 있습니까?"

이것은 대단히 중요한 질문입니다. 모든 사람들의 마음 밑바닥에는 자기가 하나님을 위해서 무언가 할 수 있다는 의식이 깔려 있습니다. 예를 들면 이런 것입니다. 하나님이 나에게 영생을 주신다고 하면 그걸 어떻게 공짜로 받을 수 있겠는가? 그 영생을 받기 위해서는 무엇인가 함으로써 값을 치러야 한다. 천국이 있다면 그곳으로 들어갈 비자를 얻기 위해 무엇인가 선한 일을 해야 하지 않겠느냐는 생각을 우리 모두가 가지고 있다는 말입니다.

하나님이 혐오하시는 공로 의식

이런 생각을 신학적인 용어로 인간의 '공로 의식'이라고 합니다. 이 공로 의식은 너무도 뿌리가 깊고 강해서 성령의 초자연적인 역사를 통해서 뿌리 뽑지 않으면 도무지 제거되지 않습니다. 공로 의식은 다양하게 표출됩니다. 선한 일을 하면 하나님을 만족시킬 수 있다는 의식, 인간이라면 누구든지 선한 일을 할 수 있다는 교만함, 하나님은 사람

이 일대일로 상대할 수 있는 존재라고 보는 터무니없는 시각, 하나님
과 관계를 가질 때에도 무엇인가 주고받는 이해 관계가 되어야 한다는
의식 등입니다. 그래서 많은 사람들이 구원을 받기 위해서 무엇인가를
해야 하며 또 할 수 있다고 생각합니다.

그러나 성경을 보면 하나님께서 사람들의 공로 의식을 얼마나 혐오
하고 계시는지를 알 수 있습니다. 인간은 하나님 앞에서 아무 가치도
없는 존재입니다. 물론 인간은 선한 일을 할 수가 있습니다. 믿는 사람
이든지 믿지 않는 사람이든지 또 문명이 발달한 시대에 사는 국민이든
지 미개한 나라에 살고 있는 국민이든지 간에 어느 정도의 선한 일은
할 수 있습니다. 그것은 하나님께서 이 세상에 주신 일반 은총입니다.
그런 선함이 없다면 인간 사회는 완전히 지옥이 되고 말았을 것입니다.

그러나 중요한 것은 내 눈에 선하다고 해서 하나님께서도 그것을 선
하게 볼 것이라고 하는 생각은 잘못되었다는 것입니다. 내가 선한 일
을 했다고 해서 그 선행이 하나님의 인정을 받을 수 있다고 생각한다
면 이것은 크게 잘못된 것입니다. 내가 보기에 좋다고 하더라고 그것
은 어디까지나 내 눈에 좋은 것이지 하나님에게도 좋게 보일 것이라고
생각하는 것은 인간의 교만입니다. 그럼에도 불구하고 많은 사람들은
내 눈에 선하면 하나님도 선하게 볼 것이라고 생각하고 무엇인가를 해
보려고 합니다. 그래서 "우리가 하나님을 위해서 무엇을 해야 합니
까?" 하는 건방진 질문을 던지는 것입니다.

물론 인간이 선한 일을 할 수 있다는 생각은 인간 실존을 위해 없어
서는 안 되는 본질적인 것입니다. 사람이란 할 일이 있기 때문에 살 의
미가 있는 것입니다. 할 일이 있다는 것은 살아야 할 이유가 있다는 것
이고 할 일이 없다는 것은 살 이유가 없다는 말도 됩니다.

어떤 평론가들은 세계적인 문학가이자 노벨 문학상을 받은 헤밍웨이가 60세도 안된 나이에 권총 자살을 한 이유를 바로 여기에서 찾았습니다. 많은 사람들이 헤밍웨이를 위대한 문호로 추앙하고 따랐지만, 헤밍웨이는 웬일인지 더 좋은 작품을 쓸 수가 없었습니다. 이전보다 더 좋은 작품을 쓸 수 없다고 생각하니 이 세상에서 더 이상 할 일이 없었고, 그래서 더 이상 살아야 할 이유도 발견하지 못했습니다. 그래서 권총으로 자살을 했다는 것입니다. 인간에게는 일이 이만큼 중요한 것입니다.

벤자민 프랭클린이 "일은 백 년을 살 것같이 하라. 일하는 농부는 앉아 있는 신사보다 존귀하다."는 말을 한 적이 있습니다. 그만큼 일이라는 것은 인간에게 자존감을 주고 보람을 느끼게 합니다. 할라인이라는 문학가는 "거둬들인 모든 곡식이 다 썩어 버리고 슬픔이 사람을 폐허로 만들지라도, 할 일만 있으면 그대는 다시 한 번 살아 볼 의미를 찾아볼 수 있다"고 하였습니다. 아무리 절망스러워도 할 일만 있으면 살 이유가 있다는 이야기입니다. 이처럼 인간에게는 일에 대한 신념이 강합니다.

그러므로 어떤 점에서는 일이란 사람들의 우상이요, 종교가 될 수 있습니다. 또 보람되고 선한 일을 한 것이 자기 자신을 추켜세우도록 만드는 유혹 거리가 되기도 합니다. 남들이 좀처럼 하지 못하는 독특한 일을 하면 그것이 자기의 의를 드러내는 공로가 됩니다. 그리고 그것으로 인해 자기가 마치 하나님이나 된 것처럼 착각을 합니다.

이런 식으로 사람들은 '내가 하나님을 위해서 무언가 할 수 있다. 그리고 내가 무언가 하면 그것을 하나님이 인정해 주실 것이다.' 라는 생각을 하는 것입니다. 여기에서 더 나아가면, 구원도 자기가 행한 일이나 선한 공로를 가지고 받을 수 있다고까지 생각합니다.

그래서 예수님을 찾아온 무리들은 "어떻게 하여야 하나님의 일을 할 수 있습니까?" 하는 교만한 질문을 던지게 된 것입니다.

예수님만 붙드는 것이 할 일

그러나 예수님은 대답하십니다.

"하나님의 보내신 자를 믿는 것이 하나님의 일이니라"(29절).

이 구절은 이렇게 풀어서 말할 수 있습니다. "너희들이 하나님을 위해서 일을 한다는 것은 있을 수 없는 일이다. 너희들이 하나님을 위해서 할 일은 없다. 그저 믿기만 하면 그것이 하나님 보시기에 선한 일이다."

믿는 것이 하나님의 일이라는 예수님의 말씀에는 두 가지 중요한 의미가 들어 있습니다. 첫째는, 예수를 믿기 위해서 우리는 어떤 일도 할 필요가 없다는 것입니다. 인간이 예수 믿고 구원받는 데는 공로나 선한 행위가 전혀 필요 없으며, 오직 믿음 하나만으로 충분하고 그 믿음이 하나님에게는 선한 일로 인정을 받는다는 말입니다.

로마서 4장 4절을 보십시오. "일하는 자에게는 그 삯을 은혜로 여기지 아니하고 빚으로 여기거니와." 만약에 일을 해서 삯을 받으면 그것은 결코 은혜가 될 수 없습니다. 그러나 일을 하지 않을지라도, 선한 행위나 공로 따위가 없을지라도, 그런 사람을 의롭다 하시고 영생을 주시는 이를 믿는 그 믿음을 하나님은 의로 여기십니다. 그러므로 예수 믿는 사람은 일한 것도 없이 하나님에게서 의롭다고 인정을 받고 영생을 얻은 사람입니다.

구원을 위해서 우리가 하나님께 할 수 있는 것은 아무것도 없으며 또 할 필요도 없습니다. 오직 예수를 믿기만 하면 됩니다. 왜냐하면 내가 할 일을 예수님께서 이미 다 하셨기 때문입니다. 하나님께서 인정할 수 있는 모든 선한 행위를 예수님께서 이미 다 하셨습니다. 하나님이 요구하시는 죄의 대가, 하나님이 요구하시는 죄악에 대한 형벌을 예수님께서 십자가에서 나 대신 지불하셨습니다. 내가 해야 되겠다고 생각하는 무엇이 있었다면 그것은 이미 예수님이 다 하셨습니다. 그러므로 나는 할 일이 하나도 없습니다. 만약에 우리가 하나님에게서 사랑을 받기 위해 무언가 해야 된다고 생각하면 그것은 착각입니다. 우리는 예수님이 다 하신 일을 통해서 하나님의 사랑을 받은 사람이 된 것입니다. 따라서 나를 대신해서 모든 일을 다 해주신 그 예수님만 붙드는 것이 우리가 할 일입니다. 이것이 바로 믿음입니다.

행함으로 온전케 되는 믿음

둘째로, 믿음은 입으로만 '주여, 주여' 하는 것 이상의 의미를 가지고 있습니다. 흔히들 믿음을 값싼 부적처럼 그냥 달고 다니는 사람들이 있습니다. 믿는다는 말은 요란하게 하면서도 믿는 사람다운 열매가 보이지 않습니다. 성경 공부는 많이 하는데 그 말씀대로 순종하는 모습이 잘 나타나지 않고, 교회 안에서 봉사는 남달리 눈에 띄게 하는데 가정에서나 직장에서는 예수 믿는 향기가 나지 않습니다. 그러면서도

‘주여, 주여’ 하면서 믿는다고 생각합니다.

믿음은 구원을 얻게 하는 모든 일을 무효화시킵니다. 믿음은 우리가 구원을 얻기 위해서는 아무것도 할 일이 없도록 만들어 버립니다. 그러나 구원을 받은 후에는 믿음은 우리로 하여금 엄청난 일을 하게 만듭니다. 구원 얻을 때는 믿음은 아무 일도 못하게 만들지만, 구원받은 다음에 이 믿음은 우리로 하여금 죽도록 충성하게 만듭니다. 데살로니가교회를 보십시오. 데살로니가 교인들은 온 사방에 좋은 소문이 났습니다. 그들의 믿음의 역사 때문에 아름다운 소문이 방방곡곡에 퍼졌습니다. 다시 말하면, 믿음으로 인해 하게 되는 일들 때문에 사방에 소문이 났다는 말입니다.

그러므로 구원받은 사람에게 믿음은 입으로 ‘주여, 주여’ 하는 것 이상을 의미합니다. 이 믿음은 우리를 죽도록 충성하게 하며 우리를 위해 죽으신 예수님을 위해서 헌신하게 만듭니다. 그러므로 이 믿음은 우리가 생각하는 것보다 훨씬 더 큰일입니다.

야고보서 2장 22절에 “네가 보거니와 믿음이 그의 행함과 함께 일하고 행함으로 믿음이 온전케 되었느니라”는 말씀이 나옵니다. 행함으로 믿음이 온전케 된다는 말을 영어 성경에서는 ‘믿음과 행함이 함께 일한다’고 표현하고 있습니다. 에베소서 4장 11절 이하에 보면 하나님께서 교회에 사역자를 주신 목적 두 가지가 나오는데, 첫째는 교인들로 하여금 신앙 인격이 바로 세워지도록 하기 위함이며, 둘째는 모든 성도들로 하여금 봉사의 일을 하도록 하기 위함입니다. 그러므로 믿음은 예수를 위해 죽도록 충성하게 만드는 일입니다.

우리는 예수님의 엄청난 죽음의 은혜 때문에 아무것도 한 것 없이 믿음으로만 구원을 받았습니다. 이제 나를 위해 죽으신 예수님을 믿는 우리는 어떻게 살아야 될까요? 그 은혜에 조금이나마 보답하는 삶을 살아야 하는 것은 너무도 당연한 일입니다. 나를 대신해서 십자가에 달려 돌아가셨다고 고백하면서 그분을 위해서는 손가락 하나 움직이지 않겠다고 한다면, 그리고 나의 욕심을 채우는 것만 생각하면서 날마다 '주여, 주여'만 한다면 진정한 하나님의 자녀일 수가 없을 것입니다. 정말 예수님을 나의 주 나의 하나님으로 믿습니까? 그렇다면 그 믿음 때문에 가만히 앉아 있을 수가 없을 것입니다.

주변을 돌아보십시오. 예수님을 믿는 그 믿음 때문에 다른 사람보다 덜 가졌으면서도 몸을 아끼지 않고 더 많이 봉사하는 사람들이 있습니다. 어떤 젊은이는 자기의 인간적인 욕망을 다 뿌리치고 복음을 위해서 한 생을 헌신하기도 합니다. 어떤 사람은 평생 모아 놓은 재물을 주의 복음을 위하여 조금도 아낌없이 내놓기도 합니다.

믿음은 입으로 '주여, 주여' 하는 것 이상입니다. 하나님이 기뻐하시는 일이라면 살아도 주를 위해서 살고 죽어도 주를 위해서 죽겠다는 정신으로 자신을 온통 던집니다.

예수 믿고 교회를 열심히 다니는 이유가 혹시라도 여전히 떡을 위해서는 아닌지 자신을 돌아보아야겠습니다. 세상의 즐거움과 행복만을 생각하면서 썩을 양식을 위해 예수님을 찾는 자가 되어서는 안 될 것입니다. 영원한 생명 얻기를 사모하십시오. 그러기 위해서는 예수님을 믿어야 합니다. 구원을 위해서는 다른 아무것도 필요하지 않습니다. 인간의 다른 어떤 공로도 생각하지 마십시오.

그리고 이미 영생을 얻은 하나님의 자녀라면 믿음은 나를 죽도록 충성하는 사람으로 만든다는 사실을 기억하시기 바랍니다. 좋은 믿음을 가지고 있다면 누구보다도 더 주를 위해서 헌신하고 충성합니다. 그래

서 예수님께서는 믿는 것이 하나님의 일이라고 말씀하셨습니다. 복된
믿음을 가지고 일사각오로 충성하는 믿음을 가질 수 있기를 바랍니다.

23. 생명의 떡 예수

저희가 묻되 그러면 우리로 보고 당신을 믿게 행하시는 표적이 무엇이니이까 하시는 일이
무엇이니이까 기록된 바 하늘에서 저희에게 떡을 주어 먹게 하였다 함과 같이 우리 조상들
은 광야에서 만나를 먹었나이다 예수께서 이르시되 내가 진실로 진실로 너희에게 이르노
니 하늘에서 내린 떡은 모세가 준 것이 아니라 오직 내 아버지가 하늘에서 내린 참 떡을 너
희에게 주시나니 하나님의 떡은 하늘에서 내려 세상에게 생명을 주는 것이니라 저희가 가
로되 주여 이 떡을 항상 우리에게 주소서 예수께서 가라사대 내가 곧 생명의 떡이니 내게
오는 자는 결코 주리지 아니할 터이요 나를 믿는 자는 영원히 목마르지 아니하리라 그러나
내가 너희더러 이르기를 너희는 나를 보고도 믿지 아니하는도다 하였느니라 ….

요한복음 6:30~36, 47~59

요한복음에 기록된 예수님의 말씀은 우리를 자주 당황하게 만듭니다. 요한복음 4장에서 예수님은 우물물을 길러 온 수가성의 여인에게 생수를 주겠다고 말씀하셨습니다. 이것은 예수님 자신이 바로 생수라는 뜻으로 말씀하신 것입니다. 6장을 보면 배고픈 군중들이 예수님을 향해서 먹을 것을 달라고 하자 "내가 생명의 떡이다"라고 말씀하셨습니다. 물 길러 온 사람에게 "내가 생수니 나를 마시라"고 하신 말씀이나 배고픈 사람에게 "내가 생명의 떡이니 나를 먹으라"고 하신 예수님의 말씀을 대하면 누구나 당황할 수밖에 없을 것입니다. 왜냐하면 예수님은 생수나 떡처럼 쟁반에 담을 수 있는 어떤 물질이 아니기 때문입니다. 그는 천지를 창조하신 하나님이시며 인격자이십니다. 그렇다면 예수님께서 이처럼 자신을 물과 떡으로 표현하신 이유가 어디에 있을까요?

사람들은 교만하여 진리는 듣지 않고 진리가 아닌 것은 귀담아듣는 못된 습성이 있습니다. 바른 소리를 하면 알아듣지 못할 정도로 마음이 완악하다는 말입니다. 사람은 너무도 무지해서 빛을 보고도 빛인 줄을 모릅니다. 이 세상을 구원하기 위해 오신 예수님께서 이런 사람들을 볼 때 마음이 얼마나 답답하셨겠습니까? 그래서 예수님은 이 세상에 하나님이신 자신이 육신의 몸을 입고 오신 이유를 사람들에게 이해시킬 수만 있다면 자기는 하찮은 한 조각의 보리떡이 되어도 좋고 급하게 마시는 한 그릇의 물이 되어도 좋다고 여기신 것입니다. 여기에서 우리는 자신을 낮출 수 있는 데까지 낮추시고 우리를 찾아오신 주님을 다시 한 번 보게 됩니다.

이른 아침부터 예수님을 찾아다니던 군중들은 오병이어로 수많은 사람들을 먹이신 예수님에게서 광야 40년 동안 만나로 이스라엘 백성들을 먹여 살렸던 위대한 모세를 연상하였습니다.

"기록된 바 하늘에서 저희에게 떡을 주어 먹게 하였다 함과 같이 우리 조상들은 광야에서 만나를 먹었나이다"(31절).

이 말은 "옛날에 모세는 광야에서 우리 조상에게 만나를 주어 40년을 먹게 해서 광야에서 멸망 당하지 않게 했기 때문에 그는 우리 민족의 위대한 지도자가 되었습니다. 당신도 우리의 메시아가 되기를 원하시면 지금 만나를 내려서 우리로 먹게 하옵소서." 하는 뜻입니다.

유대 나라 랍비들이 성경에도 없는 교훈을 가지고 백성들을 오랫동안 가르쳐 왔기 때문에 그들이 이런 식으로 말하는 것도 무리는 아닙니다. 랍비들은 이스라엘의 제일 위대한 지도자였던 모세가 하늘에서 만나를 내려 조상들을 먹여 살린 것처럼, 제2의 모세라고 할 수 있는 메시아가 이 세상에 오시면 그는 분명히 하늘로부터 만나를 내려 이 모든 백성을 먹여 살릴 것이라고 가르쳤습니다. 그래서 사람들은 메시아가 오면 무화과나무, 포도나무에서 열매를 따면서 고생하지 않아도 되고, 땀 흘려서 농사를 짓지 않아도 평생 배부르게 먹고 건강하게 살면서 이 세상에서 파라다이스를 이룰 것이라고 생각하고 있었습니다.

그렇기 때문에 자연히 오병이어로 오천 명을 먹이시는 예수님이 바로 랍비들이 말한 제2의 모세일지 모른다고 생각하였던 것입니다. 또한 예수님에게 "표적을 보여 주시오. 모세가 만나를 내려서 이스라엘 백성을 먹인 것처럼 하늘로부터 떡이 내려와서 우리를 배부르게 하는 표적을 보여 주시오."라고 아우성을 쳤던 것입니다.

이런 요구를 하는 군중을 향해서 예수님은 "내가 그 떡이다. 내가 바로 하늘에서 내려온 만나다. 나를 먹으라"고 말씀하셨습니다. 35절, 48절에서도 그 말씀이 계속 반복해서 나옵니다. 이 말을 들은 사람들은 너무도 당황해서 여기저기서 수군거리기 시작하였습니다. 급기야 나중에는 "흥, 저 사람은 바로 요셉의 아들 예수가 아니냐. 우리가 그 부모를 뻔히 알고 있는데 자기가 하늘에서 내려온 떡이라니 도대체 무슨 헛소리야"라고 비웃었습니다.

내 살과 피를 먹고 마시라

그러나 군중들의 비아냥거림에도 불구하고, 예수님은 한 발자국도 뒤로 물러나지 않으셨고 오히려 그들을 더 당황하게 하는 말씀을 하셨습니다.

"예수께서 이르시되 내가 진실로 진실로 너희에게 이르노니 인자의 살을 먹지 아니하고 인자의 피를 마시지 아니하면 너희 속에 생명이 없느니라 내 살을 먹고 내 피를 마시는 자는 영생을 가졌고 마지막 날에 내가 그를 다시 살리리니 내 살은 참된 양식이요 내 피는 참된 음료로다"(53~55절).

다시 말하면 "밥을 먹듯이 나의 살을 뜯어 먹고 물을 마시듯이 내 피를 마시라. 그러면 다시는 배고프지 않고 목마르지도 않으며, 영원히 죽지도 않으리라."라는 말씀입니다. 정상적인 사고를 하는 사람이라면 이런 끔찍한 말을 듣고 당황하지 않을 사람은 별로 없을 것입니다.
무리들은 예수님의 이런 말씀을 듣고는 정신 나간 사람으로 여겼습니다. "이제 보니까 정신이 나갔어. 어떻게 제 살과 피를 우리에게 먹게 하겠다는 거야." 그리고는 한 사람, 두 사람씩 자리에서 일어나 가 버렸습니다. 구름떼처럼 몰려왔던 사람들이 삽시간에 썰물처럼 빠져 나갔습니다. 심지어 그 동안 예수님을 따라다니면서 충성을 다하였던 몇 십 명의 제자 그룹에서도 이탈자가 생겼습니다.

"이러므로 제자 중에 많이 물러가고 다시 그와 함께 다니지 아니하니라"(66절).

여기서 말하는 제자는 예수님께서 택하신 열두 제자가 아니라 예수님을 충성스럽게 따라다니면서 봉사하였던 사람들을 가리킵니다. 예수님은 한 번의 설교로 수천 명의 군중을 다 잃어버렸습니다. 때로는 이러한 설교가 참된 설교입니다.

사람들은 아무리 옳은 말이라고 하더라도 듣기 싫은 소리이면 귀를 막고 떠나 버립니다. 이러한 현상은 오늘날도 마찬가지입니다. 듣기 싫은 소리를 하거나 비위에 상하는 말을 들으면 귀를 막아 버리고 교회를 떠나는 사람들이 있습니다.

그러나 예수님의 말씀을 들은 모든 사람들이 다 떠나간 것은 아니었습니다. 예수님의 말씀 앞에서는 언제나 말씀을 받아들이는 사람과 거부하는 사람 이렇게 두 부류로 나뉘어집니다. 이것은 오늘날에도 마찬가지입니다. 예수님의 말씀을 정신 나간 소리로 치부하고 떠나는 사람이 있는 반면에, 생명의 말씀으로 받아들이면서 예수님을 좇는 사람이 있습니다. 모든 무리가 다 떠나고 충성스럽게 따르던 제자들마저 떠났을 때 예수님께서는 열두 제자들에게 물으셨습니다.

"너희도 가려느냐"(67절).

이에 대해서 시몬 베드로가 대답합니다.

"주여 영생의 말씀이 계시매 우리가 뉘게로 가오리까"(68절).

베드로처럼 살을 먹으라고 하든지 피를 마시라고 하든지 간에 예수님의 입에서 나오는 말씀이면 생명의 말씀으로 받아들이고 떠나지 않는 사람이 있습니다. 어떤 사람에게는 정신 나간 소리로 들리는 예수님의 말씀이 다른 사람에게는 생명의 말씀으로 들리는 것입니다. 이것을 일컬어서 '들음의 기적'이라고 합니다. 당신은 어느 편에 속합니까? 예수님의 말씀이 나에게 유리할 때에는 받아들이지만 듣기 싫은 소리로 바뀔 때에는 결정적인 순간에 돌아서는 사람은 아닙니까?

육체의 목숨, 비오스

예수님께서 자신을 생명의 떡이라고 말씀하신 이유가 무엇입니까? 헬라어에서는 생명을 '비오스(bios)'와 '조에(zoe)'라는 두 가지 단어로 쓰고 있습니다. '비오스'는 심장의 맥박이 뛰는 동안 유지되는 우리 육체의 목숨을 가리킵니다. 모태로부터 태어나 늙어 죽을 때까지 우리 온몸의 기능이 정상적으로 활동할 동안만 우리로 살아 있게 하는 것이 육신의 목숨입니다. 이 목숨을 잃지 않으려면 1년에 1톤 이상의 음식과 물을 계속적으로 먹어야 합니다. 이런 의미에서 우리가 먹는 밥은 곧 육신의 생명입니다. 우리가 마시는 물도 육신의 생명입니다. 우리는 이 생명이 얼마나 소중한지 압니다. 하나님이 주신 것이기 때문에 소중합니다. 이 생명을 잃으면 이 세상에서의 모든 삶은 끝나기 때문에 우리는 이 생명을 대단히 소중하게 여깁니다. 이것은 하나님이 우리에게 주신 본성적인 생명에 대한 애착이기에 잘못된 것이 아닙니다.

그러나 예수님을 찾아온 군중이나 오늘날 대부분의 사람들에게 있어서 가장 큰 문제는 육신의 목숨인 '비오스'가 전부인 줄 알고 있다는 데 있습니다. 그래서 사람들은 이 목숨을 유지하는 데 모든 생각의 최우선순위를 두고 있습니다. 얼마나 소중하게 여겼는지 그것이 그만 우상이 되어 버렸습니다. 이 목숨을 유지하게 하는 돈이 세상의 그 어떤 것보다 가치 있는 것으로 판단합니다. 그래서 사람들은 마호메트든, 석가든, 예수든, 누구든 상관없이 이 세상에서 건강하고 배부르고 행복하게 살게만 해준다면 하나님으로 믿고 섬기겠다는 생각을 가지고 있습니다. 예수님을 찾아온 군중들이 바로 이런 사람들이었습니다.

거의 모든 사람들이 이런 생각을 가지고 종교를 찾고 있습니다. 이런 생각을 하는 사람들에게 '내 살을 먹어라, 내 피를 마셔라, 그리하면 영원히 살 것이다.' 하는 예수님의 말씀이 들릴 리가 없습니다. 심장이 뛰는 순간은 나를 유지시키는 이 생명이 나의 전부다라고 생각하는 사람에게는 생명의 떡이라는 예수님의 말씀이 귀에 들리지 않을 것입니다.

영적이고 영원한 생명, 조에

반면에, 사람에게는 영적인 생명을 의미하는 '조에'가 있습니다. '조에'라는 단어는 요한복음에서만 36번 이상 반복적으로 나옵니다. '조에'는 영적인 생명입니다. 영적인 생명은 이중적인 의미를 가지고 있습니다. 하나는 생명의 원천이 되신 하나님과 교제하면서 그와 화목하고 그와 교제하는 것 자체가 '조에'입니다.

아담과 하와는 에덴 동산에서 말로 다하지 못할 풍성한 생명의 삶을 살았습니다. 세상을 창조하신 하나님, 생명의 원천이요, 생명의 뿌리 되신 하나님이 항상 그들과 함께 교제하고 있었기 때문입니다. 눈만 뜨면 하나님의 음성을 들을 수 있었고, 해가 지고 서늘해지는 시간이면 하나님께서 자기들을 찾아오시는 소리를 들었습니다. 아담과 하와는 하나님께서 찾아오시는 소리를 들을 때마다 어린아이처럼 달려가서 품에 안기는 행복을 누리며 살았습니다. 이것을 우리는 낙원의 삶이라고 말합니다. 하나님과 교제하면서 하나님의 품에서 사는 그 삶이 '조에' 입니다. 여기에는 근심이나 고통도 없으며 병도 죽음도 없습니다.

그런데 불행하게도, 아담과 하와는 하나님이 되고 싶은 욕심에 끌려 하나님의 명령을 어기고 에덴 동산에서 쫓겨났습니다. 하나님과의 관계가 단절되었고 끝내는 하나님과 원수가 되었습니다. 그 후부터 하나님 앞에 인간은 죽은 존재였습니다. 갓 태어난 어린아이, 한 달도 안 된 핏덩어리를 보고 하나님은 죄와 허물로 죽은 생명이라고 말씀합니다. 왜냐하면 죄인의 자식으로 태어나서 하나님을 모르는 세상에 내동댕이쳐졌기 때문에 그는 하나님 보시기에 죽은 자입니다. 그러므로 이런 상황에서 우리가 하나님과 다시 손을 잡을 수만 있다면, 하나님과 다시 교제를 나눌 수만 있다면, 우리가 하나님을 언제든지 아버지로 부르면서 달려가 그 품에 안길 수만 있다면, 그리고 하나님에게 있는 그 풍성한 생명의 축복들을 내 것으로 삼을 수만 있다면, 우리는 영적인 생명을 다시 얻을 수가 있습니다. 이것이 바로 '조에' 입니다.

또한 '조에' 는 영생이라는 의미를 가지고 있습니다. 죽음이 가까이 하지 못하는 하나님 나라에 들어가 영원히 하나님과 더불어 사는 것입니다. 이것은 장래에 우리가 맛볼 수 있는 아름다운 약속의 축복입니다. 54절의 "마지막 날에 내가 그를 다시 살리리니"라는 것은 하나님과 영원히 사는 생명을 주시겠다는 말씀입니다. 58절에 "이 떡을 먹는 자는 영원히 살리라"는 말씀도 영원히 죽지 않고 주님과 더불어 산다는 뜻입니다. 이러한 영생을 일컬어 '조에' 라고 합니다.

이처럼 죄와 허물로 죽은 우리가 생명 되신 하나님께 나아갈 수 있는 길은 예수 그리스도밖에 없습니다. 예수님만이 우리를 하나님과 화목시킬 수 있습니다. 육신의 생명을 위해서 날마다 밥을 먹고 물을 마셔야 하듯이, 영원히 사는 생명을 누리려면 하나님과 다시 화목하고 하나님과 교제하여야 합니다. 이것을 위해서 우리는 눈만 뜨면 예수님을 찾고 또 찾아야 합니다. 그래야만 예수님이 우리에게 잃어버린 영적 생명을 찾게 해주십니다. 이런 의미에서 예수님은 자신을 생명의 떡이라고 말씀하고 있는 것입니다.

더 중요한 것은 영생

우리에게 가장 중요한 것은 육신의 생명이 아닙니다. 하나님을 알고 하나님과 동행하는 영적 생명, 그리고 하나님과 더불어 영원히 사는 영원한 생명, 이것보다 귀중한 것은 천하에 없습니다. 온 천하를 다 얻고 가장 행복한 삶을 100년이나 산 사람이라도 하나님과 화목하고, 하나님과 교제하며, 하나님과 더불어 영원히 사는 이 '조에'를 얻지 못했다면 그처럼 불쌍한 사람도 없을 것입니다. 이 영적 생명의 귀중함과 축복을 모르기 때문에 사람들은 심장이 뛰면서 유지되는 목숨이 전부인 줄 알고 거기에만 매달려서 처량할 정도로 안타까워하는 것입니다.

병원의 중환자실에 들어가 보십시오. 생명을 한 시간 더 연장하기 위해서 얼마나 피눈물 나는 몸부림을 치고 있는지 모릅니다. 어떤 사람은 일 년 간의 생명 연장을 위해서 서슴없이 자기가 가진 모든 것을 송두리째 포기하기도 합니다. 우리가 육신의 생명을 가지고 이 세상에 사는 한 생명에 집착하는 이러한 모습은 너무도 당연한 일일 것입니다. 그러나 육신의 생명이 끊어지면 모든 것이 다 없어지는 줄로 알고 마지막 한 순간이라도 그 생명을 붙들어 보려고 몸부림치며 떨고 있는 사람을 보면, 측은하고 안타까운 마음을 금할 수가 없습니다. 육신의 생명보다 더 소중한 영적인 생명을 모르기 때문에 그렇습니다.

마이클 잭슨이라고 하면 전 세계적으로 모르는 사람이 없을 정도로 유명한 가수입니다. 젊은이들에게는 우상과도 같은 존재입니다. 지난 20년 넘는 세월 동안 그는 이 세상에서 누릴 수 있는 모든 영화와 인기와 부를 누리면서 살았습니다. 마이클 잭슨은 자기가 150세까지 살아야 한다고 말합니다. 그는 오래 살기 위해서 위생에 지나칠 정도로 신경을 쓴다고 합니다. 세균에 감염될까 봐 상당한 시간 동안 마스크를 착용하고 다니고, 담배를 피우다가 카펫에 떨어뜨리면 카펫에서 균이 옮길까 봐 담배꽁초도 줍지 않는다고 합니다. 집에서나 밖에서나 얼마나 자주 손을 씻는지 모릅니다. 그리고 젊어지기 위해서 매일 100퍼센트 농축 산소가 들어 있는 튜브 속에 하루에도 몇 번이나 들어갔다 나온다고 합니다. 그가 이토록 육신의 생명에 집착하는 이유가 어디 있습니까? '조에'를 모르기 때문입니다. '조에'의 생명을 모르는 사람은 '비오스'라는 목숨에 자신의 모든 것을 다 쏟으면서 매달릴 수밖에 없습니다. 그러나 아무리 몸부림치고 애를 써도 육신의 생명은 끝이 있다는 것을 기억하시기 바랍니다.

그러면 예수님은 어떤 사람에게 이 소중한 '조에'의 생명을 주십니까?

"예수께서 가라사대 내가 곧 생명의 떡이니 내게 오는 자는 결코 주리지 아니할 터이요 나를 믿는 자는 영원히 목마르지 아니하리라"
(35절).

예수님께로 와서 예수님을 믿는 자에게 이 영원한 생명을 주신다고
약속하셨습니다. 다시 말하면 예수 믿는 자만이 영생을 얻을 수 있다
는 것입니다. 하나님은 지금도 우리를 향하여 "인간에게 중요한 것은
영적 생명이다. 그러므로 내가 이 영적 생명을 너희들에게 주겠는데,
예수 그리스도를 믿기만 하라."고 말씀하고 계십니다. 이 시간 마음을
열고 생명의 떡이신 예수님을 믿으시기 바랍니다. 예수 믿으면 하나님
께서 영원히 사는 축복을 주십니다. 이와 같은 축복을 가지면 이 세상
에서 잠깐 있다가 사라지는 육신의 목숨인 '비오스'에 죽기 살기로 매
달리는 처절한 모습을 보이지 않아도 될 것입니다.

십자가에서 살을 찢기시고 피 흘리신 주님을 믿는 믿음

본문에서 우리는 믿음에 대한 중요한 진리를 깨달을 수 있습니다.
우리는 흔히 '믿는다'는 말을 깊이 생각하지 않고 예사로 여길 때가
많습니다. 그러나 본문 말씀에는 우리의 믿음을 되돌아보고 깊이 생각
하게 하는 진리가 담겨 있습니다.

"내 살을 먹고 내 피를 마시는 자는 영생을 가졌고 마지막 날에 내
가 그를 다시 살리리니"(54절).

35절의 "내게 와서 믿으면" 하는 말이 "내 살을 먹고 내 피를 마시는 자"로 바뀌고 있습니다. 믿음은 예수님의 살을 먹고 주님의 피를 마시는 것이라고 말합니다. 믿음이라는 것은 그저 고개를 끄덕이는 것이 아니며, 어려서부터 많이 들었기 때문에 의심을 하지 않고 그저 긍정하는 것을 말하는 것도 아닙니다. 믿음이라는 것은 입으로만 '주여 주여 믿습니다' 하는 것이 아닙니다. 주님의 말씀에 의하면, 믿음이라는 것은 이것보다 훨씬 더 진지하고 강도 높은 우리의 반응을 의미합니다.

믿음은 예수님 자신의 살을 먹고 피를 마시는 것입니다. 예수님의 이 말씀이 너무도 충격적이어서 이스라엘 백성들이 살과 피를 먹고 마시라는 예수님의 말씀을 듣고 도망간 것도 이해가 됩니다. 왜 예수님께서는 이렇게 끔찍한 말씀을 하셨을까요? 예수님께서 믿음을 자기 살을 먹고 피를 마시는 것으로 표현하신 이유는, 얼마 후면 자기가 십자가에 죽으실 것을 내다보고 계셨기 때문입니다.

예수님은 세상 죄를 지고 가는 어린양으로서 우리 죄를 위해서 십자가에 못 박혀 살을 찢고 피를 흘려야 할 운명을 눈앞에 두고 있었습니다. 하나님으로부터 쫓겨나 죄와 허물로 영원히 죽은 우리를 다시 하나님 앞으로 인도하여 하나님과 화해하게 하려고, 그리고 그 하나님과 더불어 영원한 생명을 누리게 하려고, 친히 십자가에서 살을 찢고 피를 흘리시면서 우리의 죄를 대신 짊어지셨습니다. 이 죽음을 앞두고 계셨기에 십자가에서 살을 찢고 피를 흘리신 주님을 받는 것이 믿음이라고 말씀하신 것입니다.

그러므로 "나의 죄를 대신하여 하나님의 아들이신 죄 없는 예수님께서 살을 찢고 피를 흘려서 그 생명을 희생하셨습니다. 주여, 내가 이 사실을 믿습니다. 주의 죽음은 나의 죽음입니다. 주님이 살을 찢으신 것은 나 대신 찢으신 것이고, 주님이 피를 흘리신 것도 나 대신 흘린 것입니다. 주여, 내가 믿습니다” 하고 떨리는 가슴으로 주님의 십자가를 부둥켜안고 감격하면서 신앙을 고백하는 것이 믿음입니다. 예수님의 살을 먹고 피를 마시는 것이 믿음이라는 말씀입니다.

아이작 왓츠의 키는 서양 사람으로서는 난쟁이를 겨우 면할 정도인 150센티미터에 불과하였습니다. 게다가 눈도 작고, 피부도 창백한 잿빛 피부를 가지고 있었다고 합니다. 그는 자기가 벌레 같은 존재라고 늘 생각했었던 것 같습니다. 그러나 자기를 대신해서 십자가에서 살 찢고 피 흘려 주신 예수 그리스도를 발견하자마자 그 은혜와 그 사랑에 감격해서 감동적인 찬송을 썼습니다.

웬 말인가 날 위하여 주 돌아가셨나
이 벌레 같은 날 위해 큰 해 받으셨나
내 지은 죄 다 지시고 못 박히셨으니
웬일인가 웬 은혠가 그 사랑 크셔라
나 십자가 대할 때에 그 일이 고마워
내 얼굴 감히 못 들고 눈물 흘리도다.

이런 감격과 고백을 일컬어서 예수의 살을 먹고 피를 마시는 믿음이라고 말합니다. 이것이 주님께서 우리에게 원하시는 믿음입니다.

당신의 믿음은 어떤 믿음입니까? 제자 훈련을 하면서 발견한 확실한 사실 한 가지가 있습니다. 몇 년을 믿었든지, 예수 믿는 가정에서 몇 대 손으로 태어났든지 간에 관계없이 지금까지 한번도 예수님이 나를 대신해서 십자가에서 살 찢고 피 흘려서 나의 죽었던 생명이 다시 살았다는 감격을 느껴 보지 못했다면, 또한 그것으로 인해 주님 앞에 뜨거운 눈물을 흘리며 감사해 보지 못했다면 그 사람은 자신의 믿음을 재점검해 보아야 합니다. 이 세상 어느 누가 나를 대신해서 살을 찢고 피를 흘렸습니까? 오직 예수님밖에는 없습니다. 가족이나 친구나 그 누구도 나를 살리기 위해 대신 살 찢고 피 흘리면서 죽은 사람은 없습니다.

우리가 아이작 왓츠처럼 십자가를 발견하고 그 십자가 앞에 조용히 무릎 꿇고 엎드리면 들리는 음성이 있습니다.

"사랑하는 내 아들아, 사랑하는 내 딸아, 내 살을 먹고 내 피를 마셔서 네가 살 수만 있다면 나는 한 점의 살도 아끼지 않고 다 찢어 주마. 네가 살 수만 있다면 한 방울의 피도 아끼지 아니하고 다 쏟아 주마. 사랑하는 자여, 마음껏 마시고 살아라. 마음껏 먹고 살아라. 그래서 영원히 살라. 내 사랑하는 자여."

조용히 눈을 감고 영의 눈으로 십자가를 바라보면서 영혼의 귀를 열면, 주님의 부드러운 음성을 들을 수가 있습니다. 이 음성을 듣는 것이 믿음입니다. 이런 음성을 들으면 누구든지 가슴이 벅차고 마음이 떨립니다. 아무리 냉혈 동물 같은 사람이라도 눈에서 샘이 터지듯 눈물이 솟습니다. 자기가 얼마나 죄인이었던가를 생각하면서 그 크신 하나님의 사랑 앞에 무릎 꿇고 엎드리는 체험을 하게 됩니다.

하늘을 두루마리 삼고 바다를 먹물 삼아도
한없는 하나님의 사랑 다 기록할 수 없겠네
하나님의 크신 사랑 그 어찌 다 쓸까

저 하늘 높이 쌓아도 채우지 못하리
하나님의 크신 사랑은 측량 다 못하며
영원히 변치 않는 사랑 성도여 찬양하세.

이런 찬송이 십자가 앞에서 나도 모르게 샘솟듯이 솟아오르는 자를 일컬어서 예수의 살을 먹고 예수의 피를 마신 믿음을 가졌다고 말합니다.

우리에게 영원한 생명, 하나님과 다시 화목하게 하는 은혜를 주시기 위해 살 찢고 피 흘려 주신 예수 그리스도를 진심으로 발견한 사람은 주님이 약속하신 대로 목마름이 사라집니다. 배고픔이 사라집니다. 죽음을 두려워하지 않습니다. 가장 소중한 것을 얻었기 때문에 모든 것을 내포한 최고의 진리를 마음에 소유했기 때문에 두려움도 사라지고, 욕심도 사라지고, 이 세상에 대한 미련도 사라집니다. 이 세상의 부귀와 영화는 영원한 생명 앞에서는 아무것도 아닙니다.

우리는 전직 대통령 두 사람이 나란히 법정에 서는 안타깝고 부끄러운 역사를 가지고 있습니다. 그러나 여기에서 큰 영적인 교훈을 배울 수가 있습니다. 세상에서 7, 80년을 사는 동안 한 생을 왕좌 위에서 보냈든지, 세상의 아름다운 여자를 다 소유했든지, 황금 덩어리를 굴리면서 살았든지 그것은 하나님 앞에서 조금도 중요하지 않습니다. 재판관 앞에 죄수복을 입고 선 대통령에게, 과거에 새도 떨어뜨리는 권세를 가지고 살았다는 사실과 세상에서 그 누구도 부럽지 않은 영화를 누리고 살았다는 사실은 아무런 의미도 없는 것입니다. 법정에 선 그에게는 그것이 자랑이기보다는 오히려 수치요 부끄러운 일에 지나지 않습니다.

우리가 잘못하면 하나님 앞에 가서 섰을 때 그 꼴이 됩니다. 우리 모두는 예수님 앞에 서서 심판을 받습니다. 만약 내가 예수님의 살을 먹고 피를 마시는 믿음을 가지지 못하여 예수님을 통해서 영원히 사는 영생을 얻지 못하고, 하나님과 손잡는 화목의 은혜를 미리 획득하지 못한 채 그 자리에 섰다면 죄수복 입은 두 대통령과 조금도 다를 바가 없을 것입니다. 수백억의 재산을 쌓아 놓고 살았다는 것이 무슨 의미가 있으며, 평생 대통령의 권세를 부리고 살았다는 것이 무슨 의미가 있습니까? 하나님이 영원한 죽음을 선포하시면 마귀가 끌고 가는 것만이 남는 사람에게, 세상에서 잘살았다는 것은 티끌만한 가치도 없는 일입니다.

우리에게 정말 중요한 것은 하나님과 화목하는 것이고 영생하는 것인데, 불행하게도 많은 사람들이 이것을 모른 채 죽어가고 있습니다. 이를 너무도 답답하게 여기신 예수님께서는, 모든 사람에게 배신을 당하고 등돌림을 당하고 비웃음을 당하시면서까지도 "내 살을 먹고 내 피를 마심으로 영생을 얻으라."고 말씀하셨습니다. 육신의 목숨이 전부인 줄 알고 세상의 부귀와 영화에 안달하면서 발버둥치며 죽어가는 우리가 얼마나 답답하셨으면, 십자가에서 자기 살을 찢고 피를 흘리는 죽음의 고통을 겪으시면서까지 "내 살을 먹고 내 피를 마시라."고 말씀하셨겠습니까?

이 시간 성령께서 당신에게 은혜를 주셔서 나를 위하여 십자가에서 살 찢고 피 흘려 주신 예수 그리스도의 살을 먹고 피를 마시는 믿음을 소유할 수 있기를 바랍니다. 이 믿음을 가지고 영생의 그날을 바라보면서 나그네 길이 비록 힘들고 십자가가 무겁지만 기쁨으로 걸어가는 하나님의 은총이 당신에게 임하기를 바랍니다.

24. 아버지께서 내게 주신 자들

아버지께서 내게 주시는 자는 다 내게로 올 것이요 내게 오는 자는 내가 결코 내어 쫓지 아니하리라 내가 하늘로서 내려온 것은 내 뜻을 행하려 함이 아니요 나를 보내신 이의 뜻을 행하려 함이니라 나를 보내신 이의 뜻은 내게 주신 자 중에 내가 하나도 잃어버리지 아니하고 마지막 날에 다시 살리는 이것이니라 내 아버지의 뜻은 아들을 보고 믿는 자마다 영생을 얻는 이것이니 마지막 날에 내가 이를 다시 살리리라 하시니라.

그러나 너희 중에 믿지 아니하는 자들이 있느니라 하시니 이는 예수께서 믿지 아니하는 자들이 누구며 자기를 팔 자가 누군지 처음부터 아심이러라 또 가라사대 이러하므로 전에 너희에게 말하기를 내 아버지께서 오게 하여 주지 아니하시면 누구든지 내게 올 수 없다 하였노라 하시니라 이러므로 제자 중에 많이 물러가고 다시 그와 함께 다니지 아니하더라 예수께서 열두 제자에게 이르시되 너희도 가려느냐 시몬 베드로가 대답하여 주여 영생의 말씀이 계시매 우리가 뉘게로 가오리이까 우리가 주는 하나님의 거룩하신 자신 줄 믿고 알았삽나이다 ….

요한복음 6:37~40, 64~71

본문은 장로교의 뼈대를 이루는 다섯 가지 신앙 원리를 다루고 있습니다. 이 다섯 가지 신앙 원리의 영문 첫 글자를 따면 튤립(TULIP)이 되는데, 튤립 꽃 이름과 연관시켜 생각하면 기억하기가 쉽습니다.

T는 'Total depravity'의 첫 글자로 '전적 타락' 혹은 '전적 무능'으로 번역할 수 있습니다. U는 'Unconditional election'의 첫 글자로 '무조건적 선택'을 의미합니다. L은 'Limited atonement'의 첫 글자로서 '제한 속죄'를 뜻합니다. I는 'Irresistible grace'의 첫 글자로 '불가항력적인 은혜'를 뜻하며, P는 'Perseverance of the saints'의 첫 글자로 '성도의 견인(堅人)'을 의미합니다. 이 다섯 가지 신앙 원리의 첫 자만 따서 합치면 튤립(TULIP)이라는 꽃 이름이 됩니다. 그래서 하나님께서 우리에게 주신 구원의 은혜가 얼마나 소중한가를 기억하려면 튤립이라는 꽃 이름을 떠올리면 됩니다.

전적 부패, 무조건적 선택, 제한 속죄, 불가항력적인 은혜, 그리고 성도의 견인 이 다섯 가지 신앙 교리는 흔히 '칼뱅주의'라고도 합니다. 예수님의 말씀을 이처럼 신학적으로 체계를 세워 정리하였던 인물이 칼뱅이기 때문입니다. 예수님께서 말씀하신 이 중요한 구원의 진리는 사도 바울의 서신서에서도 수없이 반복되고 있습니다. 그리고 그후로 하나님께서 하늘의 별처럼 들어서 사용하셨던 어거스틴, 루터, 츠빙글리, 스펄전, 에이브러햄 카이퍼, 그리고 박형용 박사나 박윤선 박사 같은 분들을 통해서 변함없이 가르쳐 내려온 진리입니다.

이 놀라운 교리는 특별히 장로교가 고백하는 신앙이라고 해서 장로교에서만 통하는 이야기가 아닙니다. 개혁 교단을 비롯하여 침례교, 회중교, 오순절, 감리교 그리고 성공회 안에도 이 교리를 그대로 고백하고 믿는 지도자들이 많고, 또 교단별로 그 교리를 그대로 수용하는 데도 많습니다. 그런데도 이것을 장로교의 중심 교리라고 말하는 이유는, 장로교가 이 교리를 하나님이 주신 놀라운 선물로 알고 감격스럽게 고백하고 받아들이는 면에 있어서 다른 교단보다 한발 앞섰기 때문입니다.

전적으로 부패한 인간

첫째 원리인 'Total depravity'는 '전적 타락', '전적 무능'으로 해석할 수 있는데, 인간은 전적으로 부패해서 구원을 받는 데는 완전히 무력하다는 것을 의미합니다. 인간은 너무도 타락했기 때문에 자력으로는 구원받을 수 없는 존재입니다.

"나를 보내신 아버지께서 이끌지 아니하면 아무라도 내게 올 수 없으니"(44절).

이 말을 바꾸면 하나님이 이끌어 주셔야만 예수 믿고 구원받을 수 있다는 말입니다. 어떤 인간도 하나님이 이끌어서 예수 믿도록 하지 않으면 자기 힘으로는 결코 예수를 믿을 수 없다는 이야기입니다. 그만큼 인간은 전적으로 타락했고 무능한 존재라는 뜻입니다.

"의인은 없나니 하나도 없으며 깨닫는 자도 없고 하나님을 찾는 자도 없고"(롬 3:10, 11).

그러므로 사람들이 예수 믿지 못하는 이유는 믿을 능력이 없기 때문입니다. 남편이 안 믿는다고 안달하는 주부들이 있습니다. 그러나 옆집 아저씨는 믿는데 당신은 왜 못 믿느냐고 아무리 다그쳐도 소용없습니다. 자기 힘으로는 믿을 수가 없기 때문입니다. 어느 정도로 믿을 수가 없는지 36절을 보십시오.

"그러나 내가 너희더러 이르기를 너희는 나를 보고도 믿지 아니하는도다"(36절).

예수님은 보이지 않는 하나님이 손으로 만져 볼 수 있고, 귀로 들을 수 있고, 눈으로 볼 수 있는 사람의 모습으로 세상에 보여 주신 분이셨는데도 사람들은 믿지 못하였습니다. 이와 같은 비극은 아담과 하와가 하나님 앞에 불순종하고 범죄하는 그 순간부터 사람들에게 임했습니다.

그러면 인간이 도대체 얼마나 부패했길래 자기 힘으로는 하나님을 찾을 수 없는 것일까요? 이것은 본질상의 문제입니다. 예를 들어 보겠습니다. 인간의 조상이 원숭이라고 믿는 사람들을 일컬어서 진화론자들이라고 합니다. 이 진화론을 하나님처럼 떠받들고 믿는 사람들이 오늘날 많이 있습니다. 진화론을 믿는 학자들은 원숭이가 사람의 조상이라면 어떤 분명한 가시적인 상관 관계가 있을 것으로 생각하였습니다. 그래서 진화론자 두 사람이 이것을 증명하기 위해서 원숭이를 대상으로 실험을 하였습니다.

그들은 '삐끼'라고 이름 붙인 침팬지를 아이처럼 자기 집에 입양을 해서 6년 동안 말을 가르쳤습니다. 원숭이 중에서 제일 지능이 높다고 하는 침팬지가 6년 후에 하는 말이라고는 맘(mom), 파파(papa), 컵(cup), 업(up) 이 네 마디뿐이었습니다. 그것도 자세히 귀를 기울여야 알아들을 수 있을 정도였습니다. 학자들은 원숭이가 정말로 사람의 조상이라면 학습에 기울인 노력에 비례해 최소한의 기대 수준은 만족시켜 줘야 할 텐데 전혀 기대에 못 미치는 것을 보니, 어떤 이유가 있을 것이라고 생각하고 침팬지의 구강 구조를 조사하였습니다. 어느 언어에서나 말을 하려면 세 가지 모음인 '이', '에', '우'는 발음할 수 있어야 한다고 합니다. 그러나 침팬지는 '이', '에', '우'를 발음할 수 없었습니다. 그 이유는 침팬지에게 '이'나 '우'나 '에'를 발음할 수 있는 인두가 없기 때문이었습니다. 그렇기 때문에 아무리 가르쳐도 안되는 것입니다. 이것이 본질상의 문제입니다. 본질상 문제가 있기 때문에 아무리 노력을 해도 도무지 불가능한 것입니다.

하나님 앞에 범죄한 자손으로 태어난 인간이 하나님을 향해서 '아버지', 예수님을 향해서 '주여' 하고 고백을 못하는 이유도 이렇게 고백할 수 있는 인두가 없기 때문입니다. 이것을 일컬어서 전적 타락, 전적 무능이라고 합니다. 혹시나 '내가 믿으려고 마음만 먹으면 얼마든지 믿을 수 있지' 라고 생각하시는 분이 있는지 모르지만 그것은 절대로 불가능한 일입니다.

하나님의 조건 없는 선택

두 번째는 '무조건적 선택(unconditional election)' 입니다. 사람이 전적으로 무능해서 예수를 믿을 수 없다고 한다면 세상에서 믿는 사람이 한 사람도 없어야 합니다. 그런데 주일이면 전 세계적으로 수십 억의 신자들이 교회에 나와 하나님께 예배를 드립니다. 이런 이변에 대해 예수님께서는 다음과 같이 설명하고 있습니다.

"아버지께서 내게 주시는 자는 다 내게로 올 것이요 내게 오는 자는 내가 결코 내어 쫓지 아니하리라"(37절).

즉 아버지께서 주님에게 주시는 자들은 주님께로 가서 예수 믿고 구원받을 수 있다는 말입니다. 그러면 누가 예수를 믿을 수 있습니까? 하나님께서 예수님에게 주시는 자들만이 믿을 수 있다고 말씀합니다. 하나님이 예수님에게 주신 자들이 누구인지는 요한복음 17장 6절에 나와 있습니다. 예수님께서 마지막으로 기도하실 때 "저희는 아버지의 것이었는데 내게 주셨다"는 말씀을 하십니다. 하나님께서 자신의 소유였던 자들을 예수님에게 주셨고, 예수님에게 주신 자들은 예수님을 믿게 된다는 뜻입니다. 하나님은 수많은 사람들 가운데서 일부를 자신의 소유로 선택하셨고, 이들을 예수님에게 맡기셨습니다. 그래서 예수님은 그들을 구원하시는 것입니다.

그러면 하나님께서 많은 사람들 중에서 자기 소유가 될 자들을 언제 선택하였습니까? 에베소서 1장 4절을 보면 "창세 전에 그리스도 안에서 선택하셨다"고 말씀하고 있습니다. 온 우주 만물이 생기기 전에 하나님께서 자기 백성을 선택하셨다는 말입니다.

우리의 생각으로는 도무지 이해하기 어려운 개념입니다. 하나님이 세상을 창조하시기 전부터 하나님이 나를 아시고 선택하셨다는 말씀은, 세상에 있는 어떤 개념으로도 이해할 수 없는 것입니다. 우리가 이것을 이해하기 위해서는 한 가지를 먼저 기억해야 합니다. 하나님은 시간에 구애받지 않는 초월자라는 사실입니다. 그분에게는 과거도 없고 현재도 없고 미래도 없습니다. 달리 말하면, 하나님에게 있어서 시간은 언제나 현재입니다. 그러므로 태초가 우리에게는 수만 년 전일 수도 있겠지만 하나님에게는 항상 현재입니다. 그런 의미에서 창세 전에 나를 선택하셨다는 말을 우리 입장에서만 생각하지 말고 받아들여야 합니다.

창세 이전에 하나님께서 사람들을 선택하셨다면 어떤 조건에 의해서 사람들을 선택하였을까요? 에베소서 1장 5절을 보면 하나님의 기쁘신 뜻대로 선택하셨다고 합니다. 다른 조건은 없습니다. 오로지 하나님의 기쁘신 뜻에 따라서 선택하였습니다. 우리의 형편을 보아서 어쩔 수 없이 내린 선택이 아닙니다. 우리에게 선한 구석이 있어서 선택한 것이 아닙니다. 하나님께서 자신의 선하신 뜻대로 무조건 선택했다는 말입니다.

그런데 하나님처럼 거룩하시고 완전하신 분이 선택해서 부르신 사람들을 보면, 조금은 이해하기 어려운 엉뚱한 데가 있습니다. 소설가 부크너가 이것을 잘 표현하고 있습니다. 구약 성경에서 하나님이 특별히 선택해서 사용한 사람들을 부크너는 '얼룩덜룩한 잡종들'이라고 표현하였습니다. 잡종은 순종에 비해서 질이 떨어지고 값도 떨어지는 존재입니다. 그런데 하나님이 구약에서 선택한 사람들은 전부 얼룩덜룩한 잡종들 같습니다.

왜 인간성이 좋고 넓은 마음을 가지고 있으며 정직했던 에서를 하나님은 아니라고 밀어내시고, 비열한 사기꾼과 같은 야곱을 택하셨을까요? 술 먹고 벌거벗은 채로 드러누워 있는 민망하기 짝이 없는 모습을 보인 노아를 하나님은 무엇 때문에 선택하셨을까요? 어째서 사람을 죽여 놓고 미디안으로 도망간 모세를 끝까지 추적해서 결국 하나님이 원하시는 일을 하도록 하셨을까요?

유대 민족을 보십시오. 민족들 중에 가장 작고 연약한 민족에 지나지 않습니다. 종교적인 성향을 가지고 있지만, 조금만 상황이 바뀌어도 어느 민족보다 더 빨리 타락하는 민족입니다. 그들의 행동으로만 판단한다면 하나님이 미워할 수밖에 없는 백성입니다. 그럼에도 불구하고 하나님이 유대 민족을 택하셔서 그 민족을 통해 하나님이 약속한 메시아를 보내셨습니다. 우리의 지식으로는 도무지 이해하기 어려운 일입니다.

하나님의 이와 같은 선택을 한마디로 요약한다면, 무조건적인 선택이라고 말할 수가 있습니다. 하나님께서 예수를 믿게 하려고 자기 소유로 선택한 사람도 마찬가지라고 생각합니다. 어떻게 해서 하나님이 저 같은 사람을 택해서 예수 믿게 하시고 목사까지 시키셨는지 아무리 생각해도 도무지 설명할 길이 없습니다. 이것은 하나님이 좋아서 했다니까 그냥 받아들이는 것이지 다른 해답을 찾을 수가 없습니다. 하나님께서 우리의 어떤 점이 좋아서 선택하신 것이 아닙니다. 내가 예수 믿게 된 것은 하나님이 나를 조건 없이 선택하셨기 때문입니다.

제한 속죄

세 번째는 '제한 속죄(Limited atonement)'입니다. 선택 받은 사람의 수가 제한되어 있다는 말입니다. 사람을 가리지 않고 누구나 다 구원하는 것이라면 '선택'이란 말이 사용될 필요가 없습니다. 선택이라는 말은 전부가 포함될 수 없는 한계를 가질 때 사용하는 말입니다. 그러므로 선택받은 자들이 있다는 말은 선택받지 못한 자들이 있다는 것을 전제합니다. 결국 그 선택의 수는 한정될 수밖에 없다는 것입니다.

장로교에서 굉장히 중요하게 다루는 웨스트민스터 신앙고백서가 있습니다. 그 고백서에서는 이렇게 선택된 자들의 수는 확정적이고 결정적이어서 조금도 가감할 수 없다고 말합니다. 선택된 자의 수는 더할 수도 없고 뺄 수도 없이 이미 결정되어 있다는 것입니다. 그 수가 얼마인지는 하나님만이 아십니다. 성경에 십사만 사천이라는 상징적인 수가 나와 있지만 그 수가 실제로 어느 정도인지 아무도 모릅니다. 어떤 사람들은 십일조의 개념을 들어서 하나님이 선택하신 사람의 수는 전체 인류의 10퍼센트쯤 될 것이라고 말하기도 합니다.

그러나 저는 그렇게 생각하지 않습니다. 하나님이 선택한 사람들의 수가 한정된 것은 사실이지만, 그 수는 꽹장히 많을 것이라고 생각합니다. 왜냐하면 예수님이 승천하시기 전에 제자들을 앞에 놓고 하신 말씀을 주목하십시오. "모든 족속으로 제자를 삼아"(마 28:19) "온 천하에 다니면서 복음을 전파하라"(막 16:15).

모든 민족이 주를 찬양하는 날이 올 것입니다(롬 15:11). 우리 예수님은 만왕의 왕이십니다. 우리 예수님은 하늘과 땅의 모든 권세를 다 손에 쥐시고 주권을 행사하시는 최고의 통치자요 의로운 통치자십니다. 그 통치자가 다스릴 나라는 엄청나게 커서 하나님이 아브라함에게 예언하신 대로 하늘의 별처럼, 바다의 모래처럼 많을 것입니다.

그러므로 하나님의 백성이 많을 것이 틀림없지만, 분명한 것은 선택된 한정된 사람들만이 그 나라에 들어올 수 있다는 것입니다. 그리고 그 제한적으로 선택된 사람들 속에 내가 속해 있다는 사실은 기적 같은 이야기가 아닐 수 없습니다.

불가항력적인 은혜

네 번째는 '불가항력적인 은혜(Irresistible grace)' 입니다. 37절에, 하나님께서 선택하여 예수님에게 주시는 자는 한 사람도 빠짐없이 다 예수님께 와서 믿음을 고백하고, 죄 사함 받고, 구원 얻는다고 말씀하고 있습니다. 44절, 65절에는 "내 아버지께서 오게 하여 주지 아니하면 아무도 올 수 없다"고 말씀하고 있습니다. 하나님 아버지께서 이끌지 아니하면 아무도 올 수 없다는 것은, 하나님이 예수님에게로 갈 수 있도록 이끌어 줄 때는 누구든지 구원을 받는다는 말로 바꾸어 말할 수 있습니다.

　인간은 다 전적으로 부패하여 자기 힘으로 하나님을 믿을 수가 없습니다. 이것은 본질적인 문제이기 때문에 인간의 힘으로는 아무리 애써도 불가능한 일입니다. 그런데 우리가 예수님께 어떻게 갈 수 있습니까? 아담과 하와의 죄의 본성을 가지고 태어난 사람에게 아무리 회개하고 예수 믿으라고 해도 듣지 않을 것이 뻔하기 때문에, 하나님이 드디어 자기 소유로 선택한 사람들에게는 본질적으로 문제를 해결해 주셨습니다. 그것이 중생입니다. 하나님은 아예 그가 선택한 자들을 새 사람으로 태어나게 만드신 것입니다. 우리는 본래 예수 믿고 구원받을 인두가 없는 사람인데 새로 태어나서 예수 믿고 구원받을 인두를 가지도록 하신 것입니다.

　그래서 성경에는 새로운 피조물이라고 말합니다. 예수 믿는 사람은 한 사람도 예외 없이 성령께서 그 마음을 새롭게 만들어 주셔서 하나님을 아버지라고 부를 수 있도록 본질적으로 해결해 주셨기 때문에 비로소 하나님 앞에 나오는 것입니다. 어느 누구도 이것을 거부할 수가 없습니다. 하나님이 새로 낳겠다 하시면 그 사람은 새롭게 태어나야지, 절대로 태어나지 않겠다고 해도 소용없습니다. 어머니 뱃속에 있는 아이가 아무리 발버둥을 쳐도 엄마가 낳겠다고 해야 태어나는 것과 마찬가지입니다. 이것을 일컬어서 불가항력적인 은혜라고 말합니다.

　당신은 어떻게 예수를 믿게 되었다고 생각하십니까? 옆에서 하도 귀찮게 권해서 믿을까 말까 한참 망설이다가 그 간청하는 사람이 애처롭고 불쌍하게 보여 그저 인심 쓰는 척하면서 믿겠다고 한 것이 지금까지 이어져 교회를 다니게 되었고, 그러다가 믿음이 생겼다고 생각할지 모르지만, 그렇지 않습니다. 당신은 하나님께서 미리 정해 놓으신 각본에 따라서 예수 믿은 것에 불과합니다. 당신이 예수 믿은 것은, 하나님이 저항할 수 없는 은혜를 알지 못하는 사이에 부어 주셨기 때문입니다. 예수의 복음을 들을 수 있는 상황을 주님께서 마련해 주셨기 때문에 부모를 통하여, 아내를 통하여, 혹은 친구를 통하여 복음을 들을 수 있는 자리까지 오게 된 것입니다. 또한 복음을 들을 때 마음을 열 수 있는 분위기를 하나님이 다 조성해 주셨기 때문입니다. 거부할 수 없고 대항할 수 없도록 모든 준비를 다 해주신 것입니다.

때가 되어서 내가 꼭 믿어야 된다고 판단하시면 어떤 처지에 있든지 상관없이 복음을 들을 환경을 만들어 주시고, 내 마음에 예수 믿을 마음을 불어넣어 주셔서 결국은 예수 믿게 하십니다. 이것을 일컬어서 불가항력적인 은혜라고 합니다. 누가 번갯불을 한 잔의 물로 끌 수 있겠습니까? 누가 폭우를 손바닥으로 막을 수 있겠습니까? 마찬가지로 하나님이 은혜를 주시면 그 은혜를 거부하고 도망갈 수 있는 사람은 아무도 없습니다.

사도 바울을 보십시오. 그는 예수 때문에 유대교가 망하게 되었다고 생각했습니다. 예수를 생각만 해도 이가 갈리고 자다가도 벌떡 일어나는 사람이었습니다. 어떻게 하든지 예수교를 완전히 말살시키겠다고 작정한 사람이었습니다. 그러나 사도 바울은 하나님이 이미 선택해서 자기 소유로 삼은 사람이었습니다. 그렇게도 예수를 미워하였던 바울도 하나님께서 선택하셨기 때문에 반드시 하나님 앞에 서야 했습니다. 하나님은 다메섹 도상에서 그를 거꾸러뜨리고 눈까지 멀게 해서 자신에게로 끌고 왔습니다.

바울처럼 똑똑하고 자기 의를 고집했던 사람도 하나님의 선택 앞에는 무력하기 이를 데 없었습니다. 결국은 평생 자기가 그토록 미워하였던 예수를 위해 사는 사람으로 바뀌고 말았습니다. 이것을 일컬어서 불가항력적인 은혜라고 말합니다. 우리에게도 정도의 차이는 있지만 이와 같은 은혜가 다 있었기 때문에 예수를 믿게 된 것입니다.

성도의 견인, 끝까지 책임지시는 은혜

다섯째는 '성도의 견인(Perseverance of the saints)' 입니다. 성도의 견인이란 하나님께서 자기가 좋아서 선택하여 믿게 하신 자들은 끝까지 책임지시고 구원하신다는 말입니다.

"아버지께서 내게 주시는 자는 다 내게로 올 것이요 내게 오는 자는 내가 결코 내어 쫓지 아니하리라"(37절).

결코 내어 쫓지 않는다는 말씀은 끝까지 책임지고 구원하신다는 말입니다. 한 번 선택한 사람에 대해서는 어떤 경우에도 결코 내어 쫓지 않고 구원하시는 것이 하나님의 뜻입니다. 39절에서 예수님은 주님을 보내신 이의 뜻을 행하기 위해서 이 땅에 오셨다고 말씀하고 있습니다.

"나를 보내신 이의 뜻을 행하려 함이니라 나를 보내신 이의 뜻은 내게 주신 자 중에 내가 하나도 잃어버리지 아니하고 마지막 날에 다시 살리는 이것이니라"(39절).

하나님께서 예수님을 이 땅에 보내신 뜻은, 구원하기로 작정한 사람은 한 사람도 잃어버리지 않고 끝까지 구원에 이르도록 하는 것입니다. 하나님이 선택해서 자기 것으로 소유한 사람은 어떤 방법을 통해서든지 구원하시고, 일단 구원하신 사람은 반드시 하나님 나라에 들어가도록 끝까지 책임져 주신다는 말입니다. 너무도 황홀하고 놀라운 말씀이 아닐 수 없습니다. 이것은 하나님이 선택해서 예수 믿게 된 사람은 나중에 죄를 범해도, 범하는 그 죄 때문에 멸망받을 수 없다는 이야기입니다. 왜냐하면 하나님께서 절대 그 사람을 놓치지 않기 때문입니다.

그러면 예수 믿은 후에도 계속 죄를 범하면 어떻게 될까요? 결국 실컷 두들겨 맞고서라도 천국에는 들어가게 되어 있습니다. 예수 믿고 나서도 세상의 유혹을 받아 한동안 교회를 떠나 자기 마음대로 다니면서 하나님을 섬기지 않고 신앙생활을 포기했다 하더라도, 그가 하나님이 택한 사람이 분명하다면 5년, 10년 후에는 반드시 돌아오게 되어 있습니다. 믿는 자가 교회를 떠나 세상에서 방황하게 되면 하나님은 여러 가지로 경고하십니다. 경고를 하셨는데도 안 돌아오면 비상 수단을 쓰십니다.

제가 시무하는 교회 안에 슬픔을 당한 가정이 있습니다. 남편이 젊은 나이에 교통 사고를 당해서 세상을 떠났습니다. 그는 전도폭발 훈련까지 받았던 사람이었지만 마음을 열지 않고 있었던 것으로 보입니다. 그런데 세상 떠난 다음에 호주머니에서 딸이 그에게 보낸 전도 편지가 발견되었습니다. 그는 분명히 그것을 읽었을 것입니다. 읽은 다음에 어떤 일이 일어났는지는 알 수가 없습니다.

어떤 경우에는, 우리가 싫어하는 방법을 통해서라도 하나님은 그 영혼을 구원하십니다. 육신을 꺾어서라도 그 영혼을 구원하시는 일이 있다는 말입니다. 왜 그럴까요? 하나님이 자기 소유로 선택하신 사람이기 때문에 절대 누구에게도 뺏기지 않는 것이 하나님의 뜻입니다.

이처럼 하나님께서는 한 번 작정하시고 선택하여 자기 소유로 삼으신 사람은 아무리 믿지 않으려고 도망을 가더라도 붙들어서 예수 믿게 하십니다. 예수 믿은 다음에 자꾸 하나님께 반항하고 거역할지라도 포기하지 않으시고 꼭 구원해 주십니다. 이러한 '튤립'의 진리를 생각하면 하나님의 자녀 된 것이 얼마나 놀랍고 고마운 일인지 감격할 수밖에 없을 것입니다.

생각할수록 신비로운 구원

예수님의 비유 중에, 오후 다섯 시에 포도원에 들어가서 겨우 한 시간 동안 일하고 하루 일당을 받은 사람의 이야기가 있습니다. 그가 주인의 너그러움에 얼마나 감격했을지는 보지 않아도 눈에 선합니다. 그런 감격이 우리 마음에 있어야 합니다.

여의도순복음교회의 조용기 목사님과 이야기를 나누다가 그분의 신앙 간증을 듣고 감동을 받은 적이 있습니다.

"옥 목사님, 저는 오순절교회의 목사지만 칼뱅주의자입니다. 우리는 신앙 고백을 장로교와 똑같이 합니다. 내가 어떻게 해서 예수를 믿었을까 생각해 볼 때 장로교에서 말하는 하나님의 선택, 불가항력적인 은혜 말고는 도무지 설명할 길이 없습니다. 그래서 저는 자연히 장로교 신자와 같은 고백을 합니다. 폐병에 걸려 다 죽어가는 산 송장이나 다름이 없는 새파란 십대 후반의 소년에게 무슨 소망이 있었겠습니까? 누가 그런 사람에게 관심을 가지겠습니까? 그런데 하나님께서 누군가를 보내시어 예수를 믿게 하시고, 더욱이 세계에서 제일 큰 교회의 담임 목사로 세우시고, 오대양 육대주를 다니면서 복음을 전하도록 하신 것을 가만히 생각해 보면, 이것은 하나님이 좋아서 무작정 하신 일이지 나에게 어떤 좋은 것이 있어서 그것 때문에 하셨다고는 도무지 생각할 수 없습니다. 그래서 저는 이 은혜가 너무나 감격스러워서 지금도 시간만 나면 뛰어다니면서 복음을 전하기를 원합니다.”

그 이야기를 들으면서 그분의 가슴에 성령의 불이 있다는 것을 느꼈습니다. 그런데 이것은 조 목사님만의 간증이 아니라, 우리 모두에게 해당되는 이야기입니다. 생각하면 할수록 신비스러운 것이 하나님의 구원입니다.

천국에 가면 날마다 해도 싫증나지 않고 하면 할수록 더하고 싶은 일이 몇 가지 있는데, 그 가운데 하나가 하나님을 찬양하고 경배하는 일이라고 합니다. 이런 말을 들으면, 1시간 예배 드리는 것도 갑갑해서 힘이 드는데 천국에서는 날마다 하나님을 찬송하고 경배를 드린다니 얼마나 지겹고 힘들까 하고 생각할지 모르지만, 튤립의 진리를 묵상하면 충분히 그럴 수 있겠다고 여겨집니다.

천국에서는 말할 수 없이 좋고 행복하기 때문에 늘 벅찬 감동이 밀물처럼 밀려오는 것을 느낄 것입니다. 아마도 당신은 내가 얼마나 복이 많으면 천국에 다 올 수 있었을까 하는 생각을 하게 될 것입니다. 그럴 때마다 당신 곁에 계시는 성령님이 이렇게 말씀하실 것입니다. “하나님이 널 무작정 좋아하시고 선택하셔서 네가 믿지 않으려고 도망 다녔을지라도, 불가항력적인 은혜로 말미암아 예수 믿게 하셨기 때문에 여기에 들어온 것이다.” 아마도 그런 말을 들을 때마다 참으로 부끄럽고 황송해서 무릎을 꿇고 하나님의 은혜에 감사하고 찬송하게 될 것입니다.

우리는 이렇게 큰 복을 받았습니다. 튤립의 은혜를 다시 한 번 마음에 되새기십시오. 튤립 한 송이를 사서 꽃병에 꽂고 쳐다보십시오. 전적으로 타락해서 무능한 나를 하나님께서 선택해 주시고, 내가 도망가려고 해도 도망갈 수 없도록 불가항력적인 은혜를 주셔서 예수 믿게 하시고, 천국까지 들어가도록 하신 이 놀라운 하나님의 은혜 때문에 내가 구원을 얻게 된 것입니다.

이런 은혜를 마음에 간직하고 살면 세상의 짐이 무거워도 찬송할 수 있습니다. 마음에 슬픔이 몰려와서 슬퍼하다가도 하나님 앞에 감사할 수 있습니다.

아 하나님의 은혜로 이 쓸데없는 자
왜 구속하여 주는지 난 알 수 없도다
내가 믿고 또 의지함은
내 모든 형편 잘 아는 주님
늘 돌보아 주실 것을 나는 확실히 아네.

하나님의 은혜를 부르고 또 불러도 세상에서 내가 느끼는 감정은 하늘에서 느끼는 감정의 천만분의 일도 되지 않겠지만, 이 힘으로 무거운 인생의 짐도 지고 슬픔도 극복할 수 있습니다. 이해할 수 없는 인생의 어려운 벽을 만나도 이 힘으로 능히 뛰어넘을 수가 있습니다. 이 놀라운 튤립의 교리가 주는 은혜를 마음에 담으시기 바랍니다.